目 录 Contents

上编 文学类 /1

第一章 中国古代文学 /1
- 第一节 先秦文学 /1
- 第二节 两汉文学 /4
- 第三节 魏晋南北朝文学 /8
- 第四节 隋唐五代文学 /12
- 第五节 宋金文学 /19
- 第六节 元代文学 /24
- 第七节 明代文学 /27
- 第八节 清代文学 /31
- 第九节 近代文学 /35
- 自测题（一）与答案 /37

第二章 中国现当代文学 /40
- 第一节 五四时期文学 /40
- 第二节 三十年代文学 /44
- 第三节 四十年代文学 /48
- 第四节 十七年文学 /51
- 第五节 "文革"期间的文学 /52
- 第六节 新时期文学 /53
- 第七节 当代文学 /55
- 第八节 港台文学 /56
- 自测题（二）与答案 /59

第三章 外国文学 /62

第一节 希腊文学 /62
第二节 意大利文学 /63
第三节 西班牙文学 /64
第四节 英国文学 /65
第五节 法国文学 /67
第六节 德国文学 /71
第七节 欧洲文学 /72
第八节 俄罗斯和苏联文学 /74
第九节 美国文学 /77
第十节 拉美文学 /78
第十一节 日本文学 /79
第十二节 印度文学 /80
第十三节 西亚北非文学 /81
第十四节 世界重要文学奖项 /82
自测题（三）与答案 /84

下编 艺术类 /87

第四章 广播电视 /87

第一节 广播电视的历史与发展 /87
第二节 中国的广播电视 /90
第三节 电视节目的制作 /91
第四节 电视节目的类别 /95
第五节 中外广播电视评奖 /96
自测题（四）与答案 /97

第五章 电影 /100

第一节 电影通论 /100
第二节 外国电影发展史 /113
第三节 中国电影发展史 /121
第四节 中外电影奖项 /132
自测题（五）与答案 /137

艺术类高考系列丛书

影视专业文艺常识
（精编本）

中国传媒大学出版社
·北京·

第六章 戏剧、戏曲和曲艺 / 140

第一节 戏剧、戏曲概述 / 140
第二节 外国戏剧简史 / 150
第三节 中国戏曲简史 / 158
第四节 中国戏曲种类 / 161
第五节 中外戏剧戏曲评奖 / 164
第六节 曲艺与杂技 / 165
自测题（六）与答案 / 167

第七章 音乐、舞蹈 / 170

第一节 音乐 / 170
第二节 舞蹈 / 187
自测题（七）与答案 / 194

第八章 美术、摄影、书法、篆刻 / 197

第一节 美术 / 197
第二节 摄影 / 215
第三节 书法与篆刻 / 217
自测题（八）与答案 / 223

附录一 国内知名艺术院校近年考试真题 / 226

2009年中国传媒大学广播电视编导专业试题 / 226
2008年北京电影学院导演系真题 / 226
北京电影学院公共事业管理(影视管理)专业招生考试题目 / 230
中央戏剧学院影视导演专业招生考试题目 / 231
中国传媒大学广播电视编导(文艺编导)专业招生考试题目 / 231
中国传媒大学南广学院戏剧影视文学专业招生考试题目 / 232
四川音乐学院广播电视编导(文艺编导)专业招生考试题目 / 232
山东师范大学2008年文艺常识试卷 / 232
南京艺术学院2005年文艺常识试卷 / 233
北京电影学院2004年文艺常识试卷 / 233

附录二 中国古代诗词文名句集萃 / 236

附录三 中外文化常识 / 240

上编 文学类

第一章 中国古代文学

第一节 先秦文学

《诗经》

中国最早的诗歌总集。它收集了从西周初期至春秋中叶大约 500 年间的诗歌 305 篇。先秦称为《诗》,或取其整数称《诗三百》。按内容,《诗经》分为《风》、《雅》(分《大雅》、《小雅》两部分)、《颂》三部分。其中,十五国风及小雅的一部分较有文学价值。《诗经》的主要创作手法为赋、比、兴,它开创了我国现实主义的文学传统,开启了我国古典诗歌创作的基本手法。

《尚书》

我国古代最早的散文集,也是目前能见的最早的记言体史书。全书分《虞书》、《夏书》、《商书》、《周书》四部分,是我国第一部上古历史文化和追述古代事迹著作的汇编,保存了商、周,特别是西周初期的一些重要史料。《尚书》相传由孔子编撰而成,但有些篇是后人补充进去的。

《春秋》

是我国现存最早的编年体通史,为儒家创始人孔子编定,它记录了从鲁隐公元年(公元前 722 年)至前 481 年(鲁哀公十四年)共 242 年间的史事。《春秋》按时间顺序编排历史事件,记事方式为"以事系日,以日系月,以月系时(四季),以时系年"。《春秋》记事简略,一篇之中,长的不过几十字,短的甚至只有一字。虽然极度简洁,然而却包含着作者对人和事的褒贬意见,可谓之"微言大义",因而又被后世称为"春秋笔法",成为历代史家写史的楷模。

《春秋三传》

因《春秋》记事过于简练,其后便出现了多家注释《春秋》的书。左氏、公羊、谷梁为其中较著名的三家,其书流传至今,它们分别是《春秋左氏传》(简称《左传》)、《春秋公羊传》(简称《公羊传》)、《春秋谷梁传》(简称谷梁传))。《左传》的作者相传为春秋末期的左丘明,《公羊传》作者为战国时齐国的公羊高,《谷梁传》作者为战国时鲁国的谷梁赤。《左传》重在叙述历史事件,《公羊传》和《谷梁传》则重在阐发《春秋》经中之微言大义而略于叙事,可谓训释之传。

《左传》

著名的《春秋三传》之一,相传作者为左丘明,所记之事以《春秋》为底本,记录年限则起于鲁隐公元年(前722年),迄于鲁悼公十四年(前453年),比《春秋》多出28年。

《左传》最为人称道的就是它的叙事艺术,在《春秋》中寥寥几个字的事件,在《左传》作者的笔下,常演绎成一段惊心动魄的历史故事。叙事中人物的行动、对话构成表现人物的主要手段,而绝少对人物外貌、心理等主观静态描写。

《国语》

我国最早的一部国别体史书,记录了周朝王室和鲁国、齐国、晋国、郑国、楚国、吴国、越国等诸侯国的历史。它上起周穆王十二年(前990)西征犬戎(约前947年),下至智伯被灭(前453年)。相传作者为左丘明。《国语》记言多于记事,在内容上有很强的伦理倾向,弘扬德的精神,尊崇礼的规范,认为"礼"是治国之本,而且非常突出忠君思想。

《战国策》

是战国时游说之士的策谋和言论的汇编,主要记述了战国时期纵横家的政治主张和策略,展示了战国时代的历史特点和社会风貌。书按东周、西周、秦国、齐国、楚国、赵国、魏国、韩国、燕国、宋国、卫国、中山国依次分国编写,西汉末刘向编定为33篇,定名为《战国策》。

《楚辞》

是战国时楚国的伟大诗人屈原创造的一种诗体。作品运用楚地(今两湖一带)的文学样式、方言声韵,描写楚地的山川人物、历史风情,故称楚辞。汉代时,刘向把屈原的作品及宋玉等人"承袭屈赋"的作品编辑成集,名为《楚辞》。屈原的《离骚》是楚辞最具代表性的作品,因而楚辞又称为骚或骚体。

孔子

名丘,字仲尼,春秋时鲁国人,是我国古代伟大的思想家、教育家,儒家思想的创始人。孔子的政治思想以及教育理念,对于我国历史产生了不可估量的作用,甚至一直到今天,还具有很深的影响。孔子的思想和行为,主要见于《论语》一书。

《论语》是由孔子的弟子及其再传弟子编撰而成,共20篇。它以语录体和对话文体为主,记录了孔子及其弟子的言行,集中体现了孔子的政治主张、伦理思想、道德观念及教育原则等。

老子

姓李,名耳,又名老聃,生卒年不详,相传其年长于孔子,为我国古代道家学说的创始人,著有《老子》一书。《老子》又名《道德经》,仅五千言,阐述了"无为"等道家思想。

墨子

生活时期大约在孔子稍后,是墨家思想的创始人。墨子主张"兼爱"、"非攻"。所谓"兼爱",包含平等与博爱的意思。墨子要求君臣、父子、兄弟都要在平等的基础上相互友爱,"爱人若爱其身",并认为社会上出现强执弱、富侮贫、贵傲贱的现象,是因天下人不相爱所致。所谓"非攻",即指反对战争,拥护和平。《墨子》一书,是墨子的弟子及其再传弟子对墨子言行的记录,其行文风格讲究实用,朴实易懂。

孟子

战国时期邹国人,是孔子以后最重要的儒家思想创始人。孟子在政治上主张君主要"行王道,施仁政";在人文思想上,提出了"养气"学说,主张人要培养一股"浩然之气"。《孟子》一书,共7篇,记录了孟子与他人的谈话,由孟子及其弟子共同编纂而成。其艺术特色是长于辩论,气势浩然。

庄子

战国时期宋国蒙人,是老子之后道家的代表人物,其代表作《庄子》一书共33篇,名篇有《逍遥游》、《齐物论》、《养生主》等。通书富于想象,行文汪洋恣肆,善于使用寓言故事,在哲学、文学上都有较高研究价值。

荀子

名况,字卿,战国后期赵国人。孟子集成了孔子的仁义学说,荀子则主要集成了孔子的礼乐学说;孟子主张人性本善,荀子则主张人性本恶。《荀子》一书,现存32篇,是荀子思想的集中体现。

韩非子

战国时期法家的集大成者和代表人物。他师承荀子,继承了荀子的部分哲学和政治学说,进而发展成为自成一家的刑名法术之学。《韩非子》一书,在政治上主张君主以法术威势制人,以严刑峻法治国,在艺术表现上善用比喻和寓言,文风峻利,锋芒毕露。

四书五经

是对先秦时的几部儒家经典的总称。"四书"是指《大学》、《中庸》、《论语》、《孟子》四书的总称,其中的《大学》、《中庸》均出自《礼记》。"四书"是南宋理学家朱熹编定而成的,它蕴含了儒家思想的核心内容,对后世产生了巨大的影响。"五经"指《诗经》、《尚书》、《礼记》、《周易》、《春秋》。

第二节 两汉文学

两汉王朝共四百余年,它结束了战国诸侯纷争和短暂的秦始皇时代,进入了久违的统一昌盛局面。与之相应的,汉代文学在总体上表现出宏伟大气的面貌,汉大赋、司马迁和班固的历史散文等都是其中的典型代表。

一、汉赋

汉大赋

汉代最具代表性的文学样式便是汉大赋。它在形式上的特点是篇幅较长,结构宏大,多采用主客问答的形式,一般由小序、正文、结尾三部分组成,韵文与散文相间,散文的成分较多;内容上则以写物为主,以"润色鸿业"(班固《两都赋序》)为目的,兼有讽喻劝谏的功能。汉大赋在艺术特色上就是采用铺张扬厉的手法和博富绚丽的辞藻,对事物作穷形极貌的描写,显示了绵密细致、富丽堂皇的风格特征。汉大赋的代表作家有西汉的枚乘、司马相如,东汉的扬雄、班固、张衡等人。

抒情小赋

与汉大赋相比,抒情小赋在篇幅上较为短小,而抒情意味又比大赋浓厚。汉代著名的抒情小赋作品有西汉贾谊的《吊屈原赋》、司马相如的《长门赋》(《长门赋》是汉武帝的陈皇后因失宠于武帝,委托相如所作,内容主要是倾诉美人失宠后寂寞难遣的心境)、司马迁的《悲士不遇赋》、扬雄的《逐贫赋》、蔡邕的《述行赋》、张衡的《归田赋》、赵壹的《刺世疾邪赋》等。

贾谊

又称贾太傅、贾长沙、贾生,是西汉初年著名的政治家、文学家。贾谊少年成名,20余岁即被文帝召为博士,不到一年被破格提为太中大夫。然而才高遭嫉,很快他便被贬为长沙王。在辞赋方面,贾谊的代表作是骚体赋《吊屈原赋》、《鵩鸟赋》,前者将屈原引为同道,借吊屈原以抒己怀,后者以鵩鸟来比喻自身,两者均表现了贾谊因才遭致妒恨,进而招致贬谪的悲愤心情,同时在文中也寄寓了部分道家思想。

枚乘

汉初著名辞赋家,其赋作今仅存《七发》、《柳赋》、《菟园赋》三篇,其中以《七发》最为著名,后两篇疑为伪托之作。《七发》见于南朝梁萧统《文选》,是一篇规劝太子的讽喻性作品。《七发》的出现,标志着汉代散体大赋的正式形成,并影响到后人的创作,在赋中形成了一种主客问答形式的文体——"七体"。

东方朔

字曼倩,汉初辞赋家,还以滑稽闻名后世。他的代表作是《答客难》、《非有先生论》、《封泰山》。

司马相如

字长卿,西汉武帝时期的著名辞赋家,也是汉赋最具代表性的作家之一,其代表作有长篇大赋《子虚》、《上林》,代表了西汉大赋的最高成就。《子虚》、《上林》在内容上相承接,实为一篇。内容是借假想人物"子虚"、"乌有先生"、"亡是公"相互诘难和议论,对诸侯、天子迷恋游猎、不务政事给予规讽。

王褒

字子渊,汉宣帝时著名辞赋家。《洞箫赋》是王褒的代表作,它运用楚辞的调子(其基本特点是大量的运用"兮"字,具有楚辞风味),铺叙洞箫的声音、形状、音质和功能,赞颂了洞箫的音乐之美。

扬雄

字子云,博学多才,西汉末年著名的文学家和语言学家,也是汉赋的又一重要作家。扬雄的思想可以说是唯儒是尊,他曾模仿《易经》作《太玄》,模仿《论语》作《法言》。他的《方言》是研究西汉语言的重要语言学著作。扬雄早期以辞赋闻名,代表作是《甘泉赋》、《羽猎赋》、《长杨赋》,成就几乎可以媲美司马相如,后世将二人合称为"扬马"。晚年的扬雄摒弃了讲求华丽辞藻的汉赋,认为这是"童子雕虫篆刻"、"壮夫不为"。

张衡

字平子,是东汉时期伟大的文学家和科学家,它的大赋代表作是《二京赋》,包括了《西京赋》、《东京赋》两篇。二京,指汉代西京长安与东京洛阳。除了大赋,张衡还擅长抒情小赋,代表作是《归田赋》。在诗歌方面,张衡的代表作是五言的《同声歌》和七言的《四愁诗》各一首,前者写的是新婚之夜女子的欣喜之情,后者是中国古诗中产生年代较早的一首七言诗,但不是完全意义上的七言诗,尚保留着骚体的痕迹,风格风流婉转,缠绵动人。

二、散文

司马迁和《史记》

司马迁是汉武帝时期伟大的历史学家、文学家,曾任汉武帝史官太史令。他所著《史记》是中国第一部纪传体通史,被鲁迅称为"史家之绝唱,无韵之离骚"。

史记为《二十四史》之首。史记记载了从传说中的黄帝时代到汉武帝时代三千年间的历史,全书分为十二本纪、十表、八书、三十世家、七十列传。本纪记历代帝王政绩,世家则排列帝王侯国间的大事,八书是经济、文化、天文、历法等方面的专门论述,列传是不同阶层、不同身份的人物传记,表为大事年表。

《史记》的伟大之处在于它能够运用进步的观念去处理和对待历史,表现出了可贵的历史观和对社会现实的批判精神。《史记》不仅是伟大的史学著作,还是极具价值的文学著作,对于后世散文的创作具有典范性的意义。它的语言简练质朴,对人物和事件的叙事生动传神,其中的经典篇目有《项羽本纪》、《廉颇蔺相如列传》等。司马迁自述其修史的宗旨是"究天人之际,通古今之变,成一家之言"。

班固和《汉书》

东汉时期著名的史学家,班彪之子。在其父的《史记后传》基础上,他完成了《汉书》的大部分内容。

《汉书》是我国古代第一部纪传体断代史。它以记载西汉一朝之事为主,上起汉高祖元年,下终王莽地皇四年,共230年的史事。《汉书》的主体部分由班固写成,班固去世后,《汉书》尚未全部完成,由其妹班昭及班昭门生续写完成。《汉书》具有很高的文学价值,和司马迁"尚奇"的文学风格不同的是,《汉书》的语言表现出了工稳典雅的艺术风格,其名篇有《苏武传》等。后世常《史》、《汉》并称,在史学和文学方面,同为万世楷模。

王充

字仲任,东汉杰出的唯物主义思想家,所著《论衡》一书,以"疾虚妄"为宗旨,抨击了流行于当时社会的谶纬学说的荒谬。

《吕氏春秋》

秦国丞相吕不韦主编的一部类似百科全书的传世巨著,全书有八览、六论、十二纪,共 20 多万言。其内容丰富驳杂,被列为"杂家"之属。

《淮南子》

又名《淮南鸿烈》,为西汉淮南王刘安主持编写而成。《淮南子》内容庞杂,道、阴阳、墨、法及一部分儒家思想互相糅合,主旨倾向于道家,《汉书·艺文志》则将其列入杂家。《淮南子》中还保存了一些神话传说,像"女娲补天"、"后羿射日"、"共工怒触不周山"等。

《前四史》

指西汉司马迁的《史记》、东汉班的《固汉书》、南朝宋范晔的《后汉书》、西晋陈寿的《三国志》。

政论散文

由于政治上的迫切需要,汉代政论文得到了一定的发展,一般都写得感情充沛、气势逼人,富于文采。代表作家和作品有西汉贾谊的《过秦论》、《论积贮疏》和《陈政事疏》,晁错的《论贵粟疏》等。

三、诗歌

汉乐府

"乐府"之名始于秦代,汉武帝之时,正式设立乐府,作为执掌管理朝廷音乐的机构。两汉乐府诗是指由朝廷乐府系统或相当于乐府职能的音乐管理机关搜集、保存而流传下来的汉代诗歌。现存汉乐府诗的作者,涵盖了从帝王到平民的各阶层,而尤以来自民间的乐府诗更具有文学价值。传世的著名乐府诗有《东门行》、《孤儿行》、《上邪》、《有所思》、《孔雀东南飞》、《战城南》、《蒿里行》、《陌上桑》等。其中,《孔雀东南飞》是现存最长的古代叙事诗,它和北朝的《木兰诗》被合称为"乐府双璧"。汉乐府诗表现出了与汉赋完全不同的艺术面貌,它来自民间,故而在风格上较为朴实清新,情感充沛,富有感人的力量。

东汉文人诗与《古诗十九首》

现存最早的文人五言诗是东汉班固的《咏史》,班固之后创作五言、七言诗的著名诗人当推张衡,他有五言的《同声歌》以及骚体诗《四愁诗》等传世。东汉秦嘉的《赠妇诗》三首,是汉代文人五言抒情诗成熟的标志。此外,还有赵壹的《疾邪诗》、蔡邕的《翠鸟诗》等。代表汉代文人诗最高成就的是《古诗十九首》。

《古诗十九首》出于汉末文人之手,但现在已无具体的作者名姓可考,是一组创作风貌很相近的五言诗歌。《古诗十九首》的主题主要是游子的羁旅情怀和思妇闺怨,抒情意味浓厚,善用比兴手法,风格缠绵悱恻,具有很高的艺术价值,其中的代表篇目有《迢迢牵牛星》、《行行重行行》、《青青河畔草》等。

第三节 魏晋南北朝文学

一、诗歌

建安风骨

建安是汉献帝的年号,这一时期被鲁迅评为文学开始自觉的时代。所谓的"建安风骨",指的就是建安时期以三曹(曹操及其子曹丕、曹植)、建安七子为代表的慷慨悲凉的诗歌风貌。

曹操

字孟德,汉末政治家、军事家和文学家,曹魏政权的开创者,代表作是《短歌行》、《观沧海》、《龟虽寿》等。曹操善写四言乐府,《短歌行》中的"对酒当歌,人生几何?譬如朝露,去日苦多。慨当以慷,忧思难忘。何以解忧,唯有杜康"表现出了对人生苦短的感慨;《观沧海》则表现出一位政治家的豪迈胸怀;《龟虽寿》中的"老骥伏枥,志在千里;烈士暮年,壮心不已"则是曹操雄心壮志的生动写照。此外,曹操的其他乐府诗,较多地表现了社会的动乱和民生的疾苦,表现出深沉的悲悯情怀。

曹丕

字子桓,史称魏文帝,其诗歌风格缠绵悱恻,清丽婉转,《燕歌行》是其代表作,也是中国古代第一首完整的文人七言诗,在诗歌文体发展史上占有重要地位。他的《典论·论文》是文学批评史上最早的专门论著,在这篇文章中,曹丕对建安时期几位著名的作家进行了简要的点评,提出了"文以气为主"的著名论断。另外他还将文章分为四科、八种文体,对每一科进行了风格上的总结,即所谓"奏议宜雅,书论宜理,铭诔尚实,诗赋欲丽"。

曹植

字子建,曹操第三子,后世称为"陈思王"抑或"陈王",是建安时期成就最大的作家,诗、赋、文俱佳。在诗歌方面,曹植是第一个大量写作五言诗的文人,他的创作完成了民间乐府向文人诗的转变,对五言诗的发展起到了重大的推动作用,风格刚健深沉和清新柔美并存,代表作有《白马篇》、《美女篇》、《七步诗》等。在赋作上,曹植有着名的《洛神赋》，通过一个梦幻般的情境，描写了洛水之神宓妃出尘脱俗的美好意态，表达了作者对她的爱慕，通篇想象奇特，辞采富丽，为千古名篇。

建安七子

指活跃于建安时期曹魏集团的一批文士，分别是指孔融、陈琳、王粲、徐干、阮瑀、应玚、刘桢。其中，王粲有著名的《七哀诗》，陈琳有《饮马长城窟行》等。建安七子的诗歌以五言为主，他们的创作多反映时代的乱离，风格悲凉慷慨，遒劲有力。

蔡琰

字文姬，东汉著名文学家蔡邕之女，建安时代杰出的女诗人，现存诗有《悲愤诗》两篇（分别是五言体和骚体）和《胡笳十八拍》。五言《悲愤诗》是建安文坛上的一篇杰作，为长达540字的长篇叙事诗，描写了诗人在汉末军阀混战中的悲惨遭遇，读来字字泣血，感人至深。

正始之音

指曹魏后期以阮籍、嵇康等诗人的创作为代表的诗歌风潮，其特点主要是抒发个人的精神苦闷。其中嵇康的诗歌相对来说更能体现出魏晋时期特有的精神风范，"目送归鸿，手挥五弦。俯仰自得，游心太玄"正是魏晋风度的典型体现。

竹林七贤

指的是曹魏正始时期一批恃才放旷、特立独行的名士，具体是指嵇康、阮籍、山涛、向秀、刘伶、王戎及阮咸。他们在行为上不拘礼法，"越名教而任自然"，以此来对抗西晋司马政权的虚伪。竹林七贤的生活和作风是"魏晋风度"的典型代表，在当时即奉为美谈。

太康文学

指西晋时期以陆机、潘岳为代表作家的诗歌现象。太康是西晋文学的繁荣时期，这一时期文学的总体特点是趋于浮艳，诗尚雕琢，文崇骈俪，热衷追求文学作品形式的华美。

三张二陆两潘一左

指西晋太康时期较负盛名的几位诗人、作家。"三张"指张载与其弟张协、张亢，"二陆"指陆机与其弟陆云，"两潘"指潘岳与其侄潘尼，"一左"则是指左思。他们在创作风貌上不尽相同，但共同代表了太康文学的最高成就。

左思

西晋著名诗人，字太冲，是太康年间成就最高的作家，代表作是《三都赋》和《咏史》。《三都赋》分别是《吴都赋》、《魏都赋》、《蜀都赋》，全文极尽夸张铺叙，历十年而成，一时洛阳为之纸贵。在诗作方面，与太康作家追求绮丽辞采有所不同的是，左思的诗歌表现出了质朴深沉、沉雄有力的特点。

玄言诗

流行于东晋诗坛的一种诗歌风潮，是魏晋玄学和清谈之风在文学上的反映，代表诗人有孙绰、许询。玄言诗专谈玄理，艺术成就不高，鲜有佳作传世。

王羲之

字逸少，是东晋时期著名的书法家、诗人。其书法风格平和自然，笔势委婉含蓄、遒美健秀，被后人誉为"书圣"。在文学创作上，他最富盛名的作品是《兰亭集序》，文章记述了作者与友人谢安、孙绰等41人会聚兰亭赋诗饮酒的事，骈散结合，意境优美。

陶渊明

名潜，字渊明，自号五柳先生，卒后亲友私谥靖节，世称靖节先生。陶渊明是东晋成就最高的诗人，也是田园诗派的创始者，代表作有《归园田居》五首、《饮酒》、《读山海经》等。

除了诗歌，陶渊明在散文方面的代表作有《桃花源记》、《五柳先生传》，前者描绘了一个民风淳朴、不闻世事的世外桃源，后者则是一篇富有机趣的自传。此外，他还有辞赋作品《归去来兮辞》等。

谢灵运

南朝刘宋初年著名诗人，是中国山水诗的开创者，与颜延之齐名，并称"颜谢"。谢灵运的诗歌清新自然，佳句迭出，如"池塘生春草，园柳变鸣禽"（《登池上楼》）；"野旷沙岸净，天高秋月明"（《初去郡》）等。

鲍照

字明远，南朝宋时的著名诗人，与谢灵运、颜延之被共称为"元嘉三大家"。鲍照本是极有抱负的才士，但他出身微寒，在当时讲究门第的社会中很不得志，于是只有将满腔的悲愤苦闷之情倾泻于诗中，代表作有《拟行路难》十八首，其中的第四首和第六首较为知名。

谢朓

南朝齐著名诗人，代表作有《晚登三山还望京邑》，其中的"余霞散成绮，澄江静如练"是脍炙人口的对偶佳句。谢朓的诗歌已经完全摆脱了六朝玄言诗的影响，能够做到通篇浑然一体，在格律上也逐渐接近后代的律诗。他和谢灵运被合称为"大小谢"，其清新自然的诗歌风格，还很受唐代伟大诗人李白的推崇。

宫体诗

又叫艳情诗,主要指以南朝梁简文帝为太子时的东宫,以及陈后主、隋炀帝等几个宫廷的创作为中心的诗歌。宫体诗在内容上多写宫廷生活及男女私情,尤善于描摹女性的柔情媚态,诗风流荡轻薄,历来受人诟病。宫体诗的代表作家是萧纲、萧绎、庾肩吾、徐陵、庾信等。因徐陵、庾信的艳诗尤为突出,当时号为"徐庾体"。徐陵还编有著名的诗歌总体《玉台新咏》,也以艳词丽句为主。

庾信

字子山,南齐著名诗人,是南北朝文学的集大成者,代表作是《拟咏怀》27 首。庾信前期诗风轻艳绮靡,后来徙居北方,诗风一变而为大气豪迈,故而杜甫说"庾信文章老更成,凌云健笔意纵横"。此外,庾信还有著名的赋作《哀江南赋》,以浓郁的抒情笔调抒发了他羁留北方时对家乡江南的怀念。

南朝民歌

南朝民歌大部分保存在宋代郭茂倩所编的《乐府诗集清商曲辞》里,主要有吴歌与西曲两类。南朝民歌多为短小的歌词,语言清新自然,还擅长使用双关语,最富有代表性的南朝民歌是《西洲曲》、《子夜歌》、《子夜四时歌》等。

北朝民歌

主要产生于黄河流域,歌词的内容,有的反映战争的疾苦和人民尚武的精神,有的反映婚姻爱情以及北方的风光景色。与南朝民歌不同的是,北朝民歌鲜明地体现了北方人民质朴、豪爽的性格特点,最为著名的是长篇叙事诗《木兰诗》以及《敕勒歌》。

二、散文

在散文方面,有三国时蜀国诸葛亮的《出师表》,这是一篇上呈给后主刘禅的奏疏,言辞忠恳,感人肺腑;魏文帝曹丕的《典论》是一部综合性的文学批评著作;西晋初李密《陈情表》,是因推谢晋武帝征召而作,言辞恳切动人;西晋陈寿的《三国志》为前四史之一,是一部优秀的历史著作;东晋大书法家王羲之的《兰亭集序》是伟大的书法作品,被称为"天下第一行书",同时也是一篇行文优美的散文;北魏郦道元的《水经注》,是对古代地理著作《水经》的注解,不仅是一部具有重大科学价值的地理巨著,而且也是一部颇具特色的山水游记。

三、骈文辞赋

魏晋南北朝的辞赋和骈文创作也十分繁荣,重要的作家有王粲、曹植、潘岳、鲍照等人。王粲的《登楼赋》主要抒写了生逢乱世、客居他乡,才能不得施展而产生的思乡、怀国之情和怀才不遇之忧;曹植有浪漫主义名篇《洛神赋》;潘岳是西晋成就最突出的写赋作家,著名的作品有《西征赋》、《闲情赋》、《悼亡赋》等;陆机的《文赋》不仅是一篇文学理论著作,还是一篇出色的赋作;陶渊明的赋以《归去来兮辞》、《感士不遇赋》为代表;鲍照的《芜城赋》、《登大雷岸与妹书》是两篇著名的写景抒情骈文;刘勰的《文心雕龙》不仅是我国古代最伟大的一部文学理论著作,还是一部优秀的骈文文集。此外,江淹的《别赋》、《恨赋》,丘迟的《与陈伯之书》等,均为骈文佳制。

四、小说

中国的小说,可追溯到上古的神话和传说,到了魏晋时期,志怪、志人小说相继产生。其中最具代表性的是东晋干宝的《搜神记》和南朝宋刘义庆的《世说新语》,前者是志怪小说,后者是志人小说。魏晋南北朝的志怪小说大都采用非现实的故事题材,显示出浓厚的浪漫主义色彩,对后世有很大影响,唐传奇就受到了它的直接影响。

五、文学理论

在文学理论方面,魏文帝曹丕的《典论·论文》是我国古代第一篇文学理论的专门论著,在这篇文章中,曹丕将文分为四科八种,还提出了"文以气为主"的著名论断;魏晋之交的嵇康在《乐无哀乐论》中提出,音乐本身没有哀乐之分,而在于人本身情感的宣发;西晋陆机著有《文赋》;南齐萧统编有《文选》,是我国现存最早的文学总集;南齐刘勰著有《文心雕龙》,在我国文学批评史上占有极为重要的地位;与刘勰几乎同时代的钟嵘著有《诗品》,是有关诗歌的最早理论著作,他将诗人分为"上、中、下"三品,以此品评诗歌。

第四节　隋唐五代文学

隋代文学是南北朝文学的延续,又是初唐文学的前奏。唐代是中国古代文学史上最辉煌、最富有创造力的时期之一,唐代文学的繁荣,表现在诗歌、散文、小说、词的全面发展上,诗歌的成就更是中国文学史上不可逾越的高峰之一。

一、初唐文学

初唐四杰

指初唐诗人王勃、杨炯、卢照邻、骆宾王的合称,他们是勇于改革齐梁浮艳诗风的先驱。从四杰那里,文人开始把诗歌从宫廷移到了市井,从台阁移到了江山和塞漠,诗歌开始摆脱六朝的绮靡面貌,题材有了扩展,思想也更加严肃深刻。在诗歌格律上,五言八句的律诗形式也是在他们这里得到了初步的定型。

王勃

字子安,初唐著名诗人,诗歌以《送杜少府之任蜀州》为其代表作,"海内存知己,天涯若比邻。无为在歧路,儿女共沾巾",表现了作者乐观洒脱的精神。在骈文创作方面,《滕王阁序》是王勃的代表作,对仗工整,文辞华丽优美,"秋水共长天一色,落霞与孤鹜齐飞"是千古名句。

杨炯

杨炯的代表作《从军行》,是一首边塞诗。"宁为百夫长,胜作一书生",气宇轩昂,充满了为国立功的战斗精神。

卢照邻

卢照邻较为擅长七言歌行,这方面的代表作有《长安古意》、《行路难》。

骆宾王

与卢照邻一样,骆宾王亦擅七言歌行,名作《帝京篇》为初唐罕有的长篇,当时即以为绝唱。他的五言诗则以《在狱咏蝉》为代表。在骈文方面,骆宾王的《代李敬业传檄天下文》,一扫六朝时期的绮靡艳丽,清新俊逸,气势充沛,为不可多得的佳作。

陈子昂

字伯玉,因曾任右拾遗,后世又称其为陈拾遗,是唐代开时代风气的伟大诗人。陈子昂极力倡导建安诗歌的慷慨之气,反对齐梁艳丽之诗,其自身的诗歌创作也一扫六朝以来的靡弱风气,呈现出一股质朴浑厚的面貌。陈子昂的代表作是《登幽州台歌》、《感遇》38首,前者中"前不见古人,后不见来者。念天地之悠悠,独怆然而涕下"的诗句传诵千古。

二、盛唐文学

王维

字摩诘,盛唐时期的著名诗人,画家,是唐代山水田园诗人的代表作家之一。代表作有《山居秋暝》、《使至塞上》、《送元二使安西》、《九月九日忆山东兄弟》等。王维的大多数诗都是山水田园诗,通过描绘幽静的景色,反映出宁静悠远的心境或隐逸的思想,极富禅的意味,苏轼曾用"味摩诘之诗,诗中有画;观摩诘之画,画中有诗"这样的句子来评价王维的诗和画。王维和另一山水田园诗人孟浩然并称"王孟",成为继陶渊明、谢灵运、谢朓之后山水田园诗派的中坚人物。

孟浩然

世称"孟襄阳",是盛唐著名的山水田园诗人。孟浩然的一生未经入仕,经历相对比较简单,其诗歌创作的题材也较为狭小,多写山水田园风光和隐居的逸兴以及羁旅行役的心情。其广为人知的诗作有《宿建德江》、《春晓》、《过故人庄》等。他所写的"气蒸云梦泽,波撼岳阳城"(《望洞庭湖赠张丞相》),与杜甫的"吴楚东南坼,乾坤日夜浮"(《登岳阳楼》)并列,成为摹写洞庭壮观景象的千古名句。孟浩然的诗不事雕饰,善于发掘自然和生活之美,常富有高妙的情趣和韵致。然而,与王维相比,他在表现的题材和境界方面,尚嫌不够广阔。

盛唐边塞诗

盛唐时期,从军出塞、建功立业成为当时文人的一个重要追求。盛唐边塞诗以边疆的军旅生活和自然风景为表现题材,反映征人、思妇的离情别绪,也抒发了为国建功的豪情壮志,代表作家有高适、岑参、王昌龄、李颀、王之涣、崔颢、王翰等。其中,高适的《燕歌行》、《别董大》,岑参的《白雪歌送武判官归京》、《逢入京使》,王昌龄的《出塞》、《从军行》,李颀的《古从军行》、王之涣的《登鹳雀楼》等都是其中的经典之作。

李白

字太白,号青莲居士,是唐代最伟大的诗人之一,也是我国历史上继屈原之后又一成就卓著的浪漫主义诗人,有"诗仙"之称。李白的诗歌内容丰富,有的作品关怀现实生活、批判社会黑暗,如《古风》59首;有的作品表现自身理想和抱负以及这种理想抱负未得实现而表现出的忧愁苦闷,如《行路难》、《将进酒》、《登宣州谢朓楼饯别校书叔云》、《梦游天姥吟留别》等;有的作品描绘大自然的美妙风光,抒发自己因景而生的情怀,如《望庐山瀑布》、《早发白帝城》、《送孟浩然之广陵》等等。

李白个性洒脱,在艺术形式上,他的诗歌不受格律所拘,其歌行体尤其能够体现出这种特色,笔法变化多端,形成了变幻莫测、摇曳多姿的神奇境界。同时代的杜甫也对他推崇备至,赞誉他"笔落惊风雨,诗成泣鬼神"。

杜甫

字子美,世称"杜工部",是唐代最伟大的现实主义诗人。杜甫生逢唐代由盛转衰的历史转折时期,他的一生也基本上处于颠沛流离的生活状态,故其诗也多与这种大时代的背景相关。杜甫的诗,充分表现了他对家国的忠诚热爱,对人民的深刻同情,如"三吏"(《石壕吏》、《新安吏》、《潼关吏》)、"三别"(《新婚别》、《垂老别》、《无家别》)、《茅屋为秋风所破歌》、《丽人行》、《兵车行》、《春望》等。此外,他的咏物、写景以及描写兄弟、友朋、夫妻的诗,无不渗透着对祖国和人民的深沉情感,相当真挚感人,如《望岳》、《春夜喜雨》、《蜀相》、《江南逢李龟年》等等。

从杜甫的诗中我们可以看到他的生活际遇和整个时代的风起云涌,故而他的诗被称为"诗史"。杜甫的诗歌风格可以用"沉郁顿挫"四字形容,在艺术上取得了极高的成就。在唐代,他与李白齐名,成为唐诗中两座不可逾越的高峰。

三、中唐文学

白居易

字乐天,号香山居士,是继杜甫之后又一位伟大的现实主义诗人。白居易在诗歌创作和诗歌理论方面均有很大建树,他明确主张诗歌要以反映民生疾苦为主要责任,这方面他的代表作有《新乐府》50首、《秦中吟》10首、《卖炭翁》等。除此以外,白居易的长篇叙事诗《长恨歌》和《琵琶行》也很有名,前者描写了唐明皇与杨贵妃的凄美爱情,读来令人黯然神伤,其诗句"在天愿作比翼鸟,在地愿为连理枝"成为表达坚贞爱情的誓言;后者则是结合自己的遭遇,描写了一个琵琶女沦落天涯的悲惨命运,"同是天涯沦落人,相逢何必曾相识",表达了作者对自身遭遇的感伤。

元稹

新乐府运动的另一代表人物。著名的怀古长篇叙事诗《连昌宫词》就是新乐府的代表作品之一,全诗通过连昌宫的兴废变迁,探究和反思了安史之乱前后唐代朝政治乱的因由。此外,元稹还有一篇以描写爱情为题的传奇《莺莺传》(又名《会真记》),它是元代王实甫《西厢记》故事的最初来源。

新乐府运动

新乐府是相对以前的乐府诗而言的,具体是指自拟题目写时事的乐府诗。新乐府运动由白居易、元稹正式提出并发起,白居易提出"文章合为时而著,歌诗合为事而作"的口号,强调文学的社会功用,要求诗歌应以反映现实为主要目的。在形式上,他们认为新乐府诗歌语言应以实用为主,而不是刻意追求文辞艺术。新乐府运动的代表人物除了白居易、元稹以外,还有张籍、王建等。张籍、王建以创造新乐府诗而闻名,被称之为"张王乐府"。

韩愈

字退之，是中唐伟大的诗人、散文家和哲学家。在散文方面，韩愈最大的贡献是倡导了著名的"古文运动"。所谓的"古文运动"，是针对当时盛行于世的骈文而发起的，骈文讲求对偶、用典，极尽文辞之美，华而不实。韩愈强调学习秦汉的质朴古文，同时坚持创新，主张"词必己出"，"务去陈言"。并且认为文章要以内容为主，文辞为辅，内容具体的体现就是"道"，即儒家的仁义道德。

韩愈的散文实践取得了很高的成就，代表作有《师说》、《原毁》、《原道》、《祭十二郎文》等。由于韩愈散文的斐然成就，他被尊为"唐宋八大家"之首，后人又将他的散文与杜甫的诗歌并称为"杜诗韩笔"，苏轼则盛赞韩愈"文起八代之衰，道济天下之溺"。

在诗歌方面，韩愈追求奇险怪谲、气势雄大的艺术境界，代表作有《山石》等。

柳宗元

中唐著名诗人和散文家。在散文方面，他和韩愈同为古文运动的中坚人物，诗歌成就亦与之相当，人称"韩柳"。和韩愈雄奇恣肆的风格有所不同的是，柳宗元的文章和诗歌都表现出清新隽永的味道。他的代表作《永州八记》，是柳宗元远谪永州时写的八篇山水游记，在清朗疏淡的笔致中寄寓了作者郁愤幽闷的心绪，并由此开创了独立意义上的山水游记。

另外，柳宗元还有脍炙人口的诗篇《江雪》、《渔翁》等。

孟郊

字东野，其诗歌创作追随韩愈，与韩愈并称为韩孟诗派，以追求奇崛险怪为其主要特点。孟郊的代表作有《游终南山》、《游子吟》。前人用"郊寒岛瘦"评价孟郊和贾岛的诗，一"寒"字生动地概括了孟郊的一生及其艺术特色。

贾岛

中唐时期著名的苦吟诗人，自言"两句三年得，一吟双泪流"，"推敲"一词亦得之于他苦苦作诗的事迹。贾岛的代表作是《寻隐者不遇》，他瘦硬清苦的诗歌风格对宋代的一些诗派产生过不小的影响。

韦应物

世称"韦苏州"，中唐诗人，韦应物最为人传诵的是山水田园风格的诗歌，后世常"王孟韦柳"并称（即王维、孟浩然、韦应物、柳宗元），将其归入山水田园诗派。他的代表作是《滁州西涧》。

刘长卿

中唐诗人，擅长五言诗，自诩"五言长城"。刘长卿诗风清新简练，代表作《逢雪宿芙蓉山主人》以白描手法描绘出一个清寒幽静的冬夜,颇有韵致。

刘禹锡

字梦得,中唐著名诗人,因其诗风豪迈洒脱、乐观向上,人称"诗豪"。刘禹锡的咏史怀古诗以简洁的文字和意象,表达出深沉的历史感慨,向来为人称道,代表作有《西塞山怀古》《金陵五题》等;刘禹锡还擅长民歌体,写有《竹枝词》《杨柳枝词》等民歌,风格朴素清新,体现出浓郁的民间气息。除了诗歌,刘禹锡的《陋室铭》亦诗亦文,也是脍炙人口的名篇。

李贺

字长吉,中唐到晚唐过渡的著名诗人。李贺的诗歌风格瑰丽诡异、幽冷凄婉,多用神话传说来托古喻今,想象奇特丰富,语言奇峭险特,因而他被后人称之为"鬼才"、"诗鬼",其诗又有"李长吉体"之称。其思想内容多是抒发自己怀才不遇的幽闷心情,代表作有《雁门太守行》《李凭箜篌引》等,并留下了"雄鸡一唱天下白"、"天若有情天亦老"等千古名句。

四、晚唐文学

杜牧

字牧之,号樊川居士,唐宰相杜佑之孙,晚唐著名诗人,以七言绝句见长,与李商隐并称"小李杜"。杜牧留下了大量脍炙人口的诗篇,代表作有《山行》《赤壁》《泊秦淮》《过华清宫》《秋夕》等,其诗风俊朗,笔力峭健。

除了诗歌,杜牧在文、赋方面均造诣匪浅,他的《阿房宫赋》借秦始皇荒淫奢侈自取灭亡的史实,讽喻了当时朝廷大修宫室的现象。

李商隐

字义山,号玉溪生,晚唐著名诗人,代表作有《锦瑟》《无题》《马嵬》《夜雨寄北》等。"春蚕到死丝方尽,蜡炬成灰泪始干"、"身无彩凤双飞翼,心有灵犀一点通"等都是他的名句。

李商隐与杜牧齐名,他的诗歌用典精巧,对仗工整,语词华丽,风格瑰丽朦胧,形成了自己独特的诗风,是后世不少诗歌流派专意摹仿的对象。

五、唐代其他文体

唐传奇

是唐代最具特色的文言短篇小说,产生于初盛唐,中唐臻于鼎盛。以"传奇"为名,始于元稹。唐传奇的出现,标志着中国古典小说的成熟。

唐传奇题材丰富多样,在爱情题材方面,有《霍小玉传》、《李娃传》、《莺莺传》、《柳毅传》等;以游侠为题材的有《无双传》、《红线传》等;其他题材还有《南柯太守传》、《长恨歌传》等。

词

词本是一种合乐歌唱的文学,又称曲子词、长短句、诗余。词一般都分两段(叫做上下片或上下阕),不分段或分段较多的是极少数。每首词都有一个表示音乐性的"词牌",如《浣溪沙》、《菩萨蛮》。一般来说,词牌并不是词的题目,所以为了表明词的主题,词人常在词牌下面另加题目,有的还写上一段小序。

词萌芽于隋唐之际,正式形成是在晚唐,到了宋代而臻于极盛。

温庭筠

字飞卿,晚唐著名文学家,诗词俱佳,然尤以词闻名。其词多写女子闺情,辞藻华丽,风格浓艳细腻,是花间词派的重要作家之一,被称为"花间鼻祖"。温庭筠现存词大都被收入《花间集》,代表作有《菩萨蛮》、《望江南》、《更漏子》等。

花间集

词发展到五代时期,形成了两个比较著名的词派——西蜀词派和南唐词派。西蜀词派以"花间派"为中心,"花间派"因《花间集》而得名。《花间集》编者为赵崇祚,生平事迹不详。《花间集》共10卷,选录唐末五代词500首,是我国第一部文人词集,集中而典型地反映了我国早期词史上文人词创作的主体取向、审美情趣和艺术成就,真实地体现了早期词由民间向文人创作转换、发展的过程。花间词规范了"词"的文学体裁和美学特征,最终确立了"词"的文学地位,对后世词人的创作产生了极为深远的影响。

韦庄

字端己,生于唐末,后入西蜀为官,是晚唐五代著名的诗人、词人。诗歌方面,今传《浣花集》10卷。其长诗名篇《秦妇吟》长达1666字,为现存唐诗中最长的一首。在词作方面,他是西蜀词人最重要的代表,与温庭筠同为花间派的重要词人,但不同的是其词多用白描手法,风格清新秀丽,代表作有《菩萨蛮》、《清平乐》、《谒金门》等。

冯延巳

字正中,五代时南唐著名词人,在南唐做过宰相。他虽受花间词影响,也以相思离别、花柳风情为主要题材,但词风不像花间词那样浓艳雕琢,而更重心绪的表达,文人气息也相对较浓。其词集为《阳春集》,代表作有《谒金门》、《鹊踏枝》等。

李璟

南唐中主,现存词仅4首,代表作《浣溪沙》历来受到人们的赞赏,词中"菡萏香销翠叶残,西风愁起绿波间",以及"细雨梦回鸡塞远,小楼吹彻玉笙寒"皆是名句。整首词含蓄细腻,情景融洽,虽写闺怨之情,但意境开阔,余韵无穷。

李煜

南唐后主,是唐五代词作家中成就最高的一位,在整个词史上也具有重要地位。他的词作分为前后两个时期,前期的代表作有《浣溪沙》、《清平乐》等,后期创作充满着亡国之痛,代表作有《虞美人》。

李煜的词代表了晚唐五代词作的最高成就,这主要体现在:首先,他在词的创作题材上独辟蹊径,扩大了词的表现范围,将闺阁情愁提升到了家国之恨。更为难能可贵的是,他往往能够透过一己之悲慨,上升到对人类共有情感本质的探索,从而使得其所抒发的情感具有深广的涵盖性和包容性,正如王国维在《人间词话》所说的:"词至李后主而眼界始大,感慨遂深,遂变伶工之词而为士大夫之词"。再者,他的词摆脱了《花间集》的浮靡雕饰,往往采用白描的手法,准确而又深刻地表达出自己的悲痛心绪,形成既清新流丽又婉曲深致的艺术特色。例如《虞美人》中,"问君能有几多愁,恰似一江春水向东流",以精恰的比喻形象地表达出词人失去家国的无限愁思。

第五节 宋金文学

宋代文学在中国文学发展史上处于转型时期。一方面,传统的诗、文和源于民间的词已经高度成熟、定型。经过唐代的诗歌高潮以后,宋代诗歌的总体成就要稍逊于唐代,但宋诗也形成了自己的特点,那就是南宋严羽在《沧浪诗话》中所总结的"以文字为诗,以才学为诗,以议论为诗"。词在宋代则形成了婉约和豪放两个基本的派别。另一方面,新兴的话本小说、戏剧等叙事文学开始登上文学殿堂,为后世元、明、清文学中心的转移奠定了坚实的基础。宋代文学的主要体裁是词、诗、文、小说、戏剧,其中词的创作成就最高,诗、文次之,话本小说又次之,戏剧尚处在萌芽状态。

晏殊

字同叔,北宋初著名词作家,有词集《珠玉词》传世。晏殊诗、词、文兼善,尤以词闻名于世。晏殊词以小令见长,语言婉丽精巧,温润秀洁。其代表作《浣溪沙》中的"无可奈何花落去,似曾相识燕归来"为千古传诵的名句。

柳永

原名三变,字耆卿,因排行老七,又称柳七,以毕生精力作词,也是第一个大量创作慢词的词人,代表作有《雨霖铃》、《八声甘州》、《蝶恋花》、《望海潮》等。柳永的词,多采纳市井新声,自觉地以民间情调取代文人格调,为词的发展开拓了另一种审美情趣和境界,是婉约派的代表作家之一。

范仲淹

字希文,是北宋初著名的政治家、军事家和文学家。范仲淹在词作方面的代表作是《苏幕遮》和《渔家傲》,表现出阔大寥远的境界;诗歌代表作是《江上渔者》;在散文方面,代表作《岳阳楼记》描写了洞庭湖的优美景致,全文记叙、写景、抒情、议论融为一体,文词简约,音节和谐,是名垂千古的佳作。文中提出"不以物喜,不以己悲","先天下之忧而忧,后天下之乐而乐",认为个人的荣辱升迁应置之度外,表现了作者心怀天下的宽广胸怀。

"苏梅"

是北宋诗人梅尧臣和苏舜钦的合称。

苏舜钦,字子美,他的诗直率自然,意境开阔,可以《淮中晚泊犊头》为代表。

梅尧臣,字圣俞,世称宛陵先生,是专力作诗的宋初著名诗人。梅尧臣强调诗歌的形象性、含蓄性等特点,提倡"平淡"的艺术境界。五言诗《陶者》"陶尽门前土,屋上无片瓦。十指不沾泥,鳞鳞居大厦。"短小深刻,脍炙人口。

唐宋八大家

指的是唐、宋两代以散文创作而闻名的八位作家,他们分别是唐代的韩愈、柳宗元和宋代的欧阳修、王安石、"三苏"(苏洵、苏轼、苏辙)、曾巩。

欧阳修

字永叔,号醉翁,是北宋前中叶的文坛领袖诗、词、文俱佳。

散文方面,欧阳修领导了著名的宋初古文运动,他主张文从字顺,反对当时华而不实的骈文以及追求迂阔矫激、奇险艰涩的"太学体"。欧阳修的散文作品,简洁谨严,著名的篇目有《醉翁亭记》、《秋声赋》等。

在诗歌方面,欧阳修的代表作有《画眉鸟》、《戏答元珍》等,其诗句"始知锁向金笼听,不及林间自在啼"极富哲理意味。

在词作方面,欧阳修可归为婉约一派,其风格清新雅致,较为有名的篇章有《蝶恋花》、《踏莎行》、《浪淘沙》、《玉楼春》等。

此外,欧阳修还开了宋代笔记文创作的先声,写法不拘一格,生动活泼,富有情趣,《归田录》、《笔说》、《试笔》都是这一类型的作品。

司马光

北宋著名的政治家、史学家及文学家,他最重要的著作是由他主持编写的《资治通鉴》。《资治通鉴》是一部编年体通史,记载了从周威烈王二十三年(前403年)到五代后周世宗显德六年(959年)的逐年详细历史,共跨16个朝代,逾1300多年。作为一部优秀的历史散文著作,受到历代学者、文人的重视。

王安石

字介甫,号半山,世称临川先生,北宋著名的政治家和文学家。是唐宋八大家之一。其文风简练雄健,峭拔奇崛,文章内容多与社会政治以及人生的现实问题有关,代表作有议论文《答司马谏议书》、《上人书》,游记《游褒禅山记》,小品文《读孟尝君传》、《读柳宗元传》等;诗歌方面,代表作是《书湖阴先生壁》、《泊船瓜洲》、《明妃曲》;另有词作《桂枝香·金陵怀古》等。

苏轼

字子瞻,号东坡居士,北宋著名的文学家、画家、书法家,北宋文学的集大成者,也是继欧阳修之后北宋文坛的又一领袖人物。

在诗歌创作上,苏轼的诗题材广泛,政治诗、写景诗、哲理诗、题画诗都有,内容丰富多彩。苏轼的诗擅长议论和阐发哲理,体现了宋诗的典型形态,如"不识庐山真面目,只缘身在此山中"、"人生到处知何似,恰似飞鸿踏雪泥",都蕴含着耐人寻味的哲理。

在词学史上,苏轼是豪放词派的开创者,从他这里,词的创作呈现出另一番艺术风貌,与传统婉约词大相径庭,代表作有《水调歌头》、《念奴娇·赤壁怀古》等。

在散文方面,苏轼的文章倾吐自如,表现出俊逸洒脱、雄放恣肆的鲜明特色,这方面的佳作有《石钟山记》、《前后赤壁赋》等。

苏轼以其全方位的才华,给后世留下了大量优秀的文学作品,在诗、词、文各个方面都对后世的文学创作产生了巨大影响。

江西诗派

北宋末年,吕本中作《江西诗社宗派图》,把黄庭坚、陈师道为首的诗歌流派取名为"江西诗派"。之所以名为"江西派",是因为黄庭坚与诗派中的十几人籍贯均为江西。宋末方回又把杜甫和黄庭坚、陈师道、陈与义称为江西诗派的"一祖三宗"。江西诗派在诗歌理论上强调"夺胎换骨"、"点铁成金",追求字字有出处。江西诗派是宋代最有影响的诗歌流派,影响了整个南宋诗坛,直到清末还余风犹在。

晏几道

字叔原,号小山,晏殊之子,有词集《小山词》传世,代表作有《临江仙》、《鹧鸪天》

等。晏几道的词作主要是描写男女爱情和离愁别怨，艳而不俗，浅处皆深，真挚感人，无论是在语言的精度上和情感的深度上都发挥到了极致。

秦观

字少游，婉约派的重要词人。"两情若是久长时，又岂在朝朝暮暮"是他在《鹊桥仙》中的名句。秦观的词凄婉含蓄，清丽雅淡，金元好问在《论诗绝句》中这样评秦观的诗："有情芍药含春泪，无力蔷薇卧晚枝"。

贺铸

字方回，代表作有《青玉案》、《鹧鸪天》、《六州歌头》等。贺铸的词深婉密丽，推动了词在文辞方面走向高度典雅精致的道路，对后世的周邦彦、吴文英等词人都有一定的影响。他词中名句"试问闲愁都几许？一川烟草，满城风絮，梅子黄时雨"（《青玉案》），用了一连串精恰的比喻，将难以排遣的闲愁表达得淋漓尽致。

周邦彦

字美成，号清真居士。他精通音律，是南宋格律派的先驱，对于词在形式上的成熟和完善作出了重要的贡献，是北宋婉约词的集大成者，在两宋词史上起到了承前启后的作用。周邦彦的词多写男女爱情、行役羁旅，风格缜密、典丽，对柳永、张先的慢词作了进一步的发展，传世名篇有《苏幕遮》、《兰陵王》等。

李清照

号易安居士，济南人，是我国古代最有名的女词人。李清照生活在两宋之交，经历了由太平岁月到战乱生活的转变，故而她的词作也形成了前后截然不同的两个创作时期。前期主要表现贵族妇女的生活情趣，代表作有《点绛唇》、《一剪梅》等。后期作品则充满了家国之痛，变清丽明快为凄凉沉痛，代表作有《声声慢》、《武陵春》等。

除了词的创作实践，李清照还明确地提出了自己的词学主张，有《词论》传世。她提出词"别是一家"之说，认为典雅精致的婉约词才是词的正宗，作词应该严守格律，在此基础上，她批判了苏轼等人不守格律、词风豪放的作派。

中兴四大诗人

指的是南宋的陆游、杨万里、范成大和尤袤，他们都曾经受到江西诗派很深的影响，但又能摆脱江西诗派的樊笼，取得独树一帜的成就。四大诗人中，除了尤袤诗歌流传不多以外，其他三位诗人，均有大量优秀作品流传于世。

陆游

字务观，号放翁，南宋著名的爱国主义伟大诗人，也是现存诗最多的一位诗人。陆游一生坚持抗金，恢复中原的主张，虽屡遭投降派的打击，却仍矢志不渝，这方面的代表作有《书愤》、《十一月四日风雨大作》、《书愤》、《关山月》等。除了抗金主题外，陆游还写了很多格调清新的山水田园诗以及以日常生活为主题的诗歌。

另外，陆游词的创作也取得了不小的成就，著名的词作有《卜算子·咏梅》、《钗头凤》等。

范成大

号石湖居士，南宋著名诗人。范成大的诗歌表现内容十分丰富，揭露的现实问题也非常深刻，这方面的代表作是他出使金国时以亲身所见、所感而写就的72首绝句。不过，范成大最为后人称道的是他的田园诗，这方面的代表作是《四时田园杂兴》60首。

杨万里

号诚斋，南宋著名诗人。杨万里最初学习江西诗派，但最终摆脱了江西诗派的影响而自成风格。他的诗歌善于捕捉自然界中的美景和生活中不易被人察觉的情趣，并融入自己的思想感情，风格平易自然、清新活泼，时人号为"诚斋体"。其代表作有《晓出净慈寺送林子方》、《小池》等。

辛弃疾

字幼安，号稼轩，南宋著名豪放派词人，也是著名的爱国词人，在作词方面，与苏轼并称为"苏辛"。辛弃疾继承了苏轼所开创的豪放派，进一步开拓了词的境界，真正达到了"无意不可入，无事不可言"的地步，以其豪迈热烈的情感和高超的艺术水准，把豪放派的创作推向了一个新的高峰，人称"稼轩体"。

和陆游一样，辛弃疾亦极力主张抗金、收复中原，他的词作中很多都洋溢着这种强烈的爱国热情和因不能实现理想而产生的愤懑情绪，著名的作品如《破阵子》、《永遇乐·京口北固亭怀古》等。另外他有一些词则描绘了田园生活和农村风光，表现出闲适的心境，代表作有《清平乐·村居》等。

姜夔

字尧章，号白石道人，世称姜白石。姜夔精通音律，他的词格律严密，是南宋格律派词人的代表，代表作有《扬州慢》、《踏莎行》、《暗香》等。姜夔词主要描写个人生活、抒发身世寥落之感，同时又渗透着黍离之悲、家国之恨。《扬州慢》中的"二十四桥仍在，波心荡、冷月无声。念桥边红药，年年知为谁生！"的词句向来为人称道。

宋话本

"话本"原指说书人的底本，是随着民间"说话"艺术逐渐发展起来的一种文学样式。宋代的"说话"，可以分为"小说"、"合生"、"说经"、"讲史"四类，而"小说"和"讲史"对后世小说的影响尤大。

宋元话本有一定的体制,大体可以分为三个组成部分:入话(头回)、正话、结尾。现在流传下来的宋元话本数量不能确定,比较重要的作品有:描写爱情故事的《碾玉观音》、描写公案故事的《错斩崔宁》、讲史话本的《三国志平话》、《五代史平话》和《宣和遗事》、说经话本《大唐三藏取经诗话》等。

元好问

是辽金时期最杰出的诗人,著有《元遗山集》。此外,元好问在诗歌理论史上也有重要的地位,他的《论诗》三十首全面地评论了自汉魏到宋朝一千余年的重要作家、诗歌流派,推崇豪放壮伟、自然淳真的诗歌风格。

第六节 元代文学

在中国文学史上,元代是一个转折期。新型的通俗文学开始占据重要位置,许多文人作家以不同以往的姿态看待戏曲等新兴的文学样式,并以极大的热情投入到创作当中。元代文学成就最高的就是元曲,诗文创作的成就则相对逊色得多。

元曲

元曲是元代文学的代表,在中国文学史上占有很重要的地位,和唐诗、宋词一道,成为我国文学宝库中三颗璀璨的明珠。元曲是辞和曲结合的艺术,分为篇幅较大的叙事性的杂剧和抒情为主的散曲两种。元曲有一定的格律定式,每一曲牌的句式、字数、平仄等都有固定的格式要求,但并不死板,允许在定格中加衬字,部分曲牌还可增句,押韵上允许平仄通押,与律诗、绝句和词相比,有较大的灵活性。

散曲

元曲的一种,可以分为小令和套数以及介于两者之间的带过曲,杂剧则是涵盖了音乐、舞蹈、道白等部分的综合性艺术。小令,又称"叶儿",是散曲体制的基本单位,单片只曲,调短字少是它的基本特点。套数,又称"套曲"、"散套"、"大令",在体制上的特征是:由同一宫调的若干首曲牌连缀而成,各曲同押一部韵,通常在结尾处还有"尾声"。

传世的优秀散曲作家和作品有马致远的《天净沙·秋思》、张养浩的《山坡羊·潼关怀古》、白朴的《阳春曲·题情》(以上均为小令),崔景臣的《哨遍·高祖还乡》(套数)。

元杂剧

元杂剧是在金院本和诸宫调的直接影响之下,融合唱、念、科、舞各种表演方式而形成的一种完整的戏剧样式,四折一楔子的结构形式是其显著特色。在音乐上,元杂剧以北方音乐为基础,因此又称"北杂剧",采用的是北曲联套的形式,每一折用一个套曲,每一个套曲由若干支曲牌组成。元杂剧采用"一人主唱"的方式,一般来说,一剧中一人主唱到底,主唱的脚色不是正末,就是正旦。正旦主唱称旦本,如《窦娥冤》窦娥主唱;正末主唱的称为末本,如《汉宫秋》,汉元帝主唱。在角色上,杂剧角色分为旦、末、净、杂四大类。据资料统计,姓名可考的元杂剧作家有200余人,剧作种类达500多种。

关汉卿

大都人(今北京),元代著名戏曲家,与马致远、郑光祖、白朴并称为"元曲四大家",是"元曲四大家"之首。据资料记载,关汉卿著有杂剧67部,现存18部,其中最著名的有《窦娥冤》、《救风尘》、《望江亭》、《拜月亭》、《单刀会》等。个别作品是否为关汉卿所作,学术界尚有分歧。

关汉卿的杂剧作品按思想内容大体可分为三类:第一类是歌颂人民反抗斗争、揭露社会黑暗和统治者残暴的作品,《窦娥冤》是其中的代表作。第二类主要是描写下层妇女的生活和斗争,突出她们在斗争中的勇敢和机智,作品表现出一定的喜剧色彩,这一类型以《救风尘》为代表性作品。第三类是歌颂历史英雄的杂剧,这类作品以描写关羽的《单刀会》为代表。关汉卿的杂剧具有强烈的现实性和浓郁的时代气息,弥漫着昂扬的战斗精神,剧情紧张动人,语言通俗本色,代表了元杂剧的最高成就。

王实甫和《西厢记》

与关汉卿同时而略晚,元代著名杂剧作家。王实甫所作杂剧中名目可考的有13种,其中最为著名的是《西厢记》。《西厢记》全称为《崔莺莺待月西厢记》,故事源于唐代元稹的传奇《会真记》(即《莺莺传》)。

《西厢记》通过崔莺莺与张生(张君瑞)曲折的爱情故事,展现了崔、张、红娘等追求婚姻自主的叛逆者同以老夫人为代表的封建礼教的维护者之间尖锐的冲突。以"普天下有情人都成眷属"的美好结局,歌颂了青年男女争取爱情婚姻自由的合理性与正当性。《西厢记》代表了元代爱情剧的最高水准,在中国戏剧史上占有重要的地位。书中红娘的形象,可以说是中国戏剧史上最为成功的婢女形象,也成为了撮合姻缘者的代名词。

白朴和《梧桐雨》

元代著名剧作家、文学家。善于利用历史题材,敷演故事,因旧题创新意,文辞优美,情深意长,是元代成就最为突出的几位杂剧作家之一。白朴的杂剧代表作是《梧桐雨》和《墙头马上》。

《梧桐雨》全名为《唐明皇秋夜梧桐雨》，是一部描写唐明皇李隆基和杨玉环的爱情和政治遭遇的历史剧。这一剧本取材于唐代陈鸿的传奇小说《长恨歌传》和白居易的诗歌《长恨歌》，题目取名也来自《长恨歌》中的诗句"春风桃李花开日，秋雨梧桐叶落时"。作品始终把爱情纠葛贯穿在政治悲剧中来表现，通过李、杨悲欢离合的爱情故事，谴责统治集团的淫逸乱政，总结了历史兴亡和政治成败的教训。该剧被王国维称为"元曲冠冕"之作。

马致远和《汉宫秋》

晚年号"东篱"，元代著名散曲作家和杂剧家，有"曲状元"的美誉。其创作的小令《天净沙·秋思》以寥寥数语，描绘出一个寂寥悲凉的秋日意境，被誉为"秋思之祖"。马致远的杂剧代表作是《汉宫秋》。

《汉宫秋》写的是写西汉元帝受匈奴威胁，被迫送爱妃王昭君出塞和亲的故事。作品在君臣、民族矛盾的描写当中，抒发了家国衰败之痛，以及在乱世当中失去美好生活的悲凉人生感受。

《赵氏孤儿》

是元代戏曲家纪君祥唯一存留下来的作品。《赵氏孤儿》全名《冤报冤赵氏孤儿》，是一部历史剧，其本事见于《左传》和《史记·赵世家》。本剧主要根据《史记·赵世家》演绎而成，是我国古代最杰出的悲剧作品之一。作品突出展现了忠正与奸邪之间的矛盾冲突，揭露了权奸的凶残本质，歌颂了程婴等人为维护正义舍己为人的高贵品质。全剧气势悲壮，感人肺腑。

《赵氏孤儿》在戏剧发展史上有很重要的地位，被不少剧种改编上演，甚至被译成多国文字，登上了世界戏剧的舞台。法国著名文学家伏尔泰曾于1775年将其翻译成《中国孤儿》，在欧洲产生过一定的影响。

郑光祖和《倩女离魂》

元代著名的散曲家和杂剧家，《倩女离魂》是他的代表作，故事出自唐代陈玄佑的传奇小说《离魂记》。故事讲的是张倩女与王文举指腹为婚，文举长大后欲娶倩女，无奈张母嫌其功名未就，他只好赴京应试。倩女忧思成疾，魂魄离体，相伴文举。后来文举中的，携倩女回家，众人疑虑之际，倩女魂魄与身体合一，两人遂得结合。作品成功塑造了一个追求婚姻自主、对爱情忠贞不渝、感情真挚热烈的少女形象，歌颂了主人公反抗封建礼教的可贵精神。

南戏

南曲戏文的简称，是与北方杂剧相对而言的。南戏有多种异名，南方称之为戏文，又有温州杂剧、永嘉杂剧、南曲戏文等名称。它采用轻柔婉转的南方曲调演唱，角色行当主要分为七类：生、旦、净、外、贴、丑、末。各种角色均可演唱，较元杂剧的角色更为完备。南戏最初产生于南宋时期浙江温州一带，它也是明清传奇的前身。

四大南戏

指《荆钗记》、《白兔记》、《拜月亭记》和《杀狗记》，简称荆、刘、拜、杀，也被称为"四大传奇"，在明清时期传演甚广，影响深远。

《琵琶记》

是代表南戏艺术成就最高的剧目，为元末高明所作，有"传奇之祖"的美誉。《琵琶记》是根据早期宋元南戏《赵贞女蔡二郎》改编的，原剧的结局是蔡伯喈弃亲背妇，为暴雷震死。但到了《琵琶记》这里，作者对蔡伯喈的形象和故事的结局进行了重大改造，使人物、主题、内容都发生了巨大变化。《琵琶记》塑造的是"有贞有烈赵贞女，全忠全孝蔡伯喈"，其中，赵五娘是全剧中最为光辉的形象。她恪守妇道，照顾公婆，继而千里寻夫，是一位贤惠孝顺的妇女。《琵琶记》在语言艺术上文采和本色两种兼备，在思想性上则以劝忠劝孝为主，同时也是一部思想内容极为丰富的多义之作，在戏曲史上占有极重要的地位。

第七节 明代文学

明代是小说、戏曲等俗文学昌盛而正统诗文相对衰微的时期，不过这种力量消长的变化并不表现于诗文数量的减少，而是表现在作品思想和艺术质量的退化。长篇小说《三国演义》、《水浒传》、《西游记》、《金瓶梅》的出现，标志着我国古代历史演义小说、英雄传奇、神话小说、才子佳人与时事小说在初始阶段都取得了很高的艺术成就。戏曲方面的代表人物是汤显祖，著有名作《牡丹亭》等。

茶陵派

是明代中叶一个著名的文学流派，因为该派的代表人物李东阳是湖南茶陵人，故有此称。他们主性情，反模拟，推崇李杜，不拘一格，并且重视诗歌的声调、节奏、法度、用字，要以不同的风格代替当时在文坛占主导地位的"台阁体"。然而，以李东阳为首的茶陵派，创作题材较为狭窄，故而总体成就不高。

"前七子"

明弘治、正德年间的文学流派，成员包括李梦阳、何景明、徐祯卿、边贡、康海、王九思和王廷相七人，以李梦阳、何景明为代表人物。他们大力提倡"文必秦汉、诗必盛唐"，旨在为诗文创作指明一条新路子，以拯救萎靡不振的诗风。

"后七子"

明嘉靖、隆庆年间的文学流派，成员包括李攀龙、王世贞、谢榛、宗臣、梁有誉、徐中行和吴国伦，以李攀龙、王世贞为代表人物。因在"前七子"之后，故称"后七子"，又有"嘉靖七子"之名。"后七子"继承"前七子"的文学主张，同样强调"文必秦汉，诗必盛唐"，在复古的道路上较"前七子"更为极端。因前后"七子"的一味复古，不能自出机杼，故而在创作上很少佳作。

唐宋派

明代的散文流派，代表人物有嘉靖年间的王慎中、唐顺之、茅坤和归有光等人。唐宋派将李梦阳、何景明等"前七子"师法秦汉作为自己反驳的对象，提倡唐宋文风，重视文章中自身感情的流露，批评复古派一味抄袭模拟，主张文章直抒胸臆，在当时有着一定的影响。唐宋派中，以归有光散文成就最高。

归有光

字熙甫，又号项脊生，明代散文家，是"唐宋八大家"与清代"桐城派"之间的桥梁。归有光与拟古主义者对抗，力矫前后"七子""文必秦汉"之论，取得了较高的文学成就，使当时的文风有所转变。他的散文继承欧阳修、曾巩的文风，且把家庭琐事引到散文中来。他记述的家人之谊、朋友之情，感情真挚，神态生动，风韵悠远，扩大了散文的表现范围。其代表作《项脊轩志》是他的名篇，作品借项脊轩的兴废，写了与之有关的家庭琐事，表达物在人亡、世事变迁的感慨，是一篇感人肺腑的佳作。

公安派

明万历年间出现的文学流派，代表人物是袁宗道、袁宏道、袁中道三兄弟（合称"三袁"）。他们是湖北公安人，故称公安派。在晚明的诗歌、散文领域中，"公安派"的声势最为浩大，他们极力反对"前七子"和"后七子"的拟古风气，认为文学应随时代发展而变化，创作上主张"独抒性灵，不拘格套"，发前人之所未发。

公安派的创作成就主要在散文方面，风格一如他们的文学主张，清新活泼，自然率真，但多局限于抒写闲情逸致。公安三袁中，以袁宏道的成就最高，其散文名篇有《虎丘记》《满井游记》《徐文长传》等。

八股文

八股文又可以称为"时文"、"时艺"、"制艺"、"四书文"，它是明朝及清朝考试制度所规定的一种特殊文体。八股文对于文章的写作模式有着特殊的要求，分为破题、承题、起讲、入手、起股、中股、后股、束股八个部分。人们只是按照题目的字义敷衍成文，文章的每个段落死守在固定的格式里，连字数都有一定的限制。由于八股文从形式到内容都表现出极大的狭隘性，所以从中很难找到有较高文学价值的作品。

张岱

是明末著名的散文家,尤善小品文的创作,散文名篇有《西湖七月半》、《湖心亭看雪》等。张岱小品的内容十分丰富,就如同一幅全景式的明末风俗画,常能够以小见大,以少总多。他的小品文代表了同时代此类文学的最高成就。

章回体小说

章回体小说是中国古典长篇小说的主要形式,其特点是将全书分为若干章节,称为"回"。每回前用两句对偶的文字标目,称为"回目",用来概括本回的故事内容。如三国演义第一回正文前标有"宴桃园豪杰三结义,斩黄巾英雄首立功",每回末有"……如何,且看下文分解"。

章回体小说是由宋元时期"讲史"话本发展而来的,经宋元两代长期的积淀,元末明初出现了一批较为成熟的章回体小说,如《三国志通俗演义》、《水浒传》等。到明代中期,章回体小说更趋成熟,出现了《西游记》、《金瓶梅》等作品。清代章回体小说继续发展,《红楼梦》是其艺术巅峰。

《三国演义》

是《三国志通俗演义》的简称,作者罗贯中,元末明初人。小说描写了东汉末年和整个三国时代以曹操、刘备、孙权为首的魏、蜀、吴三个政治、军事集团之间的矛盾和斗争。

小说以宏伟的结构,把百年左右头绪纷繁、错综复杂的事件和众多的人物组织得完整严密,叙述得有条不紊、环环紧扣。尤其是对于战争的描写,更能体现出这种高超的叙事能力。在语言方面,采用的是浅近的文言;在人物的形象上,成功塑造了狡诈残忍、任性多疑的曹操,鞠躬尽瘁、神机妙算的诸葛亮,忠肝义胆、智勇双全的关羽,心直口快、粗鲁莽撞的张飞,才高善妒的周瑜,老谋深算、冷静谨慎的司马懿等诸多艺术形象。

《水浒传》

又名《忠义水浒传》,作于元末明初,一般认为作者是施耐庵。小说以宋江领导的农民起义为主要题材,艺术地再现了封建社会农民起义的发生、发展、壮大直至接受招安、走向失败的整个过程。

《水浒传》在艺术性上也取得了非凡的成就。语言上,人物个性化的语言达到了很高的水平;在情节的设置上,小说中安排了许多引人入胜的情节,著名的有"风雪山神庙"、"拳打镇关西"、"智取生辰纲"、"武松打虎"、"醉打蒋门神"、"血溅鸳鸯楼"、"三打祝家庄"等等;在人物的塑造上,《水浒传》善于把人物置身于真实的历史环境中,扣紧人物的身分、经历和遭遇来刻画他们的性格,在人物之间的对比中,突出他们各自的性格,从而刻画出有血有肉、栩栩如生的英雄形象。

《西游记》

作者为明代小说家吴承恩,写的是孙悟空力保唐僧西天取经、历经九九八十一难的故事。《西游记》以瑰丽的想象、极度的夸张、引人入胜的故事情节,突破时空、生死的界限,突破神、人、物的界限,创造了一个光怪陆离、神异奇幻的世界。

《西游记》塑造了神、人、魔三界的数百个奇异形象。小说中的四位主要"人物"孙悟空、唐僧、猪八戒、沙僧更是家喻户晓的经典文学形象。作品寓庄于谐,或随意点染,涉笔成趣;或借题发挥,针砭时弊,具有强烈的喜剧效果。在思想性方面,《西游记》还是一部寓意深刻的作品,它融合了佛、道、儒三家的思想和内容,是一部讲悟道、修道的书,同时也通过虚幻的神魔世界,曲折地反映了现实社会的黑暗。

《金瓶梅》

作者署名兰陵笑笑生,书名以书中三个女性的名字命名(潘金莲、李瓶儿、春梅),是我国文学史上第一部由文人独立创作的长篇小说,也是第一部以市民日常生活为题材的长篇小说,为此后的世情小说开辟了广阔的题材世界。小说以《水浒传》中武松杀嫂的一段故事为引子,描述了集官僚、恶霸、富商身份于一身的西门庆及其家庭的罪恶、荒淫生活。它假托宋朝旧事,实际上展现的是晚明政治和社会的各种面貌,它一方面辐射市井社会,一方面反映官场社会,为我们展开了一个广阔的时代图景,暴露出人间种种的肮脏与丑恶现象。

"三言二拍"

在明代中后期,通俗小说的创作取得了极大的发展,"三言二拍"是其中的杰出代表。"三言"指的是《喻世明言》、《警世通言》、《醒世恒言》三部短篇小说集,它们是由明代的冯梦龙整理编定的。"二拍"指的是《初刻拍案惊奇》和《二刻拍案惊奇》,作者是明末小说家凌蒙初。作为符合市民口味的白话通俗小说,"三言二拍"为我们展现了明代社会的世态百样,塑造出了许多性格鲜明而又充满艺术魅力的人物形象。例如《警世通言》中的《杜十娘怒沉百宝箱》,就刻画了一个美丽聪明、追求自由幸福同时又具有刚烈性格的妓女形象,具有强烈的悲剧性。

传奇

作为一种新兴的戏剧体裁,传奇成为明代最为重要的戏曲样式。传奇是由南戏发展而来的。在形式上,传奇的脚色分工更为细致,音乐上采用宫调区分曲牌,兼唱北曲或南北合套。和南戏有所不同的是,传奇的创作者多为文人雅士,故而在文辞上显得更为典雅。

汤显祖

字义仍,临川人(今江西临川),明代最富盛名的戏曲作家,在中国和世界戏剧史上都占有重要的地位。《牡丹亭》是汤显祖的代表作,此外,其他的重要作品还有《南柯记》、《邯郸记》、《紫钗记》等,这四部戏合称为"临川四梦"或"玉茗堂四梦"。

《牡丹亭》

是我国戏剧史上浪漫主义的杰作。作品集中歌颂了杜丽娘这个为情而死又为情而生的形象。通过杜丽娘和柳梦梅生死离合的爱情故事,以情反理,崇尚个性解放,表达了对处于正统地位的程朱理学的不满,肯定和提倡了人的自由权利和情感价值。《牡丹亭》情节曲折,想象奇特,文辞婉丽典雅,取得了极高的艺术成就。

临川派

明代戏曲流派,其领袖人物是汤显祖,因汤显祖的祖籍是临川,故有是称,又因汤显祖有戏曲作品"玉茗堂四梦",故临川派又称"玉茗堂派"。属于此派的曲家还有冯延年、阮大铖、孟称舜等。临川派大力反对传统礼教,批判程朱理学的专制思想,强调创作不应受形式、格律的拘束,应注重作家才情和个人情感的展现。

吴江派

吴江派的领袖人物是吴江(今江苏吴江)人沈璟,属于此派的曲家还有顾大典、吕天成、王骥德、冯梦龙等人。吴江派要求作曲"合律依腔",语言"僻好本色"。和临川派注重作家才情发挥有所不同的是,吴江派要求剧作要以符合格律为第一要求,以使得作品更适合舞台的表演。沈璟等人与汤显祖于万历年间曾经在创作方法上有过一场为时不短的激烈争论,即"汤沈之争"。

徐渭

字文长,是明代杰出的书画家、文学家。在戏剧方面,徐渭有著名的讽刺杂剧《四声猿》。除剧作外,徐渭还著有戏剧方面的学术著作《南词叙录》。《南词叙录》是第一部研究宋元南戏和明初戏文的专著,此书论述了南戏的源流发展、风格特色、声律音韵等,也有对作家、作品的评论,术语、方言的考释。

四大声腔

中国明代南曲海盐腔、余姚腔、昆山腔、弋阳腔的合称。在诸腔调之中,昆山腔以其婉转流丽的唱腔,逐渐取得了主导的地位,成为明清两代最为流行的曲种。

第八节 清代文学

钱谦益

号牧斋,晚号蒙叟,本为明臣,后降清,清初诗坛的盟主之一。其诗多抒发反对清朝、恢复故国的心愿,以典丽宏深见长,然脍炙人口之作不多。

吴伟业

明末清初诗人,字骏公,号梅村,世称"吴梅村"。他的诗歌一方面表现出对自我的关照,徘徊于灵与肉之际,刻骨铭心地忏悔自我的灵魂;另一方面则感叹于江山易代,绵绵不尽地吟唱着叹挽明王朝衰败的时代悲歌。前者带有很强的抒情意味,后者则具有诗史的特点,被称为"梅村体"史诗,取得了很高的成就,代表作有《圆圆曲》、《殿上行》、《永和宫词》等。

格调派

以乾隆朝重臣沈德潜为代表的诗歌流派,因沈德潜倡导"格调说"而得名。格调派认为"温柔敦厚"是诗歌的最高创作和美学原则,诗歌的作用主要是厚人伦、美教化,故而作诗的态度应该是怨而不怒、中正和平,作诗的方法应该讲求比兴、蕴藉。以这样的一套标准,沈德潜还选编了系列诗集《古诗源》、《唐诗别裁》、《明诗别裁》和《国朝诗别裁》(即《清诗别裁》)。格调派以诗论闻名,创作实践则成就不高,它是乾隆"盛世"的产物,正适应封建统治的需要,故而在当时势力较大。

神韵派

清代重要诗歌流派,由清初诗论家和诗人王士禛创立。神韵派主张诗歌创作要朦胧含蓄,吞吐不尽,追求清远冲淡的美学风格,达到"不着一字,尽得风流"、"羚羊挂角,无迹可求"的境界。王士禛本身的创作就是他诗歌理论的实践,代表作是《秋柳》四首。

性灵派

以袁枚为领袖人物的清代诗歌流派,以标举性灵说而得名。性灵派理论上承明代公安派而来,主张直抒"性情"。也就是说,作诗要有真性情,表现出独特的个性,这对于当时的拟古诗风以及提倡温柔敦厚的格调派,起了很大的冲击作用。

纳兰性德

为大学士明珠的长子,原名成德,字容若,满清贵族,清初著名词人。纳兰论词主情,他的以爱情为题材的词作低回悠渺,缠绵执着,代表作有《相见欢》、《蝶恋花》等。纳兰性德的词以其深婉、真纯的风格,一扫元明以来浮艳颓靡之风,振兴了沉落多年的词坛,在整个词史上都占有重要地位。

朱彝尊

清代诗人、词人、学者,与王士禛并称"南朱北王"。词作有《江湖载酒集》、《静志居琴趣》、《茶烟阁体物集》等,是浙西词派的创始者。朱彝尊提倡醇雅清丽的诗风,其创作实践亦如此,代表作是《桂殿秋》。

浙西词派

"浙西词派"是清代的重要词派,其创始者朱彝尊及主要作家都是浙江人,故称之。他们崇尚姜夔、张炎,标榜醇雅、清空,以婉约为正宗,贬低豪放词派。认为词"宜用于宴嬉逸乐,以歌咏太平"。其创作注重词的格律精巧,辞句工丽,追求"幽新"的风格,是清代词坛上较有势力的一个派别。

常州词派

清代嘉庆以后的重要词派,代表词人有张惠言、周济等。常州词派推尊词体,意欲提高词的地位,主张词应该强调比兴和寄托,反对琐屑饾饤之习和无病呻吟之作。

蒲松龄和《聊斋志异》

字留仙,又字剑臣,号柳泉居士,世称聊斋先生,自称异史氏,清代杰出的小说家,其作品《聊斋志异》代表了中国文言短篇小说的最高成就。

《聊斋志异》内容十分广泛,多谈鬼、狐、花、妖等神奇怪诞之事,想象丰富奇特,故事变幻莫测,情节曲折离奇。其语言艺术达到了文言小说的巅峰水平,精致简练,典雅工丽而又生动活泼,极富于形象性和表现力。他笔下的妖狐鬼魅并不狰狞恐怖,而多是充满了人情味的善良可爱女子,如婴宁、聂小倩等,她们往往个性突出,风情宛然。另外蒲松龄通过对幽冥世界的社会化,深刻地反映了现实世界的矛盾。其中既有对黑暗现实的不满,也有对怀才不遇、仕途难攀的不平;既有对贪官污吏的鞭笞痛恨,也有对勇于反抗的平民的称赞。

纪昀

字晓岚,清代文学家,乾隆年间受命编纂《四库全书》。《四库全书》分经、史、子、集四部,是中国古代最大的一部丛书。在文学方面,他还创作了笔记体小说《阅微草堂笔记》,是清代较有影响力的一部笔记小说。

曹雪芹与《红楼梦》

字梦阮,名沾,号雪芹,清代小说家,写下了中国古代小说史上的压卷之作《红楼梦》。《红楼梦》又名《石头记》、《情僧录》、《风月宝鉴》、《金陵十二钗》等,是中国古典小说四大名著之一。一般认为前八十回的作者是曹雪芹,后四十回由高鹗续写。书中以贾、史、王、薛四大家族为背景,以贾宝玉、林黛玉的爱情悲剧为主要线索,着重描写贾家荣、宁二府由盛到衰的过程。全面地描写了封建社会末世的人情世态,堪称是封建社会的百科全书,被认为是中国文学史上不可超越的巅峰之作。

对于《红楼梦》的主题,不同的学者和学派,存在着不同的看法,有主悟道说的,有主反封建的,也有认为是影射政治的,可谓见仁见智。

吴敬梓与《儒林外史》

字敏轩,一字文木,号粒民。吴敬梓一生创作了大量的诗歌、散文和史学研究著作,有《文木山房诗文集》,然而影响最大的,是他的长篇小说《儒林外史》。《儒林外史》共56回,主要描写的是封建社会后期知识分子及官绅的活动和精神面貌,在小说中,吴敬梓成功塑造了生活在封建末世和科举制度下的封建文人群像,是我国古代讽刺文学的典范。《儒林外史》不仅直接影响了近代谴责小说,而且对现代讽刺文学也有深刻的启发。

李渔与《闲情偶寄》

字谪凡,号笠翁,明末清初文学家、戏曲家。《闲情偶寄》是他根据自己的生活和所闻所见的事物总结而成,其中包含他对戏曲的看法和批评。李渔的戏曲理论从舞台的实际出发,注重戏曲的结构、中心事件的选择安排等,是中国戏曲批评史上的重要著作之一。此外,书中还涉及到生活中如饮食、作卧等方面的审美感受。

《长生殿》

清初剧作家洪升所作的剧本,取材自唐代诗人白居易的长诗《长恨歌》和元代剧作家白朴的剧作《梧桐雨》。讲的是唐玄宗和贵妃杨玉环之间的爱情故事,但他在原来题材上有所发挥,演绎出两个重要的主题:一是极大地增加了当时的社会和政治方面的内容;二是改造和充实了爱情故事。

《桃花扇》

是清初作家孔尚任经十余年苦心经营,三易其稿写出的一部传奇剧本。《桃花扇》是写南明王朝兴亡的历史剧,是"借离合之情,写兴亡之感"。作品以侯方域、李香君的爱情故事为线索,集中地反映了明末腐朽、动荡的社会现实及统治阶级内部的矛盾和斗争。作品曲辞流畅优美,富于文采,情节曲折动人。全剧共有40出,舞台上常演的有《访翠》、《寄扇》、《沉江》等几折。

侯方域

明末清初文学家,复社领袖。侯方域长于散文,推尊唐宋八大家,代表作有《李姬传》、《马伶传》,他与同时期的魏禧、汪琬并称为"清初散文三大家"。

桐城派

又称"桐城古文派"、"桐城散文派",因主要代表人物为方苞、刘大櫆、姚鼐均系安徽桐城人,故名。桐城派的后期代表人物还有曾国藩、吴汝纶、马其昶等。桐城派的文章,讲究"义理、考据、辞章"三要素,内容多是宣传儒家思想,尤其是程朱理学。桐城派影响极大,时间从康熙年间一直绵延至清末,甚至民国时期还有桐城余脉的存在,地域上则超越桐城,遍及国内,是整个清代影响最大的散文流派。

方苞

清代散文家,桐城派的创始人,与刘大櫆、姚鼐并称为"桐城三祖"。方苞论文讲究"义法",所谓"言有物"、"言有序",前者是指以程朱理学为主导的思想内容,后者则是指做文的法度和方法。其代表作有《狱中杂记》、《左忠毅公逸事》等。方苞的散文内容充实、意蕴精深,风格清真雅正、简洁古朴。

刘大櫆

字才甫,一字耕南,号海峰,师从方苞,又是姚鼐的老师。刘大櫆在接受方苞"义法"说的同时,又提出"神气音节"说,从内在的神气和外在的音韵两个方面来探索散文创作的途径,其代表作有《游浮山记》。

姚鼐

清代散文家,室名惜抱轩,人称惜抱先生,是刘大櫆的学生,桐城派集大成者,编撰了著名的古代散文选集《古文辞类纂》。他提倡文章要"义理"、"考证"、"辞章"三者相互为用。所谓"义理"就是程朱理学;"考证"就是对古代文献、文义、字句的考据;"辞章"就是要讲求文采。这些主张充实了散文的写作内容,是对方苞"义法"说的补充和发展。《登泰山记》是姚鼐的代表作,主要描绘泰山风雪初霁的壮美景观。

第九节 近代文学

近代文学是指从1840年鸦片战争爆发到1919年新文化运动发生这段时间的文学现象。在严重的内忧外患下,中国文学呈现出不一样的面貌。从总体上看,近代文学不再局限于个人的欢喜悲愁,而更加关注国家和民族的生死存亡,表现出极深的忧患意识和极高的爱国情怀。

魏源

著名学者,中国近代启蒙思想家,著有《书古微》、《诗古微》、《海国图志》等著作。《海国图志》是中国近代思想史和史学史上的一部杰作,系统地介绍了西方各国的地理、历史、政治状况和许多先进科学技术,传播了近代自然科学知识以及别种文化样式、社会制度、风土人情。它开辟了近代中国向西方学习的时代新风气,是我国第一部较为详尽、系统的世界史地著作。在这本书中,他提出了"师夷之长技以制夷"的著名言论。

龚自珍

字尔玉,号定庵,近代思想家、文学家。文学上,他提出"尊情"之说,主张诗与人应和谐统一。他的作品紧紧围绕现实政治这一中心,或批判现实,或寄托感慨,思想深邃。诗歌代表作有《咏史》《己亥杂诗》等,散文代表作有《病梅馆记》等。

"诗界革命"

戊戌变法前后的诗歌改良运动。"诗界革命"要求诗歌要"以旧风格含新意境",具体就是"第一要新意境,第二要新语句,而又须以古人之风格入之,然后成其为诗。"鲜明提出"诗界革命"口号的是梁启超,而早已反映出诗歌变革趋向并获得创作成就,成为"诗界革命"旗帜的是黄遵宪。

黄遵宪

清末杰出的爱国诗人、外交家、政治家、教育家,倡导"诗界革命",被誉为"诗界革命巨子"。他创作了一批"新派诗",其"我手写吾口,古岂能拘牵!"的呐喊也成了"诗界革命"的口号,代表作品有《哀旅顺》、《书愤》等。

"文界革命"

主要倡导者是梁启超,他倡导一种既通俗而又富有煽动力的新文体,以运载新思想。"文界革命"在内容上直接宣传维新变法,为现实政治生活服务,在形式上则是采众家之长,叙述、议论、抒情相结合,兼用古文、辞赋、骈文甚至是西学译文等各种文体,文白夹杂、明白晓畅。梁启超自己就是"新文体"散文的有力实践者,代表作有《少年中国说》、《呵旁观者文》等。

近代小说

鸦片战争前后,古典小说在思想和内容方面均发生了一定变化。但与进步诗文相比,则大大落后于形势,没有产生对社会变革有重大意义的作品。当时的小说创作,主要有两大流派,一为侠义公案小说,一为狭邪小说。这些小说实是传统古典小说的因袭与承续,《荡寇志》和《儿女英雄传》的出现,则反映了这一时期古典小说流派相互融合的趋向。其后,在"小说界革命"的推动下,小说的文学地位得到了空前的提高,古典小说的发展呈现出新的面貌。

"小说界革命"

1902年梁启超创办《新小说》杂志,在第一期上正式提出了"小说界革命"的口号。它是与"诗界革命""和"文界革命"在同一背景下发生的,主要是受资产阶级思想启蒙运动的推动和西方文艺观念影响的结果。"小说界革命"意欲提高小说的地位,让小说与传统的诗文一样,成为觉世新民、疗救社会的有力武器。在这种新思想的带动下,出现了一批所谓的"新小说",代表作有"晚清四大谴责小说"等。

晚清四大谴责小说

在"小说界革命"的影响下出现的小说代表作,即李宝嘉(李伯元)的《官场现形记》、吴沃尧(吴趼人)的《二十年目睹之怪现状》、刘鹗的《老残游记》、曾朴的《孽海花》。它们的内容主要是抨击政府时弊,宣扬改良思想,提出救国主张。

王国维与《人间词话》

字静安,号观堂,浙江海宁人,近代中国著名学者、诗人、哲学家。《人间词话》是他的一部词学理论著作,共64则,在这部书中,他提出了著名的"境界"说,以"能写真景物,真感情"作为"有境界"和"最上"之作。

自测题(一)与答案

一、填空

1. 中国古代最早的诗歌总集是《　　　》,按照内容它分为《　　　》、《　　　》、《　　　》三个部分。
2. 中国古代第一部编年体史书是《　　　》,相传作者是(　　),它记录的是春秋时(　　)国的历史。
3. 《春秋三传》指的分别是《　　　》、《　　　》、《　　　》。
4. "四书"指的是《　　　》、《　　　》、《　　　》、《　　　》四部儒家的经典著作,它最早是由(　　)朝著名理学家(　　)汇辑选定的。
5. 春秋战国时期,道家的代表人物是(　　)、(　　)。
6. 汉代最具代表性的文体是赋,其代表人物之一的司马相如最重要的作品是《　　　》、《　　　》。
7. 《　　　》是中国第一部纪传体通史,作者是(　　)。
8. "前四史"指的分别是《　　　》、《　　　》、《　　　》、《　　　》其中的《　　　》是中国第一部纪传体断代史。
9. 我国古代田园诗的开创者是(　　)代伟大诗人(　　)。
10. 唐代古文运动的领导者是(　　)、(　　)。
11. 唐传奇《莺莺传》的作者是(　　)。
12. 宋词可以分为两个基本的流派,它们分别是(　　)、(　　)。
13. "唐宋八大家"指的是韩愈、(　　)、欧阳修、(　　)、(　　)、(　　)、(　　)、曾巩八位作家。
14. 关汉卿的杂剧代表作是著名悲剧《　　　》。
15. 中国文学史上第一部由文人独立创作的长篇小说是《　　　》,它也是第一部以家庭日常生活为题材的长篇小说。

16. 明代"公安派"的代表人物是"三袁",他们分别是( )、( )、( )。

17.《儒林外史》的作者是( )朝的( ),它是中国文学史上第一部长篇讽刺小说。

18.《聊斋志异》的作者是( ),它代表了我国古代文言短篇小说的最高成就。

19. 清代最著名的散文流派是( ),代表人物有( )、( )、( )。

20.《人间词话》的作者是清末民初的著名学者( )。

二、选择

1. 我国古代现存最早的散文集是( )。
   A.《论语》　　B.《史记》　　C.《尚书》　　D.《汉书》

2. 我国现存最早的一部国别体史书是( )。
   A.《史记》　　B.《汉书》　　C.《春秋》　　D.《国语》

3. 阐述"无为"思想的是先秦时期的( )。
   A. 荀子　　　B. 老子　　　C. 孔子　　　D. 墨子

4. 战国时期的法家集大成者是( )。
   A. 墨子　　　B. 荀子　　　C. 韩非子　　D. 孟子

5.《上林赋》的作者是( )。
   A. 扬雄　　　B. 班固　　　C. 贾谊　　　D. 司马相如

6.《史记》是我国第一部( )。
   A. 编年体通史　　　　　B. 纪事本末体史书
   C. 纪传体断代史　　　　D. 纪传体通史

7. "秋水共长天一色,落霞与孤鹜齐飞"出自下列哪篇文章( )。
   A.《洛神赋》　　　　　B.《滕王阁序》
   C.《琵琶行》　　　　　D.《代李敬业传檄天下文》

8.《长恨歌传》的作者是( )。
   A. 元稹　　　B. 白行简　　C. 白居易　　D. 陈鸿

9. 宋朝影响最大的诗歌流派是( )。
   A. 江湖诗派　B. 永嘉四灵　C. 江西诗派　D. 性灵派

10. "梅村体"的作者是( )。
    A. 吴伟业　　B. 钱谦益　　C. 袁枚　　　D. 陈维崧

三、名词解释

1. 新乐府运动
2. "小李杜"
3. "诗界革命"

四、简答

1. 杜甫的三吏、三别分别是指哪些作品？试赏析之。
2. 你最喜欢中的《红楼梦》哪一个人物？试对这一人物进行简短的分析。

答案：

一、填空

1. 诗经　风　雅　颂　　　　2. 春秋　孔子　鲁
3. 左传　谷梁传　公羊传
4. 大学　中庸　论语　孟子　宋　朱熹
5. 老子　庄子　　　　　　　6. 子虚赋　上林赋
7. 史记　司马迁
8. 史记　汉书　后汉书　三国志　汉书
9. 晋　陶渊明　　　　　　　10. 韩愈　柳宗元
11. 元稹　　　　　　　　　　12. 豪放派　婉约派
13. 柳宗元　欧阳修　苏洵　苏轼　苏辙　黄庭坚
14. 窦娥冤　　　　　　　　　15. 金瓶梅
16. 袁宗道　袁宏道　袁中道
17. 明　吴敬梓　　　　　　　18. 蒲松龄
19. 桐城派　姚鼐　方苞　刘大魁　20. 王国维

二、选择

1. C　2. D　3. B　4. C　5. D　6. D　7. B　8. D　9. C　10. A

三、名词解释

1. 参见第四节"中唐文学"的"新乐府运动"相关内容。
2. 参见第四节"晚唐文学"的"杜牧"和"李商隐"相关内容。
3. 参见第九节"近代文学"的"诗界革命"相关内容。

四、简答

略

第二章　中国现当代文学

第一节　五四时期文学

新文化运动

随着清朝统治的覆灭和外国先进文化的大量引进,在1919年到1923年之间,爆发了以反对旧文化、提倡新文化为主要内容和目的的运动,这就是新文化运动。1915年9月《新青年》杂志的创办标志着新文化运动的开始,主要领导人物有陈独秀、李大钊、鲁迅、胡适等。新文化运动高举"民主"和"科学"两面大旗,以《新青年》为主要阵地,内容主要包括提倡民主和科学,反对专制和愚昧迷信;提倡新道德,反对旧道德;提倡新文化,反对旧文化。

《新青年》

1915年9月在上海创刊,原名《青年杂志》,第二卷起改名为《新青年》。《新青年》集中代表了新文化运动的思想特色,是新文化运动的主要阵地,它集结了一批推进新文化和新文学建设的先驱人物。1917年1月,胡适在《新青年》上发表《文学改良刍议》,他从"一时代有一时代之文学"的文学进化论角度,认为文言文作为一种文学已经丧失活力,中国文学要适应现代社会,就必须进行语体革新,废文言而倡白话。

文学研究会

1921年1月在北京成立,发起人有周作人、郑振铎、沈雁冰、王统照、许地山等12人,后来成员发展到170多人。他们将经过革新的《小说月报》作为代用会刊,其宗旨是"研究介绍世界文学,整理中国旧文学,创造新文学"。可以说,文学研究会比较注重文学的社会功利性,被看作是"为人生而艺术"的一派,或偏向于现实主义的一派。

创造社

1921年在日本东京正式成立,最初的成员有郭沫若、张资平、郁达夫、成仿吾等人。他们初期主张"为艺术而艺术",强调文学必须忠实地表现作者自己"内心的要求",重视文学的美感作用。他们的作品大都侧重自我表现,带有浓厚的抒情色彩,直抒胸臆和病态的心理描写往往成为他们表达内心矛盾的主要形式,显示出与文学研究会截然不同的创作面貌。

浅草社

1922年春在上海成立,办有《浅草》季刊(于1925年停刊)。浅草社主要成员有林如稷、陈炜谟、陈翔鹤、冯至等,发表的多为揭露黑暗、追求光明美好新生活的作品,具有鲜明的进步倾向。

沉钟社

1929年成立,由浅草社的骨干成员组成,办有刊物《沉钟》。在创作方面,有冯至的诗歌,陈炜谟、陈翔鹤的小说等,内容上多抒写知识青年苦闷的生活和忧郁的情感,富有感伤的色彩。

鲁迅

原名周树人,20世纪伟大的文学家、思想家和革命家。主要作品有短篇小说集《呐喊》、《彷徨》、《故事新编》,散文诗集《野草》,散文集《朝花夕拾》以及《热风》、《坟》、《华盖集》等16本杂文集和书信集《两地书》。此外,还有学术著作《汉文学史纲要》、《中国小说史略》。其中他的小说集《呐喊》和《彷徨》是中国现代小说的成熟之作,里面包括了《药》、《故乡》、《明天》、《祝福》、《伤逝》、《孔乙己》、《阿Q正传》等经典作品。

《狂人日记》写于1918年4月,是鲁迅创作的第一篇白话小说,也是现代中国新文学史上第一篇优秀白话小说。《狂人日记》的主题,意在暴露家族制度和礼教的"吃人"本质。

除了小说,鲁迅在散文方面也造诣高深。他的散文包括杂文、文学性散文和散文诗。在诸种散文文体当中,最能体现鲁迅思想和个性的当属杂文了。鲁迅的杂文笔锋驰骋纵横,针砭时弊,精炼泼辣,内容和题材皆十分丰富,涵盖了各种不同的文化现象、各种不同阶层的人物。

鲁迅以其笔耕不辍的丰富创作和见解深刻的思想,成为中国现代文学的开创者和奠基人。

"问题小说"

指的是为提出某种社会问题而创作的小说,它是"五四"时期出现的特殊文学现象。"五四"运动在思想文化领域里掀起的除旧布新的力量,引出了一批"问题小说",成就了一群"问题小说家"。"问题小说"主要反映了大批知识青年的觉醒和他们对现实的密切关注。1919年下半年,冰心在《晨报副刊》上发表的《斯人独憔悴》等作品,正式开创了"问题小说"的风气。

庐隐

"五四"时期的女作家,文学研究会的骨干,与冰心齐名,代表作是中篇小说《海滨故人》。她擅长用忧伤的笔调描写"五四"一代青年复杂的感情世界,尤其擅长表现一代青年女性追求民主解放和爱情幸福,最后却只能尝到苦果的实际情景。在《海滨故人》中,从露莎等五位女大学生的身上,人们不难看到新旧交替时期毅然走出傀儡之家的"娜拉"们的身影,看到那个时代的青年们强烈的精神饥渴。

郁达夫

原名郁文,字达夫,中国现代著名小说家、散文家、诗人。在文学创作上主张"文学作品都是作家的自叙传",因此他常常把个人的生活经历作为小说和散文的创作素材,在作品中毫不掩饰自己的思想感情和人生际遇。1921年他出版了自传体小说代表作《沉沦》,作品大胆地描写了年轻主人公的病态性苦闷,集中表现了因当时社会环境重压而窒息的青年一代的精神苦闷,在当时产生了很大影响。

冰心

原名谢婉莹,笔名冰心,中国现代著名女作家、翻译家、儿童文学家。"五四"初期,冰心就以她别具风格的白话文从事创作,其错落有致、长短相间的句式以及排比、对句等的恰当穿插,更增强了语言的音乐性。在白话文的流畅、明晰基础上,又有文言文的洗炼、华美,人称"冰心体"。其代表有诗集《繁星》、《春水》,散文集《小桔灯》、《樱花赞》等。冰心的诗歌和散文有三个主题,即"母爱,童真,自然",由它们构筑起了自己独特的"爱的哲学"。

冰心还是"问题小说"的代表人物,她的"问题小说",提出了一系列发人深思的社会问题,比如社会黑暗问题、妇女问题、反战问题以及青年问题等。

废名

原名冯文炳,是一位颇具特色的田园作家,代表作有《竹林的故事》、《浣衣母》、《桃园》等。废名善于用冲淡的笔调表现尚未被现代社会污染的农村世界以及农民的淳朴美德。这种抒情小说的独特成就,使得废名在现代文学史上占有重要的一席之位。沈从文以至后来的汪曾祺,在创作上都受到了他的深刻影响。

鸳鸯蝴蝶派

清末民初言情小说的著名流派,以才子佳人的故事为主要题材,重要的代表作品有徐枕亚、张恨水、包天笑、秦瘦鹃等。代表作品有徐枕亚的《玉梨魂》,张恨水的《啼笑因缘》等。鸳鸯蝴蝶派因其题材和思想方面的通俗性和保守性,曾被作为一个反面典型,受到新文学界的广泛批判,其影响之深远,以至于一直到今天,还有人在批评所谓"媚俗、低级文化"时仍将它拿出来作为代名词。

新诗的诞生

新文化运动时期诞生的白话诗,称为新诗。白话新诗的出现,密切配合了新文化运动和白话文运动,是中国诗歌史上一次重大的革命。1918年,《新青年》上发表了第一批现代白话诗作,包括胡适的《鸽子》、刘半农的《相隔一层纸》、沈尹默的《月夜》等。1920年胡适的《尝试集》是新文学的第一部白话诗集。另外俞平伯的《冬夜》和康白情的《草儿》都是当时最有影响的新诗集。

郭沫若

现代著名诗人、剧作家。郭沫若的诗集《女神》出版于1921年,它以崭新的内容和形式,开时代之风,可谓是中国现代新诗的奠基之作,其中包括了著名诗篇《炉中煤》、《天狗》、《凤凰涅槃》、《地球,我的母亲》等。郭沫若的诗歌想象奇特,天马行空,充分体现了五四时期狂飙猛进的时代精神,是现代文学史上浪漫主义诗歌的代表作品。

在戏剧创作方面,郭沫若善于"借古喻今"。20世纪20年代,他写出了著名的《三个叛逆的女性》(包括《卓文君》、《王昭君》、《聂嫈》三个剧本);抗战时期,郭沫若又以极大的热情创作了《虎符》、《屈原》、《棠棣之花》、《高渐离》、《南冠草》、《孔雀胆》、《蔡文姬》等历史剧,充满了时代精神的印记。

新月社

1923年在北京成立,代表诗人有闻一多、徐志摩、朱湘、孙大雨、林徽因等。这个文学团体的成员大多具有欧美留学的背景,思想上比较倾向于自由主义。他们提倡新诗的格律化,因此又被称为"新格律诗"。新月派明确提出以"和谐"与"均齐"作为新诗最重要的审美特征。闻一多进而提出了"新诗格律化"的主张,鼓吹诗歌的"三美",即"音乐美、绘画美、建筑美"。

闻一多

中国现代著名诗人、学者、民主战士、新月派代表诗人。代表作品有诗集《红烛》、《死水》,其中的名篇有《一句话》、《死水》、《七子之歌》等。闻一多的诗歌想象丰富、辞藻华丽,在形式上讲究句式整齐,被称为"新格律诗"。

徐志摩

是贯穿新月派前后期的重要诗人,也是新月派最具代表性的诗人之一。徐诗字句清新,韵律和谐,比喻新奇,意境优美,神思飘逸,具有鲜明的艺术个性。其诗歌《雪花的快乐》、《想飞》、《再别康桥》、《偶然》等,都是脍炙人口的名篇。

湖畔诗社

现代文学社团,1922年3月在浙江杭州成立,主要成员有应修人、潘漠华、冯雪峰、汪静之。他们的诗,表现了新文学运动初期,刚刚挣脱封建礼教束缚的青年对美好自然的向往和对幸福爱情的憧憬,独具一种单纯、清新、质朴的美。1922年出版了他们的诗歌合集《湖畔》,同年汪静之出版了他的诗集《蕙的风》。

象征派

20世纪二、三十年代新诗创作中的一个流派,代表人物是李金发,诗集《微雨》是其早期代表作。象征派诗人受19世纪末法国兴起的象征主义的影响,用欧化的句法和晦涩的语言表现颓废朦胧的思想和情调。

朱自清

原名自华,字佩弦,现代著名散文家、诗人、学者、民主战士。朱自清擅长用白话文写出精致漂亮的抒情散文,无论是描绘父子深情的《背影》,还是明净淡雅的《荷塘月色》,抑或是委婉真挚的《儿女》,读者都能够从中感受到作者的诚挚和正直。他既不满意陶醉于抒写琐碎小事的"言志派",也不满意后来的所谓"幽默派",而是始终执着地正面表现人生。

语丝派

以1924年创刊的《语丝》杂志为创作集结地的散文流派,多发表针砭时弊的杂文小品。主要成员有周作人、钱玄同、林语堂、刘半农、孙伏园、冯文柄、俞平伯等,其中周作人和鲁迅都是语丝派的核心作家。语丝派的主要成就在于短小犀利的杂感,这些杂感往往能任意而谈,无所顾忌。

现代评论派

现代评论派的成员多是欧美留学归国的自由主义知识分子,代表作家有徐志摩、陈西滢等,因创办《现代评论》周刊而得名。他们的政治倾向与鲁迅和部分"语丝"社成员相对立。

第二节 三十年代文学

现代文学的第二个十年(1928—1937),指的是国民党政权由建立到相对稳定,同时又危机四伏的历史时期。这个时期文学的显著特征有:一是"五四"所开启的有相对思想自由的氛围消失了,文学主潮随着整个社会的变革而变得空前政治化;二是无产阶级革命文学运动推动了马克思主义文艺理论的传播与初步的运用,并在相当程度上决定着此后二三十年间文坛的面貌;三是在左翼文学兴发的同时,自由主义作家的文学及其他多种文学倾向彼此互竞,共同丰富着30年代的文学创作。

"左联"

全称为"中国左翼作家联盟",1930年3月2日在上海成立,成员有鲁迅、阿英、冯雪峰、夏衍、田汉、蒋光慈、郁达夫等。左联先后创办的机关刊物有《萌芽月刊》、《北斗》、《十字街头》、《文学月报》、《文学新地》等,左联领导的中国诗歌会有会刊《新诗歌》。1936年,"左联"解散。

"京派"作家群

30年代,在中国北方以《骆驼草》、《大公报·文艺副刊》、《水星》、《文学杂志》为主要阵地,形成了一个作家群,一般称为"京派",也称"北方作家群"。朱光潜、沈从文是"京派"在理论上的主要代表人物,主要作家有废名、沈从文、李健吾、朱光潜等。他们的理论特点是强调文学与时代、政治的"距离",追求人性的、永久的文学价值。

"海派"文学

30年代在上海出现的文学现象。海派文学受市民趣味的影响,相较"京派"来说,更加世俗化和商业化,与政治性、社会性强烈的主流文学也拉开了很大的距离。海派文学主要描写都市生活,善于在纷繁的都市生活中找到创作的灵感。初期海派代表作家有张资平、叶灵凤等人,30年代出现的新感觉派是第二代海派,代表人物有张爱玲、刘呐鸥、穆时英、施蛰存等,较为重要的"海派"作品有叶灵凤的《紫丁香》、刘呐鸥的《都市风景线》、张爱玲的《金锁记》、《倾城之恋》等。

茅盾

原名沈德鸿,字雁冰,出生于浙江桐乡。茅盾是现代文学第二个十年中极具代表性的作家。在小说领域内,他将"五四"时期文学研究会"人生派"的现实主义精神继承过来,加以发展,代表作有《蚀》三部曲(《幻灭》、《动摇》、《追求》),长篇小说《子夜》,短篇《林家铺子》和"农村三部曲"(《春蚕》、《秋收》、《残冬》)。

茅盾是彻底改变"五四"中长篇小说的幼稚状态,使之走向完善的最突出的小说家,从《幻灭》、《动摇》、《追求》(《蚀》三部曲)到《子夜》,他的创作标志着现代文学第二个十年长篇小说所达到的高峰。

老舍

原名舒庆春,字舍予,笔名老舍,满族人。老舍是一位多产作家,一生共写了一千多篇(部)作品,累计达七八百万字。老舍笔下的市民世界最能体现老北京的文化和生活,他作品的"北京味儿"以及以北京话为基础的凝练、纯净的语言,在现代作家中别具一格,代表作品《骆驼祥子》、《四世同堂》、《茶馆》等。

巴金

出生于四川成都,原名李尧棠,字芾甘,是"五四"新文化运动以来最有影响力的作家之一。

在巴金众多的小说中,以《家》、《春》、《秋》三部长篇组成的《激流三部曲》影响最大。其中,第一部《家》堪称中国现代文学史上最优秀的现实主义杰作之一。作品以20世纪20年代初期中国内地城市四川成都为背景,通过以觉慧为代表的青年一代与以高老太爷为代表的封建腐朽势力的激烈斗争,控诉了大家族和旧礼教、旧道德的罪恶以及吃人本质,并揭示了其必然灭亡的历史命运,同时也歌颂了青年知识分子的觉醒和抗争。

沈从文

原名沈岳焕,生于湘西凤凰。沈从文的主要文学贡献是用小说、散文建造了一个"湘西世界",代表作品有《边城》、《长河》等。作者喜欢从"乡下人"的主体视角出发,观察当时城乡对峙的现状,批判现代文明所带来的弊病,因而在中国文坛,他还被誉为"乡土文学之父"。

《边城》寄托着沈从文"美"与"爱"的美学理想,是他的作品中最能表现人性美的一部。在作品中,作者竭力想通过翠翠、傩送的爱情悲剧,去淡化现实的黑暗与痛苦,讴歌一种古朴的象征着"爱"与"美"的人性与生活方式。

丁玲

现代著名女作家,也是"五四"以后第二代善写女性并始终坚持女性立场的作家。丁玲的早期代表作是中篇小说《莎菲女士的日记》,发表于1928年,该小说塑造了一个叫做莎菲的年轻女性的形象,她痛恨和蔑视一切,却没有找到正确的道路。莎菲是"五四"退潮后小资产阶级叛逆、苦闷的知识女性中的典型代表。

丁玲于1930年参加中国左翼作家联盟后创作的《水》、《母亲》等作品,显示出她左翼革命文学的实绩,尤其是1948年反映土改运动的长篇小说《太阳照在桑干河上》是她这方面的又一力作。

萧红

原名张乃莹,黑龙江省呼兰县人,中国现代著名女作家。萧红自身命运坎坷,其创作活动仅仅9年,31岁便在香港寂寞早逝。萧红最重要的作品是长篇小说《呼兰河传》,另外还有短篇《小城三月》、中篇《生死场》等。

《呼兰河传》写于抗日战争最艰苦的时候,当时远在香港的萧红倍加怀念自己的故乡和童年,于是以自己的家乡与童年生活为原型,创作了这部小说。小说艺术形式比较独特,虽然有人物刻画,但没有主角;虽也叙述故事,却没有主轴;全书七章俨然一体却又各自独立。

萧军

与萧红合称"二萧",是东北作家群的重要小说家之一,代表作《八月的乡村》描写了一支抗日游击队伍的成长,与萧红从侧面表现帝国主义侵略下的人民缓慢觉醒不同,他的描写更加尖锐、雄浑、遒劲。

叶圣陶

原名叶绍钧,字圣陶,江苏苏州人,著名作家、教育家、编辑家、文学出版家和社会活动家。叶圣陶一生创作了大量的小说、散文、杂文、诗歌和儿童文学作品,童话作品有《稻草人》、《旅行家》、《小白船》、《古代英雄的石像》等,散文名篇有《苏州园林》等。不过使叶圣陶在现代文学史上奠定地位的还是他的小说。如《夜》、《倪焕之》、《多收了三五斗》等。

臧克家

现代著名诗人。1933年,出版第一本诗集《烙印》,之后又出版了《罪恶的黑手》、《运河》两本诗集和长诗《自己的写照》。臧克家的诗歌创作在形式上受到新月派很大的影响,但在诗歌的表现内容上,他走的是现实主义道路。他擅长写简短隽永的小诗,用简洁刚健的笔法,勾勒出朴实、凝重的意象,同时表现出对下层人民的极大同情,代表作《老马》就是这样一篇作品。

现代派

30年代的现代派是由后期新月派与20年代末的象征诗派演变而成的。1929年戴望舒创作了《我的记忆》这首诗,成为现代诗派的起点,1932年5月创刊的《现代》杂志,是刊载现代派诗歌并使之独立与成熟的重要园地。其代表诗人除戴望舒外,还有施蛰存、何其芳、卞之琳、废名、林庚等。

戴望舒

现代诗人,原名戴梦鸥,"现代派"最具代表性的人物。1929年4月,出版了第一本诗集《我的记忆》。这本诗集是戴望舒早期象征主义诗歌的代表作,其中最为著名的诗篇《雨巷》受到了叶圣陶的极力推荐,成为传诵一时的名作,他也因此被称为"雨巷诗人"。

卞之琳

卞之琳的新诗广泛地从中国古诗和西方现代派诗吸取营养,自成一格,充满智慧的光辉和哲理的趣味,是20世纪30年代中国文坛"现代派"诗歌的重要代表人物。他的代表作是《断章》短短几句,却充满了思辨性的哲理,耐人寻味。

何其芳

著名诗人、散文家,代表作有诗集《预言》、《汉园集》(与卞之琳、李广田合著)、《夜歌》,散文集《画梦录》、《星火集》等。何其芳的诗歌分为前后两个时期,前期诗歌精致、唯美,透出一种独特的氛围和神韵,后期诗歌则偏向于明朗、质朴。

林语堂

著名散文家、学者,被誉为"幽默大师"。1932年,林语堂传办了《论语》半月刊,其后又先后创办了《人世间》和《宇宙风》两刊,都以发表小品文为主。由于他提倡幽默、闲适和独抒性灵的创作,一时幽默闲适的小品文风行于世。早在20世纪20年代,林语堂就曾撰文将西方的"humor"翻译成为"幽默"并加以提倡。他认为小品文应当"以自我为中心,以闲适为格调",他自身的散文作品就是对他观点的最佳解释。

曹禺

原名万家宝,杰出的戏剧家。曹禺的诸多经典剧作,像《雷雨》、《日出》、《原野》、《北京人》等使中国现代话剧剧场艺术得以确立,中国的现代话剧也由此走向成熟。

其中《雷雨》不仅是曹禺的处女作,也是他的成名作和代表作。全剧集中展开了周、鲁两家前后30年间的复杂矛盾纠葛。《雷雨》是一幕悲剧,剧中人物的命运都是以悲剧收场。从《雷雨》中我们可以看出曹禺创作的一个重要特色:它既是关注现实的,又是超越现实的,并着力追索着隐藏于现实背后的人性、人的生命存在的奥秘。

田汉

中国现代戏剧的奠基人,20世纪20年代开始戏剧活动,写过多部著名话剧,同时他还是国歌《义勇军进行曲》的词作者。他的剧作有《获虎之夜》、《名优之死》、《回春之曲》等。

第三节 四十年代文学

钱钟书

江苏无锡人,学者型讽刺小说家,小说方面有短篇集《人·兽·鬼》和长篇《围城》。《围城》以男主角方鸿渐与三个女性苏文纨、唐晓芙、孙柔嘉的感情纠葛为中心,描写了那个时代某些知识分子(主要是部分欧美留学生、大学教授等等)生活和心理的变迁沉浮,也淋漓尽致地表现了人类的"围城"困境。《围城》无论是语言还是思想,都极具讽刺意味。"围城"取自文中女主人公之一苏文纨的一段话:婚姻就像围城,"城中的人想出去,城外的人想冲进来",由此,"围城"也成为表述婚姻的一个经典譬喻。

赵树理

山西人,农民小说家,"山药蛋派"的创始人,代表作品有《小二黑结婚》《李有才板话》《李家庄的变迁》《三里湾》等。赵树理是我国真正熟悉农村、热爱人民的少有的杰出作家之一,他的作品真实地再现了我国农村几十年来的巨大变革,作品中具有的独特民族形式和民族风格。

张爱玲

原名张瑛,20世纪40年代海派小说家的代表人物之一。其小说笔法具有女性独有的细腻,对人物心理的把握达到了令人惊异的程度,同时作者独特的人生态度也成为她作品中独具一格的地方。张爱玲在文字上有着特有的天分,文字在她的笔下,就像有了生命的气息一样能够直入人心。她的代表作品有《沉香屑:第一炉香》《倾城之恋》《金锁记》《半生缘》等。

汪曾祺

江苏高邮人,当代作家、散文家、戏剧家。汪曾祺1940年开始写小说,受到沈从文的指导,是京派小说的后期延续。汪曾祺的小说文体也继承了沈从文和废名的风格,而且更加爽朗,代表作品是《受戒》等。另外他的散文也很优秀,总体特征是平淡质朴,娓娓道来,像《孤蒲深处》等。

孙犁

现当代小说家、散文家,"荷花淀派"的创始人。孙犁1944年在延安发表《荷花淀》《芦花荡》等短篇小说,以其清新的艺术风格引起了文艺界的注意,这两篇作品同时也成为了"荷花淀派"的代表作品。孙犁、赵树理、周立波和柳青四位作家,被誉为描写农村生活的"四大名旦"和"四杆铁笔"。

周立波

解放区优秀作家,他的《暴风骤雨》获得了斯大林文学奖。与丁玲的《太阳照在桑干河上》相比,《暴风骤雨》的主要弱点就在于把农村复杂的阶级关系在一定程度上简单化了,也规范化了。但《暴风骤雨》也有自己独到的优点:它对生活的表现充满了浓郁的生活气息,在真实生动的生活场景中,充满了富于农民情趣的幽默和活泼。

七月派

20世纪40年代,以艾青、田间、邹荻帆、阿垅、路翎等人为主的一批青年作家在胡风的指导和帮助下崛起于文坛,并在他的带动下形成了著名的文学流派"七月派"。七月派是中国现代文学史上历时甚长,富有探索精神,又命运坎坷的一个进步文学流派,其主要成就在诗歌上,1981年出版诗集《白色花》。"七月派"实际是由抗战所催发的一个文学流派,救亡与启蒙是这个诗派的精神主旨。

艾青

原名蒋海澄,现当代诗人。以《大堰河,我的母亲》引起了诗坛的注目。

爱国主义是艾青作品中永远唱不尽的主题,其中把这种感情表现得最为动人的当属他的《我爱这土地》,作品以深沉、激越、奔放的笔触诅咒黑暗,讴歌光明,字句之间洋溢着浓浓的爱国之情,感人至深。建国后,他的"归来"之歌,内容更为广泛,思想更为浑厚,情感更为深沉,艺术更为圆熟。艾青的精力旺盛而持续,其创作横跨中国现代和当代文学史,且两个时期都成就极高。

冯至

原名冯承植,现代诗人、翻译家、学者,以十四行诗成为中国新诗史上的一个亮点。他的《十四行集》,抒写了作者对生命的体验和对生命哲学的思考。冯至的诗歌极具艺术个性,其最大特色是处处表现出艺术的节制,他也因此被鲁迅誉为"中国最为杰出的抒情诗人"。冯至对新诗的另一个重要贡献是他"堪称独步"的叙事诗,这方面的代表作有《昨日之歌》、《帷幔》等。

穆旦和中国新诗派

穆旦原名查良铮,是中国新诗派的主要代表人物。他将西欧现代主义和中国传统诗歌结合起来,诗歌富于象征寓意和心灵的思辨。穆旦40年代的诗歌创作带有明显的反叛性和异质性,如《被围者》、《还原作用》等。

穆旦与辛笛、陈敬容、唐祈等人创办了《中国新诗》月刊,并与杜运燮、郑敏、袁可嘉等人形成了一个新的诗歌派流派"中国新诗派"。"综合"是中国新诗派的一个基本观念,诗人们提出诗的新倾向是"纯粹出自内发的心理需求,最后必是现实、象征、玄学的综合传统",力求达到现实与艺术、感性与理性之间的平衡美。

歌谣体新诗

中国新诗从一开始就注重从民间去吸收诗的艺术资源,早期白话诗人对"新诗歌谣化"的最初尝试在20世纪30年代就开始了。40年代,在敌后根据地,"诗的歌谣化"发展到了极致,堪称这一时期歌谣体新诗代表作的当属李季的《王贵与李香香》,它采取的是信天游的形式,对新诗的发展产生了深远影响。

贺敬之与《白毛女》

贺敬之是现代著名革命诗人、剧作家。1945年,他和丁毅执笔集体创作了我国第一部新歌剧《白毛女》,并获得了1951年的斯大林文学奖,这是我国新歌剧发展的里程碑。

歌剧《白毛女》通过杨白劳和喜儿父女两代人的悲惨遭遇,深刻揭示了地主和农民之间的尖锐矛盾,愤怒控诉了地主阶级的罪恶,热烈歌颂了中国共产党和新社会。该剧形象地说明了"旧社会把人逼成鬼,新社会把鬼变成人"的主题,指出了农民翻身解放的必由之路,成为"当时广大农村不可或缺的精神食粮"。

第四节 十七年文学

十七年文学即1949年到1966年这一时期的文学,其鲜明的特点就是政治性凌驾在文学性之上。这一阶段的作品题材大约有三个:歌颂、回忆、斗争。歌颂党、领袖、社会主义、人民;回忆战争岁月,回忆苦难年代,回忆过去生活;与帝国主义、资本主义、旧思想、旧观念作斗争。

山药蛋派

指以赵树理为代表的一群山西作家,主要有赵树理、马烽、西戎等,因他们都是山西人,又称为"山西作家群"、"山西派"。他们坚持革命现实主义的创作方法,忠实于农村充满尖锐复杂矛盾的现实生活,语言朴素、凝炼,作品通俗易懂,具有浓厚的民族风格和地方色彩,代表作有《三里湾》、《登记》、《锻炼锻炼》、《饲养员赵大叔》等。

革命历史小说

革命历史小说主要讲述"革命"的起源以及革命在经历了曲折的过程之后如何走向最终的胜利。革命历史小说的主要作品有:长篇小说《铜墙铁壁》(柳青)、《风云初记》(孙犁)、《保卫延安》(杜鹏程)、《铁道游击队》(知侠)、《小城春秋》(高云览)、《红日》(吴强)、《林海雪原》(曲波)、《红旗谱》(梁斌)、《青春之歌》(杨沫)、《三家巷》(欧阳山)、《红岩》(罗广斌、杨益言)等;短篇有孙犁、茹志鹃、峻青、王愿坚、刘真等的作品。

杨沫的《青春之歌》

《青春之歌》主要描述的是小知识分子林道静从不屈服于命运,对家庭和社会进行个人反抗,到最后投入时代洪流,走上革命道路这一艰难曲折的历程,形象地展现了从"九一八"到"一二九"(1931—1935)这一特定历史时期我国学生革命运动的历史风貌和形形色色知识分子的精神风貌。作品的思想主题是:知识分子只有把个人前途同国家民族的命运和人民的革命事业结合在一起,投入到时代的洪流中去,在改造客观世界的同时不断改造自己的主观世界,才有真正的前途和出路,也才有真正值得歌颂的青春。

"百花文学"

毛泽东在1956年5月提出了"百花齐放、百家争鸣"的口号,同年9月,《人民文学》刊登了王蒙的短篇小说《组织部新来的年轻人》,随后出现了大量新的作品,比较重要的有:短篇小说《办公厅主任》(李易)、《田野落霞》、《西苑草》(刘绍棠)、《芦花放白的时候》、《灰色的篷帆》(李准)、《美丽》(丰村)、《红豆》(宗璞)、《改选》(李国文)、《小巷深处》(陆文夫);诗歌《一个和八个》(郭小川)、《草木篇》(流沙河)、《贾桂香》(邵燕祥)等。

杨朔

著名散文家。代表作品有《荔枝蜜》、《雪浪花》、《香山红叶》等。

刘白羽

北京人,散文家、报告文学家、小说家。50年代后期开始,主要从事报告文学和散文的写作。代表作有《日出》、《长江三峡》等。

秦牧

原名林派光,又名林觉夫,著名散文家。秦牧的散文注重"知识性",其代表作有《古战场春晓》、《社稷坛抒情》、《土地》、《花城》等。

第五节 "文革"期间的文学

样板戏

样板戏是20世纪60年代到70年代流行于中国的8个文艺作品,其产生和发展与中央文革小组的领导和推动有直接关系,并对当时的文艺创作风格有很大影响。最初的八大样板戏为:京剧《红灯记》、《智取威虎山》、《海港》、《沙家浜》、《奇袭白虎团》,芭蕾舞剧《红色娘子军》、《白毛女》,交响音乐《沙家浜》。

白洋淀诗群

"文革"中知青秘密的诗歌写作,最有名的当是白洋淀的诗歌活动,代表诗人有芒克、多多、根子等。他们自发地组织民间诗歌文学活动,逐渐形成了白洋淀诗群。诗人食指(原名郭路生)是白洋淀诗群的先行者,产生的影响也较大,他的代表作是《相信未来》、《命运》等;芒克的代表作有《天空》、《秋天》、《十月的献诗》等;根子写有《三月与末日》、《白洋淀》、《橘红色的雾》、《深渊上的桥》等8首长诗。

第六节 新时期文学

伤痕文学

"伤痕文学"以刚刚结束不久的文化大革命为背景,揭露了文革的黑暗和这十年浩劫带给人民肉体上和精神上难以愈合的伤口。"伤痕文学"的发端之作是刘心武的《班主任》和卢新华的《伤痕》,它们也被看做是"新时期文学"开端的标志。

反思文学

"反思文学"是伤痕文学的发展和深化。较之于"伤痕文学","反思文学"不再满足于展示过去的苦难与创伤,而是力图追寻造成这一苦难的历史动因;也不再限于表现"文革"十年的历史现实,而是把目光投向1957年甚至是更早的历史阶段。茹志鹃的《剪辑错了的故事》、张一弓的《犯人李铜钟》、古华的《芙蓉镇》等是其中的代表作。

寻根文学

1985年,韩少功、阿城、郑义、郑万隆、李杭育等相继打出了"寻根"的旗子,他们反对一味追求西方现代派文学的创作倾向,提倡把文学的"根"扎在本民族的岩层中,追溯民族文化渊源,对传统文化予以审视、剖析和继承。"寻根文学"的代表作品有韩少功的《爸爸爸》,阿城的《树王》、《孩子王》等。

归来者的诗

1980年,艾青把他的一本诗集定名为《归来的歌》,与此同时,流沙河、梁南也写了题为《归来》和《归来的时刻》的诗。"归来",在这个期间,是一种诗歌现象,也是一个普遍性的诗歌主题。这里称为"归来"(或"复出")的诗人的,主要有这样一些人:50年代反右派运动中的右派诗人,如艾青、公刘、流沙河等人;在1955年"胡风集团"事件中的罹难者,如牛汉、绿原、罗洛等人;因与政治有关的艺术观念,在50年代陆续从诗界"消失"的诗人,如辛笛、陈敬容、郑敏、唐湜、唐祈、杜运燮、穆旦等人。"归来者的诗"表达了对国家、民族、历史和人民命运的深沉思索,对民主、科学、光明的强烈呼唤以及对人生的深切体味,具有意象鲜明、感情真挚的共同特点。

朦胧诗

兴起于20世纪70年代末到80年代初,孕育于"文革"时期的"地下文学",创作群体以生长在"文革"时期的年轻人为主。"朦胧派"诗人生活在那个特殊混乱的时代,现实中的黑暗反而给予了他们写作的动力。从某种意义上说,"朦胧诗"是个人主义对单一文化与平均化现象的反思。在艺术手法上,"朦胧诗"大量运用隐喻、暗示、通感等手法,丰富了诗的内涵,增强了诗歌的想象空间。

北岛、舒婷、顾城、江河、杨炼等是"朦胧诗"的代表作者。北岛的诗歌创作开始于十年动乱后期,反映了从迷惘到觉醒的一代青年的心声,代表作是《生活》、《回答》、《一切》等。顾城的代表作是《一代人》以及《感觉》等。

新生代诗歌

继"朦胧诗"之后,诗坛出现了一个新的群体,他们被称为"新生代"、"后朦胧诗"、"新诗潮"等。新生代诗人无论从文化的角度或是生命的视角都更加倾向于主体意识的探求与审视,他们提出了"pass 北岛"、"打倒朦胧诗"的口号,以一种独特的姿态,体验和表现了现代人的内心世界。

先锋小说

"先锋小说"吸纳了西方现代主义(包括后现代主义)的观念和技巧,通过新的价值取向与传统伦理道德观念发生决裂,反映了中国人现代生活中的情感享受、物质追求和底层人们生活的合理性。"先锋小说"更趋向于人本主义的描写,追求人格平等,代表作品有余华的《十八岁出门远行》、《现实一种》、《世事如烟》、《劫数难逃》,苏童的《罂粟之家》、《妻妾成群》等。

新写实主义

新写实主义文学强调表现生活的原始形态,绝少作家的情感投入和主观想象,反对人为地粉饰和拔高现实,他们往往不厌其烦地描写琐碎的、令人厌恶的生活现实。代表作家作品有池莉的《烦恼人生》、《不谈爱情》,刘震云的《一地鸡毛》、《塔埔》,刘恒的《狗日的粮食》、《伏羲伏羲》。

新时期的散文

80年代初期,散文创作主要以老年作家巴金、孙犁、杨绛、陈白尘、黄裳等为代表。巴金的《随想录》、杨绛的《干校六记》、丁玲的《"牛棚"小品》等是这一时期"回忆"散文的代表之作。《随想录》是巴金晚年直面"文革"带来的灾难而创作的一部杂文集,是巴金的一部忏悔之作。《干校六记》从衣食住行、同志之谊、夫妻之情等琐事中反映知识分子于"文化大革命"中在干校的劳动生活,文笔淡雅细腻,语言诙谐幽默,具有"怨而不怒、哀而不伤"的格调。《"牛棚"小品》是丁玲的晚年之作,也是直面"文革"的作品,内容和言语都流露出一种洒脱豪迈和乐观超脱的气质。

第七节　当代文学

王朔

北京人。王朔的"痞子文学"是 20 世纪 90 年代很热的文学现象之一，虽然褒贬不一，但它的影响之大却让人无法回避。"调侃"是王朔文学语言的最大特色，但在王朔的玩世不恭与调侃之下却也隐藏着一种对抗、颠覆和消解的力量。尤其是其中对"文革"时期主流文化所制造出来的种种英雄谱系与道德教条的反抗，因而在自觉不自觉中王朔的作品有了一定的启蒙主义与个性解放的意义。代表作品《永失我爱》、《过把瘾就死》、《玩的就是心跳》、《一点正经没有》等。

王小波

一个在当代文坛上极具个性的作家，自由人文主义的立场始终贯穿在他的整个人格和思想之中。王小波崇尚宽容、理性和人的良知，反对一切教条主义的东西，1997 年他的去世更引发了人们对他作品的广泛阅读和讨论，其主要作品有《黄金时代》、《白银时代》、《青铜时代》、《沉默的大多数》等。

余华

浙江海盐人。余华当过五年牙医，1983 年开始写作，以《十八岁出门远行》正式踏上文坛，并引起颇多关注，他亦因此成为中国先锋派小说的代表人物。《活着》是余华改变风格之作。在叙述笔法上，他开始向传统小说的叙事方式回归。他的作品大多写得真实和艰苦，"暴力"和"死亡"是他作品中常见的叙事语码，其重要作品还有《在细雨中呼喊》、《许三观卖血记》等。

王安忆

当代著名女作家，作家茹志鹃的女儿。她的作品多以平凡的小人物为主人公，但却常常喜欢凸显这些人物在平凡生活中的不平凡经历与情感。近期代表作品《长恨歌》和《纪实与虚构》，显示了她驾驭长篇巨制的能力。

贾平凹

中国当代著名作家，他有关家乡商州的系列小说充满了神秘幽深的民俗氛围，因此形成了自己独特的美学风格。主要作品有《商州》、《秦腔》、《浮躁》、《废都》、《白夜》等。贾平凹以写小说闻名于世，但他的散文同样精彩，他能够于博杂、丰富、琐细和质朴的日常叙述中时时渗透出一种美好的生活情致，同时又不乏绵密的哲学理趣，发人深省,代表作有《月迹》《爱的踪迹》等。

铁凝

1957年生于北京,现为中国作家协会主席。铁凝的早期作品多描写生活中普通的人与事,特别擅长展示人物细腻内心,从中折射出人们对理想的美好追求,以及其间所经历的矛盾与痛苦,语言柔婉清新,《哦,香雪》是其成名作。20世纪80年代后期,《麦秸垛》《玫瑰门》等的发表标志着铁凝已开始步入一个新的文学创作时期。

余秋雨

20世纪八、九十年代出现了一批学者型文人,他们在取材和行文上表现出鲜明的文化意识和理性思考色彩,风格大多较为节制,体现出一定的人文情怀和终极追问的理想,最具代表性的作家就是余秋雨,其代表作是《文化苦旅》《千年一叹》等。

第八节 港台文学

梁羽生

原名陈文统,是广义上的"新派武侠小说"的开山鼻祖。从1952年《龙虎斗京华》到1984年宣布"封笔",梁羽生在三十多年的创作生涯中,共写就了35部武侠小说,其中的代表作品有《大唐游侠传》《萍踪侠影》《七剑下天山》《白发魔女传》等。梁羽生的小说充满传统的文人气息,字里行间透出浓郁的书卷气,故事中常常运用诗词歌赋、民歌俗语,创造出优美的意境、气氛,以烘托人物的内心世界。梁的小说以传统道德和价值观念为精神基点,人物道德色彩浓烈,正邪区分明显,社会内涵丰富,但由此也带来了人物性格单一和概念化、公式化的缺陷。

金庸

原名查良镛,1924年出生在浙江海宁,当代著名武侠小说作家、新闻学家、企业家、政治评论家、社会活动家,香港最高荣衔"大紫荆勋章"获得者。金庸是新派武侠小说最杰出的代表作家,被誉为武侠小说史上前无古人后无来者的"绝代宗师"和"泰山北斗",他与黄沾、蔡澜、倪匡并称为"香港四大才子"。

金庸博学多才,就武侠小说方面,他继承了古典武侠小说之精华,开创了形式独特、情节曲折、描写细腻且深具人性和豪情侠义的新派武侠小说先河。金庸曾把他所创作的武侠小说书名的首字联成一副对联"飞雪连天射白鹿,笑书神侠倚碧鸳",指的就是《飞狐外传》《雪山飞狐》《射雕英雄传》等14部小说。

古龙

台湾著名武侠小说家。在 20 余年的写作生涯中,古龙以超凡的想象力、深厚的文学底蕴和锐意变革的创新意识,突破前人窠臼,赋予了武侠小说新的生命,创作出 50 多部武侠作品。其中的经典之作有《绝代双骄》、《萧十一郎》、《天涯·明月·刀》、《多情剑客无情剑》、楚留香、陆小凤系列等等。

古龙小说着重于表现对现实人生的感受和人性的体验,常用细腻的笔触去描写人物微妙而复杂的情感,以生与死、幸福与痛苦这样尖锐对立的矛盾,来表现人物的内心世界和独立人格。其小说语言简洁、利落,句法多变,随意挥洒,与金庸并驾齐驱成为一代武侠宗师。

倪匡

原名倪亦明,祖籍浙江镇海,生于上海,1957 年起定居香港。倪匡写作面十分广阔,众体皆备,小说、杂文、散文评论、剧本无所不包,小说则包括侦探、科幻、神怪、武侠、言情各种。倪匡是一位阅历丰富、富有传奇色彩、风格变化多端的作家,他以笔名"卫斯理"写科幻小说,以笔名"倪匡"写武侠小说,以"沙翁"的笔名写杂文,可谓是样样精通,且才思敏捷,写作速度令人称叹。三十年来,他创作了近百部文艺作品,自称是"自有人类以来,汉字写得最多的人"。其中,科幻小说有《多了一个》、《不死药》等 60 余种,武侠小说以《六指琴魔》为代表,想象奇特,此外还有《不寄的信》、《沙翁杂文》等散文文集。

亦舒

香港著名女作家,原名倪亦舒,兄长是香港作家倪匡。至今,亦舒已结集出版的作品有 70 种,有小说也有散文,代表作是《玫瑰的故事》、《喜宝》、《朝花夕拾》等。亦舒小说的语言风格简洁平淡,其中却蕴藏着耐人寻味的沧桑和痛楚,有时候又能够泼辣、尖刻、逼真,常以三言两语切中时弊,鞭辟入理。

李碧华

香港著名女作家,代表作品有《川岛芳子》、《霸王别姬》、《青蛇》、《胭脂扣》、《生死桥》、《秦俑》、《饺子》、《潘金莲之前世今生》、《诱僧》等。她的小说选材冷僻刁钻,故事别出心裁、瑰奇诡异、雅俗共赏。李碧华最擅长的是写情,她那支灵异之笔常常跨过阴阳两界,揭示出人物复杂丰富的心灵世界。《霸王别姬》、《青蛇》、《胭脂扣》等作品均被拍成了质量很高的影片,获得了巨大的成功。

林燕妮

香港女作家,著有散文集《懒洋洋的下午》、《粉红色的枕头》、《紫上行》、《系我一生心》,小说《痴》、《盟》、《缘》等 50 余种。林燕妮的散文以颇有节制的情感抒发和独具见解的理性说辞见长。

余光中

祖籍福建永春,1928年生于江苏南京,是享誉海内外的台湾诗人、散文家,作品有诗集《舟子的悲歌》《五陵少年》《白玉苦瓜》等,散文集《左手的缪斯》《逍遥游》《听听那冷雨》等。

在台湾早期的诗歌论战和70年代中期的乡土文学论战中,余光中的诗论和作品都相当强烈地显示了主张西化、无视读者和脱离现实的倾向。80年代后,他开始把诗笔"伸回那块大陆",写了许多动情的乡愁诗,对乡土文学的态度也由反对变为亲切,被台湾诗坛称为"回头浪子"。《乡愁》就是这样一篇诗歌名作。

席慕容

台湾著名女诗人、散文家、画家,文学作品有诗集《七里香》《戏子》《一棵开花的树》《无怨的青春》等,散文集《有一首歌》《同心集》《写给幸福》等。席慕容成就最大的应该是她的诗歌,她承续了中国古典诗歌的传统,在语言和意境方面都深得传统文化的韵致,形成了委婉、含蓄、文雅、清幽的优美格调,同时表现出女性特有的柔婉、细腻、亲切。她的诗多写爱情、人生、乡愁,例如《一棵花开的树》,通过一棵树的美丽譬喻,表达了对于爱情的渴望和期待,体现出炽烈浓郁的少女情怀,语言清丽婉约,充满了画面的美感。

琼瑶

原名陈喆,琼瑶是她的笔名,湖南衡阳人,生于成都,1949年随父陈致平由大陆到台湾。20世纪60年代初,琼瑶的第一部长篇小说《窗外》问世,这部带有自传性质的小说一面世就获得了很大的反响,琼瑶由此开始了她极富创造力的创作生涯。

截至目前,琼瑶一共创作了50多部中长篇小说,其中较为著名的有《窗外》《几度夕阳红》《在水一方》《一帘幽梦》《我是一片云》《青青河边草》《梅花三弄》《还珠格格》《情深深雨蒙蒙》等。琼瑶的小说被改编成电影、电视剧的不计其数,其中的很多影视剧都取得了非常轰动的效应。

三毛

台湾已故著名女作家,原名陈懋(mào)平,三岁时读张乐平的《三毛流浪记》,印象极深,后遂以"三毛"为笔名。她曾就读文化大学哲学系,肄业后留学欧洲,婚后定居西属撒哈拉沙漠加纳利岛,并以当地的生活为背景,写出一连串脍炙人口的作品。著有《撒哈拉的故事》《哭泣的骆驼》《雨季不再来》《温柔的夜》《梦里花落知多少》《背影》《我的宝贝》等十余种文集。三毛散文取材广泛,不少作品充满了异国情调,文笔朴素浪漫而又独具神韵,表达了作者热爱人类、热爱生命、热爱自由和大自然的情怀。

李敖

中国当代学者，著名作家、评论家和历史学家，祖籍吉林省扶余县，1935年生于哈尔滨，后迁居北京、上海等地，1949年举家赴台，定居台中。李敖学问深厚、博闻强记，生平以嬉笑怒骂为己任，自誉为百年来中国人写白话文之翘楚，被西方传媒誉为"中国近代最杰出的批评家"。其著作甚多，主要以散文和评论文章为主，有《传统下的独白》、《胡适评传》、《上下古今谈》、《李敖文存》等。

白先勇

回族，当代著名作家，广西桂林人，中国国民党高级将领、新桂系军阀首领之一白崇禧之子。抗日战争时白先勇与家人到过重庆、上海和南京，1948年迁居香港，1952年移居台湾。白先勇出版有短篇小说集《寂寞的十七岁》、《台北人》、《纽约客》，散文集《蓦然回首》，长篇小说《孽子》等。

白先勇的小说吸收了西洋现代文学的写作技巧，并把它融合到中国传统的表现方式之中，描写新旧交替时代人物的故事和生活，富于历史兴衰和人世沧桑感。此外，白先勇还十分喜爱昆曲艺术，对于其保存及传承，亦不遗余力，参与制作了新版的昆曲《牡丹亭》，并引起较大的反响。

龙应台

祖籍湖南衡山，台湾著名女作家。1984年出版的《龙应台评小说》一上市即告罄，多次再版，余光中称之为"龙卷风"。1985年以来，龙应台在台湾《中国时报》等报刊发表大量杂文、小说评论，掀起轩然大波，成为知名度极高的报纸专栏作家。她的以专栏文章结集的《野火集》风靡台湾，是80年代对台湾社会发生巨大影响的一本书。在书中，她举出很多台湾社会现象来作为讨论，文笔辛辣讽刺，正中要害。

除了社会观察这类文章外，龙应台还有温柔纤细、深情动人的一面，《孩子你慢慢来》与《目送》均以温柔的笔触描写了亲子间的亲密互动，读起来温馨有味，情意盎然。

自测题(二)与答案

一、填空

1.《　　　》杂志作为新文化运动的阵地，集结了一批推进新文化和新文学发展的先驱人物。

2. 鲁迅的第一部短篇小说集是《　　　》，其散文诗集是《　　　》。

3. 短篇小说集《沉沦》的作者是（　　）。

4. 象征派的代表人物是（　　）。

5. 中篇小说《莎菲女士的日记》是著名女作家（　　）的早期代表作。

6.《背影》是（　　）的散文名篇。

7. 茅盾的"农村三部曲"分别是指《　　》、《　　》、《　　》。

8. 巴金的"激流三部曲"指的是《　　》、《　　》、《　　》。

9. 祥子是老舍的长篇小说代表作《　　》中的主人公。

10.《呼兰河传》的作者是（　　）。

11.《倪焕之》是（　　）的经典之作。

12. 沈从文的代表作是中篇小说《　　》。

13. 周立波的长篇小说《　　》表现的是解放区农村的土改运动。

14. 戴望舒是（　　）派诗歌的代表诗人。

15. 山药蛋派的代表作家是（　　），他的代表作品是《　　》、《　　》、《　　》。

16. 著名学者、作家钱钟书的长篇小说代表作是《　　》。

17. 诗歌《大堰河，我的母亲》是（　　）的作品。

18. 我国第一部新歌剧是由贺敬之、丁毅执笔完成的《　　》。

19. 荷花淀派的代表作家是（　　）。

20. 北岛和舒婷是产生于八十年代的（　　）派的重要诗人。

二、选择

1. 五四运动爆发于（　　）年。
   A. 1901　　　B. 1919　　　C. 1921　　　D. 1922

2. 鲁迅创作的第一篇白话小说是（　　）。
   A.《药》　　B.《祝福》　　C.《狂人日记》　　D.《阿Q正传》

3. 新文学史上的第一部白话诗集是（　　）。
   A.《繁星》　　B.《尝试集》　　C.《野草》　　D.《女神》

4. 被称为中国现代新诗的奠基之作的是（　　）。
   A.《繁星》　　B.《尝试集》　　C.《野草》　　D.《女神》

5. 新月派的代表诗人是（　　）。
   A. 闻一多　戴望舒　　　　　B. 闻一多　徐志摩
   C. 徐志摩　戴望舒　　　　　D. 闻一多　李金发

6. 以鲁迅、周作人为核心作家的散文流派被称之为（　　），该派以短小犀利的杂文小品而闻名。
   A. 语丝派　　B. 现代评论派　　C. 学衡派　　D. 京派

7. 话剧（　　）是著名戏剧家曹禺的处女作，也是他的成名作和代表作。
   A.《日出》　　B.《原野》　　C.《雷雨》　　D.《北京人》

8. 《义勇军进行曲》的词作者是著名剧作家（　　）。
   A. 曹禺　　　　B. 田汉　　　　C. 聂耳　　　　D. 夏衍

9. 《金锁记》是（　　）的作品。
   A. 穆时英　　　B. 叶灵凤　　　C. 沈从文　　　D. 张爱玲

10. 八十年代，以《归来的诗》重回诗坛的著名诗人是（　　）。
    A. 臧克家　　　B. 穆旦　　　　C. 流沙河　　　D 艾青

三、名词解释

1. 新文化运动
2. 样板戏

四、简答：

1. 简要分析鲁迅《阿Q正传》的文学价值。
2. 简要赏析卞之琳的诗歌《断章》："你站在桥上看风景，看风景的人在楼上看你。明月装饰了你的窗子，你装饰了别人的梦。"

答案：

一、填空

1. 新青年　　　　2. 呐喊　野草　　　　3. 郁达夫
4. 李金发　　　　5. 丁玲　　　　　　　6. 朱自清
7. 春蚕　秋收　残冬　　8. 家　春　秋　9. 骆驼祥子
10. 萧红　　　　11. 叶圣陶　　　　12. 边城
13. 暴风骤雨　　14. 现代
15. 赵树理　小二黑结婚　李有才板话
16. 围城　　　　17. 艾青
18. 白毛女　　　19. 孙犁
20. 朦胧诗

二、选择

1. B　2. C　3. B　4. D　5. B　6. A　7. C　8. B　9. D　10. D

三、名词解释

1. 参见第一节的"新文化运动"相关内容
2. 参见第五节的"样板戏"相关内容

四、简答

1. 《阿Q正传》采用典型化的手法，塑造了旧中国一个颇具代表性的破落农民形象，阿Q不仅是一个个体，而且是当时"国民性"的浓缩体。其语言有着犀利的讽刺幽默性，夹叙夹议，讽刺一针见血，人物语言亦简练而传神。

2. 略

第三章 外国文学

第一节 希腊文学

伊索寓言

伊索寓言是希腊民间口头流传的动物寓言故事,相传为公元前6世纪时被释放的奴隶伊索所作,故称伊索寓言。伊索寓言大约有400则左右,这些寓言采用拟人化的手法,用简短的动物故事来说明道理,开欧洲寓言的先河。《狼和小羊》、《农夫与蛇》、《说大话的人》和《龟兔赛跑》就是其中影响较大的名篇。

荷马史诗

荷马史诗包括《伊利亚特》和《奥德赛》两部史诗,取材于公元前12世纪发生在特洛伊的一场战争。相传在公元前9世纪左右,由行吟诗人荷马编订完成,故名荷马史诗。在内容上,荷马史诗真实地反映了古代希腊从原始公社制向奴隶制过渡时期的社会风貌,是认识希腊史前社会的重要文献,也是西方文化和文学的重要源泉之一。

希腊神话

即口头或文字上一切有关古希腊人的神、英雄、自然和宇宙历史的神话。今日所知的希腊神话或传说大多来源于古希腊文学,曾长期在口头流传,是古希腊人的集体创作。

希腊神话中的神与人同形同性,他们既有人的体态美,也有人的七情六欲,懂得喜怒哀乐,参与人的活动。神与人的区别仅仅在于前者永生,无死亡期;后者生命有限,有生老病死。希腊神话中的神个性鲜明,没有禁欲主义因素,也很少有神秘主义色彩。因此,希腊神话不仅是希腊文学的土壤,而且对后来的欧洲文学也有着深远的影响。

希腊著名神话人物有:宙斯——众神之王,雅典娜——智慧女神,阿波罗——太阳神,丘比特——爱神,缪斯——文艺科学女神等。

古希腊悲剧

古希腊悲剧起源于祭祀酒神狄俄尼索斯的仪式。希腊悲剧主要不在于写悲,而在于表现崇高、庄重、严肃的英雄主义思想。它大都采用神话传说题材反映现实社会的生活和斗争,突出人跟命运的冲突,表现反专制、反压迫、反侵略的民主精神,具有强烈的时代气息。希腊古典时期出现了三大悲剧家:"悲剧之父"埃斯库罗斯,代表作是《被缚的普罗米修斯》;"戏剧艺术的荷马"索福克勒斯,代表作是《俄狄浦斯王》,是希腊悲剧艺术完美结构的典范;欧里庇得斯被称为"心理戏剧的鼻祖",代表作《美狄亚》。

第二节 意大利文学

文艺复兴

文艺复兴运动是指14世纪末在意大利各城市兴起,以后扩展到西欧各国,于16世纪在欧洲盛行的一场思想文化运动。其目的在于摧毁以"神"为中心的封建意识形态,建立以"人"为中心的资产阶级人文主义新思想、新文化。它带来的一段科学与艺术革命时期,揭开了现代欧洲历史的序幕,被认为是中古时代和近代的分界。

人文主义

这是一个文艺复兴时期资产阶级在反封建、反教会斗争中形成的思想体系。其基本内容是:强调人权,反对神权;主张个性解放,反对禁欲主义;崇尚理性、科学,反对蒙昧主义;主张知识就是力量,反对中世纪经验教育;主张模仿自然、描写现实人生,反对神秘梦幻文学;主张中央集权,反对封建割据。人文主义体现了新的时代精神,是文艺复兴的指导思想,在促进人类意识觉醒、科学文化的发展和社会历史的进步等方面,发挥了巨大的作用。

但丁和《神曲》

意大利诗人,被恩格斯誉为"中世纪的最后一位诗人,同时又是新时代的最初一位诗人"。他是现代意大利语的奠基者,欧洲文艺复兴时代的开拓人物之一,以长诗《神曲》留名后世。

《神曲》分为《地狱》、《炼狱》、《天堂》三部,共有诗歌一万四千余行。通过对诗人幻游过程中遇到的上百个各种类型的人物的描写,展现了当时意大利极其广阔的生活和社会画面,带有"百科全书"性质,读者从中还能隐约窥见文艺复兴时期人文主义思想的曙光。在这部史诗中,但丁坚决反对中世纪的蒙昧主义,表达了执着追求真理的思想,对欧洲后世的诗歌创作有极其深远的影响。

彼特拉克

意大利诗人,文艺复兴运动的先驱。他自幼随父亲流亡法国,后攻读法学。其父去世后,他专心从事文学活动,并周游欧洲各国,生活经历相当丰富。他明确提出以

"人的思想"代替"神的思想",被称为"人文主义之父"。代表作有抒情诗集《歌集》,进一步完善了十四行诗,使得十四行诗成为近代西方诗歌中的一种代表性诗体。

薄伽丘和《十日谈》

意大利作家,文艺复兴运动的杰出代表。他的代表作是故事集《十日谈》,批判宗教守旧思想,主张"幸福在人间",被视为文艺复兴的宣言。

《十日谈》是世界文学史上一部具有巨大价值的文学作品。薄伽丘以丰富的生活知识和出色的艺术概括力,通过讲述故事,塑造了国王、贵族、骑士、僧侣、商人、学者、艺术家、农民、手工业者等不同阶层的人物形象,展示出意大利广阔的社会生活画面,抒发了文艺复兴初期的人文主义和自由思想。意大利评论界把薄伽丘的《十日谈》和但丁的《神曲》相媲美,称之为"人曲"。《十日谈》为意大利艺术散文的发展奠定了基础,并开创了欧洲短篇小说的艺术形式。

第三节 西班牙文学

熙德之歌

西班牙史诗,描述一位伟大的骑士熙德,因为犯下了罪,被驱逐出王国,熙德为了赢回自己的荣耀,于是自愿加入对抗摩尔人的战争,最后赢得胜利,光荣归国,是伟大的骑士文学史诗。

塞万提斯和《堂吉诃德》

文艺复兴时期西班牙伟大的现实主义小说家、剧作家、诗人。

他的小说《堂吉诃德》成功地塑造了可笑、可敬、可悲的堂吉诃德和既求实胆小又聪明公正的农民桑丘这两个世界文学中的著名典型人物。小说中出现的人物近700个,描绘的场景从宫廷到荒野遍布全国,揭露了16世纪末到17世纪初正在走向衰落的西班牙王国的各种矛盾。将现实主义和浪漫主义有机地结合起来,在反映现实的深度、广度上,在塑造人物的典型性上,都迈上了一个新的台阶,对欧洲文学的发展有着重要影响。

维加

西班牙的戏剧家、小说家和诗人,西班牙民族戏剧的奠基人,被誉为"西班牙戏剧之父"。他是世界上罕见的多产作家,一生共创作了2000多个剧本,留传至今的有600多个。最杰出的代表作是《羊泉村》。他的唯一的理论作品是《编写戏剧的新艺术》,是其在马德里学会的演讲稿,主要谈的是喜剧的创作问题。

第四节 英国文学

乔叟

14世纪英国诗人,英国文学的奠基者,被誉为"英国诗歌之父"。主要作品是《坎特伯雷故事集》,被认为是英国文学史上第一部现实主义典范作品,为文艺复兴奠定了基础。

莎士比亚

英国文艺复兴时期伟大的剧作家、诗人,欧洲文艺复兴时期人文主义文学的集大成者,是"英国戏剧之父"。

莎士比亚的基本创作思想是人文主义或称作人道主义,即他自己所说的"爱"。他在约1590~1612年的20余年内共写了37部戏剧、154首十四行诗和两首长诗。

他的戏剧多取材于历史记载、小说、民间传说和老戏等已有的材料,反映了封建社会向资本主义社会过渡的历史现实,宣扬了新兴资产阶级的人道主义思想和人性论观点。主要代表作品有四大悲剧:《哈姆雷特》《李尔王》《麦克白》《奥赛罗》。此外还有悲剧《罗密欧与朱丽叶》,历史剧《亨利四世》,传奇剧《暴风雨》等。

大学才子派

16世纪后期英国出现的一批人文主义剧作家。他们都受过大学教育,具有人文主义的新思想,富有才华,在戏剧创作上颇有创新。"大学才子派"不是一个统一的文学团体,他们的创作无论思想倾向和风格都不尽相同,但都为英国戏剧做出了贡献,为莎士比亚的创作奠定了基础。代表作家是李利、格林、基德、马洛,其中以马洛的成就最大。

湖畔派诗人

英国第一代浪漫主义诗人,包括华兹华斯、柯勒律治和骚塞。他们有共同的政治态度和文学主张,都曾居住在英国西北部昆布兰湖区,因此被称为"湖畔派"诗人。他们反对文学的社会作用,逃避现实斗争,憎恶资本主义城市文明,创作出歌颂大自然、美化中世纪封建农村生活的诗篇,以此抵制资本主义现实。

约翰·弥尔顿

英国诗人、政论家。弥尔顿继承了16世纪的人文主义思想,接受了17世纪新科学的成就,同时对它们采取批判的态度。其代表作是《失乐园》,长约一万行,分12卷,故事取自《旧约》。叙述了人类始祖亚当和复娃受魔鬼诱惑触犯戒规,被上帝逐出乐园的故事。诗人写这首诗的目的在于说明人类不幸的根源。他认为人类由于理性不强，意志薄弱，经不起外界的影响和引诱，因而感情冲动，走错道路，丧失了乐园。

笛福

英国小说家，英国启蒙时期现实主义小说的奠基人，被誉为"英国小说之父"。他是一个现代主义作者。1719年，年近60岁的笛福发表了第一部小说《鲁滨逊漂流记》，这也是他的代表作。写商人鲁滨逊在海上遇险，只身漂流到一个荒岛之后的28年生活。由于该书故事情节引人入胜，这部小说一问世就风靡英国。同时"鲁滨逊"这个人物也成了西方文学中第一个理想化的新兴资产者形象，成了当时中小资产阶级心目中的英雄人物。

拜伦

英国19世纪初浪漫主义文学的杰出代表，伟大的诗人。他的诗体小说《唐璜》通过青年贵族唐璜的种种经历，有力地抨击了欧洲反动专制势力。虽然这是一部未完全完成的长篇诗体小说，但仍不失是一部气势宏伟，艺术卓越的叙事长诗，在英国以至欧洲的文学史上都是罕见的。

雪莱

英国浪漫主义诗人，英国文学史上最有才华的抒情诗人之一。主要作品为诗剧《解放了的普罗米修斯》，表达反抗专制统治的斗争必将胜利的信念；抒情诗《西风颂》、《云雀颂》、《自由颂》等，诗歌风格节奏明快，积极向上。

狄更斯

英国19世纪伟大的批判现实主义小说家、诗人，是继莎士比亚之后对世界文学产生巨大影响的小说家。代表有《大卫·科波菲尔》、《双城记》、《雾都孤儿》等。他的作品广泛描写了19世纪英国维多利亚时代的社会生活，揭露了资产阶级金钱世界的种种罪恶。作为文学上的革新者，狄更斯在作品中描写了众多的中下层社会的小人物，在文学作品中是具有空前意义的。

柯南道尔

英国小说家，主要作品为侦探小说《福尔摩斯探案》，是世界上最著名的侦探小说。柯南道尔一共写了60个关于福尔摩斯的故事，包括56个短篇和4个中篇小说。这些故事在40年间陆陆续续在《海滨杂志》上发表。

萧伯纳

英国著名的讽刺戏剧家和评论家，其作品中社会问题剧占有很大比重，主要作品为《华伦夫人的职业》、《巴巴拉少校》、《苹果车》等。其作品最突出的特点是紧密结合现实政治斗争。萧伯纳杰出的戏剧创作活动,不仅使他获得了"20世纪的莫里哀"之称,而且因为他的作品"具有理想主义和人道精神",于1925年获得了诺贝尔文学奖。

奥斯丁

19世纪初英国现实主义女作家。据《简明不列颠百科全书》说,她的作品反映了当时英国中产阶级生活中的喜剧性,并多次探索了青年女主角从恋爱到结婚中自我发现的过程。代表作品《傲慢与偏见》和《艾玛》。

勃朗特三姐妹

19世纪英国文坛三位著名女作家,分别为大姐夏洛蒂·勃、二姐艾米莉·勃、三妹安妮·勃。她们的代表作品分别是《简爱》、《呼啸山庄》、《艾格尼丝·格雷》。

伏尼契

爱尔兰著名的女作家,著有反映革命者英雄气概的小说《牛虻》。《牛虻》在中国和苏联都拥有广大的读者,但在英国和西方世界一直未受到重视。

乔伊斯

出生在爱尔兰的都柏林,长年定居法国。他是"意识流"小说的代表作家,西方现代派小说的先驱。作品《尤利西斯》通过三个人一天的生活,把他们的全部历史、全部精神生活和内心世界表现得淋漓尽致。

第五节 法国文学

拉伯雷

拉伯雷是16世纪法国文艺复兴时期杰出的人文主义作家。他的长篇小说《巨人传》是一部高扬人性、讴歌人性的人文主义伟大杰作,是新兴资产阶级对封建教会统治发出的呐喊,充分体现了人文主义者对人、人性和人的创造力的肯定。书中塑造了高康大、庞大固埃等力大无穷、知识渊博、热爱和平的巨人形象,体现了作者对文艺复兴时期新兴阶级的歌颂。

法国新古典主义三大代表

新古典主义于17世纪出现。法兰西人作为拉丁民族、古罗马人的继承者,在政治上,罗马帝国始终是法兰西人心目中的光辉榜样;在文艺上,他们也很想效仿古罗马的风格。可以说,法国新古典主义的原型是拉丁古典主义。新古典主义的主要成就在戏剧。法国新古典主义戏剧家三大代表是熙德、拉辛和莫里哀。

三一律

"三一律"是法国古典主义作家为戏剧创作制定的一条规则,即时间、地点、情节的整一律。"三一律"规定一出戏只能有一条情节线索,剧情只能发生在同一地点,时间不得超过24小时。"三一律"的积极作用在于使戏剧结构严谨、情节集中,冲突能迅速展开,达到高潮,但同时它又容易束缚剧作家的手脚,导致人物形象公式化、概念化,削弱了作品的艺术感染力。

莫里哀

法国17世纪古典主义文学最重要的作家,古典主义喜剧的创建者。他在欧洲戏剧史上占有十分重要的地位。莫里哀的喜剧在种类和样式上都比较多样化,以滑稽的形式揭露封建制度、宗教条律的虚假之处。莫里哀给后人留下了近30部喜剧,代表作有《吝啬鬼》《伪君子》等。

法国的启蒙文学

18世纪,法国启蒙运动发展到成熟阶段,形成强大的声势,且革命性和战斗性也在不断加强。老一辈启蒙思想家伏尔泰在继续活动,新一代思想家卢梭、狄德罗等以更加激进的面貌出现。他们提倡自由、平等、博爱,为之后的资产阶级革命做好了舆论准备。这一时期启蒙运动的成就集中表现在狄德罗组织编纂的《百科全书》上,此外还有伏尔泰《老实人》,卢梭的《爱弥儿》和《忏悔录》,博马舍的《费加罗的婚礼》等。

卢梭

法国著名启蒙思想家、哲学家、教育家、文学家,是18世纪法国大革命的思想先驱,启蒙运动最卓越的代表人物之一。他是《百科全书》的撰稿人之一,主要著作还有《论人类不平等的起源和基础》《社会契约论》《爱弥儿》《新爱洛伊丝》《忏悔录》等。其中,卢梭在《论人类不平等的起源和基础》一书中,批判了封建专制和暴政,并提出以暴力推翻暴力的主张,具有极大的进步意义。

雨果

19世纪浪漫主义文学运动领袖,人道主义的代表人物,被人们称为"法兰西的莎士比亚"。雨果的创作历程超过60年,包括26卷诗歌、20卷小说、12卷剧本、21卷哲理论著,合计79卷之多,给法国文学和人类文化宝库增添了一份十分辉煌的文化遗产。其代表作是:长篇小说《巴黎圣母院》《悲惨世界》《笑面人》等,短篇小说《"诺曼底"号遇难记》,诗集《光与影》等。

巴尔扎克

19世纪法国伟大的批判现实主义作家,欧洲批判现实主义文学的奠基人和杰出代表。他创作的《人间喜剧》被称为法国社会的"百科全书",共91部小说,写了2400多个人物,展示了19世纪上半叶法国社会生活的画卷,作品更被誉为"法国社会的一面镜子"。通过《人间喜剧》,巴尔扎克提供了"一部法国社会,特别是巴黎上流社会的卓越的现实主义历史"。这些小说中最有名的就是《欧也妮·葛朗台》和《高老头》。

《人间喜剧》是巴尔扎克以毕生经历完成的光辉创作,堪称是人类精神文明的奇迹。这个包括91部小说的庞大创作,采取了分类整理和人物再现的方法,从而使之成为一个有机的整体。

司汤达

19世纪法国杰出的批判现实主义作家,被誉为"现代小说之父"。他的代表作有长篇小说《红与黑》,短篇小说《艾蕾》等。

《红与黑》作为19世纪法国批判现实主义文学的奠基之作,小说中的主人公于连是19世纪欧洲文学中一系列反叛资本主义社会的英雄人物的"始祖",并成为个人奋斗的野心家的代名词。《红与黑》在心理深度的挖掘上远远超出了同时代作家所能及的层次。它开创了后世"意识流小说"、"心理小说"的先河。后来者竞相仿效这种"司汤达文体",使小说创作"向内转",发展到了重心理刻画、重情绪抒发的现代形态。

梅里美

法国现实主义作家,中短篇小说大师、剧作家、历史学家。他的代表作有《高龙巴》、《卡门》等。他的短篇小说《卡门》讲述了生性无拘无束的吉卜赛女郎从事走私的冒险经历,经法国音乐家比才改编成同名歌剧而取得世界性声誉,卡门这一形象亦成为西方文学史上的一个典型。

福楼拜

法国重要的批判现实主义作家,其作品反映了1848~1871年间法国的时代风貌。他创作上的"客观而无动于衷"的创作理论和精雕细刻的艺术风格,在法国文学史上独树一帜。

福楼拜的代表作是《包法利夫人》、《情感教育》等。在《包法利夫人》这一作品中,作者以简洁而细腻的文笔,刻画了一个富有激情的妇女爱玛的经历,再现了19世纪中期法国的社会生活。《包法利夫人》的艺术形式是近代小说的一个新转机。从《包法利夫人》问世以后,小说家开始明白即使是小说,也要精雕细琢。这不仅是一部模范小说,也是一篇模范散文。

左拉

法国著名小说家,自然主义文学流派的领袖。在自己的自然主义文学主张下,左拉于1871年开始发表长篇连续性小说《卢贡·马卡尔家族》,这是法国作家左拉的一部包括20部长篇小说的庞大作品。这部巨著以女主人公阿·福格为中心,从她两次结婚所生的后代来证明遗传和环境对人的影响。它的题材非常广泛,涉及了法兰西第二帝国和第三共和国时期的政治、经济、军事等各个方面。

罗曼·罗兰

法国批判现实主义作家、思想家、音乐评论家和社会活动家。他的作品涵盖多种题材,代表作《名人传》系列:《贝多芬传》(1903)、《米开朗基罗传》(1906)和《托尔斯泰传》(1911),长篇小说《约翰·克利斯朵夫》,此外还发表过诗歌、文学评论、日记、回忆录等。

其中《约翰·克利斯朵夫》被高尔基称为"长篇叙事诗",被誉为20世纪最伟大的小说。这部巨著共10卷,作者以主人公约翰·克利斯朵夫的生平为主线,用豪爽质朴的文笔刻画了在时代风浪中,为追求正义、光明而奋勇前进的知识分子形象,讲述了这位音乐天才的成长、奋斗和终告失败的人生历程,同时对德国、法国、瑞士、意大利等国家的社会现实,作了不同程度的真实写照。1915年,为了表彰"他的文学作品中的高尚理想和他在描绘各种不同类型人物所具有的同情和对真理的热爱",罗兰被授予诺贝尔文学奖。

都德

19世纪法国著名现实主义小说家。代表作有长篇小说《小东西》,短篇小说集《月曜日故事集》等。《小东西》中,作者半自传式地记述了作者青少年时期因家道中落,不得不为生计而奔波的经历。这部小说作为都德的代表作,它集中表现了作者的艺术风格,不带恶意的讽刺和含蓄的感伤,也就是所谓"含泪的微笑"。因此,都德有"法国的狄更斯"之称。而《月曜故事集》中的《最后一课》和《柏林之围》,更由于其深刻的爱国主义内容和精湛的艺术技巧而享有极高的声誉,成为世界短篇小说中的杰作。

莫泊桑

19世纪后半期法国优秀的批判现实主义作家,一生创作了6部长篇小说和350多篇中短篇小说,他与契诃夫和欧·亨利并列为世界三大短篇小说巨匠,被誉为"短篇小说之王"。他擅长从平凡琐屑的事物中截取富有典型意义的片断,以小见大地概括出生活的真实。他的代表作有长篇小说《一生》、《俊友》,短篇小说《羊脂球》、《我的叔叔于勒》、《项链》等。

凡尔纳

凡尔纳是19世纪后期法国的科学幻想小说家,是现代科幻小说的重要开创者之一。他一生写了60多部科幻小说,代表作品《海底两万里》和《环游世界80天》等。由于凡尔纳知识非常丰富,他小说中许多描写是有科学根据的,所以当时他小说的幻想,如今有的已经成了有趣的预言。

第六节　德国文学

歌德

18世纪中叶到19世纪初德国和欧洲最重要的剧作家、诗人、思想家,德国狂飙突进运动的主将。他的作品充满了狂飙突进运动的反叛精神,在诗歌、戏剧、散文等方面都有较高的成就。

《浮士德》是歌德的一部代表作,他写这部巨著,前后曾用了60年之久。这部不朽的诗剧,以德国民间传说为题材,以文艺复兴以来的德国和欧洲社会为背景,描写了一个新兴资产阶级知识分子不满现实,竭力探索人生意义和社会理想的故事。

《少年维特的烦恼》是歌德的一部书信体小说。主人公维特是一个出身市民的青年,他向往自由、平等的生活,希望从事有益的实际工作。但是,围绕他的社会却充满着等级的偏见和鄙陋的习气。他和周围的现实不断发生冲突,自己又陷入毫无希望的爱情之中,最后走上了自杀的道路。维特与社会的冲突,具有反封建的意义。因此,它一发表就引起了强烈的反响,形成了一阵维特热,而且很快就流传到欧洲各国,成为第一部发生重大国际影响的文学作品。

席勒

德国18世纪著名诗人、哲学家、历史学家和剧作家,德国启蒙文学的代表人物之一,也是德国文学史上"狂飙突进运动"的代表人物,被公认为是德国文学史上地位仅次于歌德的伟大作家。其代表作是《阴谋与爱情》,故事讲述平民琴师的女儿露伊丝和宰相的儿子深深相爱,但这段爱情却在等级森严的社会和勾心斗角的宫廷阴谋下,以二人死去的悲剧而告终。

海涅

19世纪德国杰出的革命民主主义诗人和政论家。海涅的诗歌创作包括抒情诗、时事诗、叙事诗以及长诗等多种体裁,其中尤其是抒情诗,无论立意、构思,还是语言风格,都有鲜明的个性、独特的风格。海涅的抒情诗多以爱情为题材,曾被多次谱写成歌曲。其代表作是诗体游记《德国,一个冬天的童话》,这部政治讽刺诗是他于1843年10月回家看望母亲时所写,当时他看见整个德国的统治如同冬天一样冰冷后有感而发。

格林兄弟

雅各布·格林与威廉·格林被称作"格林兄弟",他们是德国民间文学研究者、语言学家、民俗学家。他们最卓越的成就,是作为世界著名的童话故事搜集家,在1812~1857年几十年间,完成的《儿童和家庭童话集》,即现在俗称的"格林童话"。他们的童话一方面保持了民间文学原有的特色和风格,同时又进行了提炼和润色,赋予故事以简朴、明快、风趣的形式。这些童话表达了德国人民的心愿、幻想和信仰,反映了德国古老的文化传统和审美观念。其中的代表作有《青蛙王子》《灰姑娘》《白雪公主》《小红帽》等,这些童话故事均脍炙人口,受到全世界儿童的欢迎。

狂飙突进运动

发生在18世纪从70年代到80年代中叶的德国,它是文艺形式从古典主义向浪漫主义过渡的阶段,也可以说是幼稚时期的浪漫主义。"狂飙突进"这个名称,象征着一种力量,含有摧枯拉朽之意。它得名于德国剧作家克林格尔在1776年出版的一部同名悲剧《狂飙突进》。它是德国新兴资产阶级全国性的一次文学运动,也是启蒙运动在德国继续。启蒙运动的主要倾向,都在飙飙突进运动中得到发展与加强。

布莱希特

20世纪前期德国剧作家、戏剧理论家、导演、诗人。他所创立的"布莱希特戏剧体系"推崇"间离方法",又称"陌生化方法"。就表演方法而言,"间离方法"要求演员与角色保持一定的距离,不要把二者融合为一,演员要高于角色、驾驭角色、表演角色。

正如亚里士多德的悲剧理论影响了整个西方古典戏剧理念一样,布莱希特所提出的"陌生化"(亦译"间离化")为核心的史诗剧理论影响了现代戏剧的发展进程。

第七节 欧洲文学

安徒生童话

安徒生,著名丹麦作家。这位童话大师一生共写了160多篇童话和故事。他的作品被译成80多种语言。安徒生的童话故事想象丰富、思想深刻、充满诗意、引人入胜,体现了丹麦文学中的民主传统和现实主义倾向,如《卖火柴的小女孩》《丑小鸭》《看门人的儿子》等,既真实地描绘了穷苦人的悲惨生活,又渗透着浪漫主义的情调和幻想。

安徒生的童话继承并发扬了丹麦民间文学的朴素清新风格,他创造的许多艺术形象,已然成为欧洲语言中的典故。

拉格洛夫

瑞典女作家,因"成功地呼唤人类心声"于1909年获诺贝尔文学奖,1914年被选为瑞典学院中第一位女院士。她是瑞典19世纪90年代浪漫派文学的代表,善于把幻想与真实融为一体,作品生动、优美、富有诗意。

其代表作是长篇童话《骑鹅历险记》,作品通过一个变成小精灵的调皮男孩骑在鹅背上周游瑞典的故事,把瑞典的地理、历史和文化熔于一炉,富有艺术性、知识性和科学性,是世界儿童文学中的珍品。

易卜生

挪威戏剧家、诗人,被誉为"现代戏剧之父",他是世界近代社会问题剧的始祖。这位北欧文化巨人,以社会化的哲学思想、丰富的人生观,描绘了挪威那个特定的时代。他最著名的作品《玩偶之家》(1879)通过娜拉形象的塑造,在其爱护丈夫、信赖丈夫到与丈夫决裂,最后离家出走,摆脱玩偶地位的自我觉醒过程中,提出了资本主义社会的法律、伦理和妇女地位等社会问题。作品对现实的批判非常有力,有着女权主义运动的影子,曾被比做"妇女解放运动的宣言书"。

密茨凯维支

波兰作家,被誉为"飞禽之王——鹰"。其早期作品有抒情诗《青春颂》、诗集《歌谣和传奇》和长诗《格拉席娜》。《青春颂》被誉为波兰青年的"马赛曲"。

裴多菲

19世纪中叶匈牙利爱国诗人和英雄。年仅26岁便死在了抗击沙俄的斗争中。为配合革命斗争,他写下了大量诗歌。传诵一时的《自由与爱情》"生命诚可贵,爱情价更高。若为自由故,两者皆可抛。"这首名作,在此后百年间一直是激励世界进步青年的动人诗句。此外还有《我愿意是急流》等作品。

茨威格

奥地利著名作家、文艺评论家。他的作品擅长描摹人物内心,像《看不见的珍藏》、《一个陌生女人的来信》、《一个女人一生中的二十四小时》等。

卡夫卡

奥地利现代作家,西方现代派文学的奠基人。代表作有《变形记》、《审判》、《城堡》等。卡夫卡的作品常常运用象征手法,揭示出一种荒诞的充满非理性色彩的景象。许多现代主义文学流派如"荒诞派戏剧"、法国的"新小说"等都把卡夫卡奉为自己的鼻祖。

第八节　俄罗斯和苏联文学

克雷洛夫

19世纪俄国作家,也是世界著名的寓言家。他一生创作了诗体寓言205首,主要借动物故事讽刺社会现实,并且常能很鲜明地在寓言中体现出人民的爱憎。代表作《狼和小羊》、《乌鸦》、《狼落狗舍》等。

普希金和《叶甫盖尼·奥涅金》

俄国著名的文学家,被誉为"俄国文学之父"、"俄国诗歌的太阳"。他诸体皆擅,创立了俄国民族文学和文学语言,在诗歌、小说、戏剧乃至童话等各个文学领域都给俄罗斯文学提供了典范。主要代表作品有长篇小说《上尉的女儿》、诗体小说《叶甫盖尼·奥涅金》。另外,普希金自幼喜欢民间故事,他的童话诗《渔夫和金鱼的故事》、《金雄鸡的故事》同样是俄国文学中的宝贵财富。

《叶甫盖尼·奥涅金》是俄罗斯第一部现实主义作品,作品用奥涅金的冷漠、怀疑,连斯基的理想主义热情,达吉雅娜的纯洁、孤寂,突出反映了19世纪20年代俄国黑暗的社会现实和知识分子追求光明、自由时的困惑、迷惘心理。

莱蒙托夫

俄国诗人,普希金逝世后,莱蒙托夫撰写了《诗人之死》一诗。诗歌指出杀害普希金的凶手是整个俄国的上层社会,从而震惊了俄国文坛,被公认为是普希金的继承者。他的代表作是长篇小说《当代英雄》,主人公毕巧林同样是一个"多余人"。

果戈理

19世纪上半叶俄国最优秀的讽刺作家,讽刺文学流派的开拓者。果戈理对俄国小说艺术发展的贡献尤其显著,车尔尼雪夫斯基称他为"俄国散文之父"。其代表作有剧本《钦差大臣》,剧作以普希金所提供的一个趣闻为情节基础,将俄国官僚社会的全部丑恶和不公正的事物集中起来进行嘲笑,对俄国戏剧的发展产生了重要影响。

长篇小说《死魂灵》是果戈理另一代表作,继《钦差大臣》之后再次"震撼了整个俄罗斯"(赫尔岑语)。书中主人公乞乞科夫是19世纪30～40年代俄国社会中从小贵族地主向新兴资产者过渡的典型形象。

冈察洛夫

俄国19世纪俄国批判现实主义作家。其主要代表作为3部长篇小说:《平凡的故事》、《奥勃洛莫夫》、《悬崖》。总的说,冈察洛夫的3部长篇小说真实地再现了19

世纪 40～60 年代俄国社会演变的客观过程:腐朽没落的封建农奴制逐渐被积极进取的资产阶级务实精神所代替。

屠格涅夫

19 世纪俄国现实主义小说家、诗人和剧作家,被誉为"小说家中的小说家"。成名作《猎人笔记》以一个猎人在狩猎时所写的随笔为主要表现形式,包括 25 个短篇故事。全书在描写乡村山川风貌、生活习俗、刻画农民形象的同时,也充满了对备受欺凌的劳动人民的同情,写出了他们的聪明智慧和良好品德。

19 世纪 50～70 年代是屠格涅夫创作的旺盛时期,其中《罗亭》是他的第一部长篇小说,塑造了继奥涅金、毕巧林之后又一个"多余人"形象。另一部长篇《父与子》则反映了代表不同阶级社会力量的"父与子"的关系,塑造了一代新人代表形象——平民知识分子巴扎罗夫。

陀思妥耶夫斯基

俄国文学史上最复杂、最矛盾的作家之一,是心理描写的专家,尤醉心于病态的心理描写。1945 年他发表了第一篇长篇小说《穷人》,深化了俄罗斯文学中的"小人物"主题。

1866 年他的代表作《罪与罚》出版,可视作近代世界推理小说鼻祖。小说以主人公拉斯柯尔尼科夫犯罪及犯罪后受到良心和道德惩罚为主线,广泛地描写了俄国城市贫民走投无路的悲惨境遇和日趋尖锐的社会矛盾。另外他还有《白痴》和《卡拉马佐夫兄弟》等重要作品。

列夫·托尔斯泰

19 世纪末 20 世纪初最伟大的文学家、思想家,是世界文学史上最杰出的作家之一。他非常重要的代表作品是《战争与和平》、《安娜·卡列尼娜》、《复活》。

《战争与和平》这部卷帙浩繁的巨著以史诗般广阔与雄浑的气势,生动地描写了 1805 年至 1820 年俄国社会的重大历史事件和各个生活领域。

《安娜·卡列尼娜》则是通过女主人公安娜追求爱情和列文在农村面临危机而进行的改革与探索这两条线索,描绘了俄国从莫斯科到外省乡村广阔而丰富多彩的图景。通过这个故事,作者揭示了俄国社会中妇女的地位,并由此来鞭挞它的不合理性。

《复活》是托尔斯泰晚年的代表作,小说一方面表现了作者晚年具有代表性的主题——精神觉醒和离家出走,另一方面在作品的后部分,渐渐突出了不以暴力抗恶和自我修身的说教。

契诃夫

19 世纪末期俄国批判现实主义作家、短篇小说艺术大师、戏剧家。

《变色龙》是契诃夫早期创作的一篇讽刺小说。在这篇小说里，他以精湛的艺术手法，塑造了一个专横跋扈、欺下媚上、看风使舵的沙皇专制制度走狗的典型形象，具有广泛的艺术概括性。

19世纪90年代到20世纪初期是契诃夫创作的全盛时期。代表作《装在套子里的人》用讽刺手法塑造了一个叫别里科夫的保守、反动、扼杀抑制新思想的"装在套子里的人"的典型形象。作品问世以来，别里科夫已经成为那些害怕新事物，维护旧事物，反对变革，阻碍社会发展的人的代名词。

高尔基

社会主义、现实主义文学奠基人，无产阶级革命文学导师，苏联文学的创始人。

《童年》、《在人间》、《我的大学》是高尔基自传体小说三部曲，同为其作品中的优秀代表作。这三本书描述了作家本人的亲身经历，从社会最底层走上革命道路、步入文学高峰的故事，也反映了俄国新一代劳动者在黑暗中寻找并追求光明的艰难历程。另外他还有《母亲》、《海燕》等作品。

法捷耶夫

苏联作家。他的以远东一支游击队的战斗历程为主要题材的小说《毁灭》，强调了高度的共产主义意识和共产党人的献身精神。《青年近卫军》则是堪称其里程碑的长篇小说，小说通过克拉斯顿诺共青团地下组织"青年近卫军"同德寇英勇斗争的故事，歌颂了苏联人民的爱国主义和革命英雄主义精神，塑造了性格各异、栩栩如生的青年英雄形象。

肖洛霍夫

苏联作家，代表作《静静的顿河》。这部书以俄国顿河地区一个青年哥萨克农民多彩多姿的生活为背景，主要描写了1912年至1922年两次革命（二次革命、十月革命）和两次战争（第一次世界大战、国内战争）中的重大历史事件以及在这十年间的人们的动荡生活，被誉为"令人惊奇的佳作"。此书于1941年获斯大林奖金，1965年肖洛霍夫因此书获诺贝尔文学奖，成为第一位获此殊荣的苏联作家。

尼古拉·奥斯特洛夫斯基

苏联作家。1930年，他用自己的战斗经历作素材，以顽强的意志开始创作长篇小说《钢铁是怎样炼成的》。主人公保尔·柯察金执着于信念的坚韧不拔的崇高人格，震动了数代人的心弦。从保尔·柯察金身上所体现出的对人生的追求，执着的拼搏奉献精神以及对人生的坚定信念，到现在仍值得我们学习。

第九节 美国文学

霍桑

19世纪美国浪漫主义小说家和心理小说家。霍桑的短篇小说大多取材于新英格兰的历史或现实生活,着重探讨人性和人的命运等问题,他最重要的长篇小说是《红字》(1850)。在这部作品中,作者层层深入地探究有关罪恶和人性的各种道德、哲理问题。小说以监狱和玫瑰花开场,以墓地结束,充满丰富的象征意义。

马克·吐温

19世纪末美国最杰出的幽默大师、作家、著名演说家,19世纪后期美国现实主义文学的杰出代表。原名塞缪尔·兰贺尔·克莱门斯,"马克·吐温"是其最常使用的笔名。其代表作有《镀金时代》、《汤姆·索亚历险记》、《哈利贝里·费恩历险记》等。

马克·吐温的写作风格是融幽默与讽刺一体,扎根于人民之中,既富于独特的个人机智与妙语,又不乏深刻的社会洞察与剖析,既幽默辛辣,又悲天悯人。他的最重要的创作源泉是密西西比河以及其在河上的生活,也因此被誉为"文学中的林肯"。

杰克·伦敦

美国著名的现实主义作家,被称为"美国无产阶级文学之父",一生共创作了50多部作品。杰克·伦敦的创作,笔力刚劲,他常常将笔下人物置于极端严酷、生死攸关的环境之下,以此展露人性中最深刻、最真实的品格。其中《狼的儿子》等三部短篇小说集被统称为"北方故事",是其成名作。《荒野的呼唤》、《海狼》、《白牙》等是描写动物在保存自己、消灭敌人的斗争中,表现出的巨大勇气。作品《马丁·伊登》,则讲述了一个出身劳动者的现实主义作家在资本主义社会中的命运。

海明威

美国现代小说家,1954年度的诺贝尔文学奖获得者,"新闻体"小说的创始人,早期以"迷惘的一代"的代表作家著称。主要代表作品有《太阳照常升起》、《永别了,武器》等。

1954年,海明威更是凭借《老人与海》这部小说获得了诺贝尔文学奖。这部小说是根据一位古巴渔夫的真实经历创作的。作者以摄像机般的写实手法记录了圣地亚哥老人捕鱼的全过程,塑造了一个在重压下仍然保持优雅风度,在精神上永远不可战胜的老人形象,成为文学史上最著名的"硬汉"形象之一。

惠特曼

美国诗人,主要作品为诗集《草叶集》,其中包括《敲呀!敲呀!敲呀!》这样的战斗诗篇。打破传统诗的格律,首创自由体新诗,表达了反对蓄奴、争取自由平等的进步思想。

欧·亨利

20世纪初美国短篇小说家。他的小说多以城市下层人物为主人公,语言诙谐,结局常常出人意料。主要作品为《麦琪的礼物》《警察与赞美诗》《最后一片藤叶》等,约300篇,被誉为"美国生活幽默的百科全书"。

第十节 拉美文学

胡利奥·科塔萨尔

20世纪阿根廷作家,受到博尔赫斯和埃德加·爱伦坡的影响。他获得国际承认的小说是高度实验性的《跳房子》(1963)。这部小说有155章,其中99章"可以放弃阅读",整部小说按照读者的喜好可以有多种阅读顺序。

卡洛斯·富恩特斯

20世纪墨西哥作家,其代表作是1962年发表的《阿尔特米奥·克罗斯之死》。这部作品受到拉美文坛的普遍好评,被认为是一部"最为全面、最为完美、成就最为显著的小说"。

马里奥·巴尔加斯·略萨

20世纪秘鲁小说家、剧作家、记者、评论家。他的成名作是《城市与狗》(1963)。这部小说集合了一个城市的各种元素,包括憎恨和暴行。

加西亚·马尔克斯

哥伦比亚作家、记者,20世纪拉丁美洲魔幻现实主义文学的杰出代表。马尔克斯作品的主要特色是幻想与现实的巧妙结合,并以此来反映社会现实生活,审视人生和世界。其重要作品有《百年孤独》(1967)、《族长的没落》(1975),中篇小说《没有人写信给上校》(1962)等。

其代表作长篇小说《百年孤独》被誉为"再现拉丁美洲历史社会图景的鸿篇巨著"。全书近30万字,内容庞杂,人物众多,情节曲折离奇,再加上神话故事、宗教典故、民间传说以及作家独创的从未来的角度来回忆过去的新颖倒叙手法等,可以说相当繁杂和难懂。读者在阅读时,不仅能感受到许多血淋淋的现实和荒诞不经的传说,也能体会到最深刻的人性和最令人震惊的情感。1982年作者凭此获得了诺贝尔文学奖。

加夫列拉·米斯特拉尔

20世纪智利女诗人。1914年,她出版了第一本诗集《绝望》。之后她又陆续发表了诗集《柔情》、《有刺的树》等。她的思想境界较前人更为开阔,对祖国、对人民、对劳苦大众表达了深厚的情感,标志着她的创作达到了更新高度。她是拉丁美洲第一位获得诺贝尔文学奖的女诗人。

第十一节 日本文学

物语文学

日本的一种文学体裁。"物语"意即故事或杂谈,受到过中国六朝和隋唐传奇文学的影响。其中最著名的就是《源氏物语》。

《源氏物语》是日本平安时期的女作家紫式部创作的。它对于日本文学的发展产生过巨大的影响,被誉为日本文学的高峰。小说以贵族源氏一生的经历为线索,反映了当时社会的黑暗。对于下层人民,尤其是备受摧残的妇女寄予了很多同情。

俳语

日本古典短诗,由17字音组成。俳语多采用象征和比喻手法,崇尚简洁、含蓄,较和歌更精练。由于其篇幅较短,便于背诵,即使在现代,也很受欢迎。

夏目漱石

日本作家,被称为"国民大作家"。他对东西方文化均有很高造诣,写作小说时擅长运用对句、迭句、幽默的语言和新颖的形式。他对个人心理精确细微的描写开了后世私小说的风气之先。

他的长篇小说《我是猫》确立了夏目漱石在日本文学史上的地位。小说采用幽默、讽刺、滑稽的手法,借助一只猫的视觉、听觉、感觉,以主人公中学教员珍野苦沙弥的日常起居为主线,嘲笑了明治时代知识分子空虚的精神生活。

芥川龙之介

日本大正时代小说家。他全力创作短篇小说,在他短暂的一生中,写了超过150篇短篇小说。他的短篇小说篇幅很短,取材新颖,情节新奇甚至诡异。作品关注社会丑恶现象,但作家很少直接评论,而仅仅以冷峻的文笔和简洁有力的语言来陈述,却让读者深深感觉到其丑恶性。这使得他的小说既具有高度的艺术性又能成为当时社会的缩影,其代表作品有《罗生门》、《竹林中》等。

井上靖

日本当代著名作家,评论家和诗人。井上靖写的最多、最成功的是历史小说,尤其是取材于中国历史的小说最为出色。代表性作品有《天平之甍》,反映了中日人民的传统友谊和文化交流业绩。另外1936年他的长篇小说《流转》获千叶龟雄奖,1950年小说《斗牛》获芥川奖,反映了日本战后初期的社会黑暗面。

德永直

日本作家。1926年以震惊全国的大罢工为背景,完成了长篇小说《没有太阳的街》。这部作品不但为他赢得了极大声誉,他也由此成为日本无产阶级文学的代表性作家。

川端康成

日本新感觉派作家,著名小说家。成名作小说《伊豆的舞女》(1926)描写了一个高中生"我"和流浪人的感伤及不幸生活。名作《雪国》(1935~1937)描写了雪国底层女性形体和精神上的纯洁和美,以及作家深沉的虚无感。1968年他获得诺贝尔文学奖。

小林多喜二

日本作家,是日本无产阶级革命文学的奠基人。他的作品文风质朴,语言简练,情感淡泊深沉又含蓄。他的代表作是1929创作的中篇小说《蟹工船》。《蟹工船》的故事集中在渔船"博光号"的渔工与监工浅川的斗争上。小说真实地描写了渔工们由分散到团结,由不满、反抗到进行有组织的罢工斗争的全过程。

村上春树

日本作家,1979年以第一部创作小说《且听风吟》得到当年日本的群像新人奖。主要著作有《挪威的森林》、《世界尽头与冷酷仙境》、《舞!舞!舞》、《奇鸟行状录》、《海边的卡夫卡》等。其中《挪威的森林》是获得野间文艺新人奖和谷崎润一郎奖的作品,讲述的是主人公渡边同两个女孩的爱情纠葛。这是一部动人心弦的、平缓舒雅的、略带感伤的、百分之百的恋爱小说。

第十二节 印度文学

《罗摩衍那》

印度古代史诗,全书是诗体,用梵文写成,诗律几乎都是输洛迦(意译为颂),即每节2行,每行16个音节。《罗摩衍那》意思是罗摩传。罗摩是印度古代的传说中人物,后逐渐被神化。这部史诗最初只是口头流传,它的成书年代约在公元前3、前4世纪至公元2世纪之间。

《摩诃婆罗多》

印度古代史诗,和《罗摩衍那》并列为印度两大史诗。《摩诃婆罗多》现存的本子是在一部史诗的基础上编订而成的,其中不但有长篇英雄史诗,而且还穿插了大量的传说故事,另外还有宗教哲学及法典性质的著作,因此篇幅很长,据说是世界上最长的史诗。

《摩诃婆罗多》书名的意思是"伟大的婆罗多族的故事"。它的成书年代约在公元前4世纪至公元4世纪之间。史诗用梵文写成,采用对话体,共有10万颂(每颂为1节双行诗体)。

泰戈尔

印度诗人、文学家、作家、社会活动家、哲学家和印度民族主义者,也是向西方介绍印度文化和把西方文化介绍到印度的很有影响的人物。他的散文内容主要涉及社会、政治和教育。他的诗歌,除了其中的宗教内容外,最主要的是描写自然和生命。在泰戈尔的诗歌中,生命本身和它的多样性就是欢乐的原因。同时,爱也是他的诗歌主题之一。

主要作品有诗集《吉檀迦利》、《飞鸟集》、《新月集》、《园丁集》等,小说《两亩地》、《沉船》等。《吉檀迦利》是泰戈尔中期创作的高峰,也是最能代表他思想观念和艺术风格的作品。这部宗教抒情诗集,是一份"奉献给神的祭品"。1913年泰戈尔以《吉檀迦利》获诺贝尔文学奖。

第十三节　西亚北非文学

《圣经》

《圣经》是基督教的经典,是基督教教义和教规的依据,同时它也称得上是一部精彩的文学作品。《圣经》共由《旧约》和《新约》两部分构成。《旧约圣经》可以说是一部有关犹太人早期生活的百科全书,它完整地展示了犹太民族的发展史,深刻地反映了这个民族的道德观、价值观等,为了解和研究古代犹太人社会提供了丰富而珍贵的历史资料。《新约圣经》记载的则是基督教创始人耶稣基督和其门徒的言行事迹,以及早期基督教的历史。

之所以说《圣经》还是一部文学作品,是因为在书中它几乎运用了所有的文学创作形式,还独创了先知文学和启示文学。《圣经》在全世界有着极大的影响,像我们所熟知的亚当夏娃和诺亚方舟的故事都出自《圣经》。

《古兰经》

伊斯兰教唯一的根本经典。它是穆罕默德在23年的传教过程中陆续宣布的"安拉启示"的汇集。"古兰"一词系阿拉伯语 Quran 的音译,意为"宣读"或"读物"。中国旧译为《古尔阿尼》《可兰经》《古兰真经》等。

萨迪

13世纪波斯(今伊朗)杰出的人道主义诗人和作家,代表作《蔷薇园》和《果园》。《蔷薇园》由散文和诗歌组成,诗文并茂。除序跋外,共8卷,包括帝王言行、论教育的功效、论交往之道等。广泛吸收了古典文学和民间文学的精华。其语言丰富、比喻贴切、言简意赅,有许多含义隽永的名言警句。17世纪,其诗作传到欧洲,受到歌德、普希金的高度赞扬,萨迪成为最早为欧洲熟悉的波斯诗人之一。

《一千零一夜》

阿拉伯中古时期的一部优秀的民间故事集,中译《天方夜谭》。

《一千零一夜》实际上并没有讲一千零一个故事,按阿拉伯人的习惯,在一千或一百之后加上一,是强调其多。《一千零一夜》是由中东、近东各民族、各地区的民间市井艺人、文人学士在8世纪至16世纪长达数百年的时间内收集、加工、整理而成的。书中共200来个故事,这些故事组成了中世纪阿拉伯帝国社会生活图景,是研究阿拉伯和东方历史、地理、宗教、语言、文化等的珍贵史料。其中代表性故事有《渔夫与魔鬼》《阿里巴巴与四十大盗》等。

纪伯伦

黎巴嫩作家、诗人和画家,是阿拉伯近代文学史上第一个使用散文诗体的作家,常自绘具有浪漫情调和深刻寓意的图书插图。他与泰戈尔齐名,并称为"站在东西方文化桥梁上的两位巨人"。他的作品多以"爱"和"美"为主题,作品有散文诗集《先驱者》《先知》《沙与沫》《人之子耶稣》《先知园》等。其中,《先知》是其代表作,以一位智者临别赠言的方式,论述爱与美、生与死、婚姻与家庭、劳作与安乐、法律与自由、理智与热情、善恶与宗教等一系列人生和社会问题,充满东方色彩的比喻和哲理。

第十四节 世界重要文学奖项

诺贝尔文学奖

诺贝尔文学奖是阿尔弗雷德·诺贝尔在遗嘱中提到的五大奖励领域之一,他在遗嘱中说奖金的一部分应颁给"在文学界创作出具有理想倾向的最佳作品的人"。诺贝尔文学奖的颁奖单位是瑞典文学院。首届诺贝尔文学奖颁发在1901年,得主是法国诗人普律多姆。历史上罗曼·罗兰、萧伯纳、海明威等著名作家均获得过该奖。

美国国家图书奖

美国国家图书奖由非营利机构的国家图书基金会主办,每年一届,设置了包括最佳小说奖、最佳非小说奖、最佳诗歌奖和最佳少年文学奖在内的四大奖项,每项奖金 1 万美元,此外还设置有特别荣誉奖章。每年,由出版社从美国全年总数 6 万余种的书中推荐约千种参加竞选国家图书奖,它是美国最重要的文学奖,颁奖典礼是美国文坛的年度盛事。

美国普利策奖

普利策奖于 1917 年由美国报纸发行人普利策在哥伦比亚大学创办,奖励为美国的新闻、文学、戏剧和音乐事业做出杰出贡献的人。文学奖也是普利策奖的重要组成部分,于每年春季颁发,它包括小说奖、表演剧本奖、美国历史奖、传记与自传奖、诗歌与大众非小说奖,每项奖金 3000 美元。

英国布克奖

布克奖是英国的主要文学奖之一,每年评选一次,奖励年度最佳英文小说创作而且不限英国籍作者,但美国作家不能参与,以抵制新型的娱乐形式诸如电视对文学市场的蚕食。布克奖的目标是奖励优秀作品,提高公众对严肃小说的关注。大奖以赞助商——食品供应公司布克(Booker McConnell)命名。布克奖从 1969 年开始颁发,荣获布克奖几乎已经成为"最好看的英文小说"的代名词,是广受世界瞩目和讨论的小说奖。

日本芥川奖、直木奖

自 1935 年起,日本为纪念两位知名作家芥川龙之介和直木三十五,由文艺春秋出版公司创设"芥川奖"和"直木奖"。这两个奖项均为日本重要文学奖,素有日本文坛"奥斯卡"之称,主要奖给日本文坛的新人。每半年由评委会从各报纸杂志上发表的无名作家和新作家作品中选出一至两篇,颁发奖品和奖金。

西班牙塞万提斯奖

塞万提斯奖由西班牙文化部创办于 1976 年,以该国大文豪塞万提斯命名,颁奖给在西语文学领域做出突出贡献的西班牙和拉丁美洲作家。颁奖时间通常是每年的 4 月 23 日,恰是联合国所定的世界读书日。届时,来自世界各地的人们会在颁奖地通宵达旦地朗读《堂吉诃德》。

法国龚古尔文学奖

龚古尔兄弟是法国自然主义小说家,弟弟茹尔·德·龚古尔于 1870 年去世,哥哥埃德蒙·德·龚古尔为纪念他的弟弟,在 1874 年 7 月 14 日立下遗嘱,规定用两人遗产作为基金,成立龚古尔学院,即龚古尔文学奖评选委员会。龚古尔学院于 1903

年正式获得批准。该奖每年评选出一本当年出版的最佳小说,对其颁发龚古尔文学奖。虽然该奖的奖金不高,但在法国文学界的影响却非同小可。例如杜拉斯的《情人》(1984)本来售出 25 万册,获奖后销量就上升到了 100 万册。

德国毕希纳文学奖

毕希纳文学奖以德国历史上著名的革命者和剧作家格奥尔格·毕希纳的名字命名,由德国语言与文学学院创办于 1923 年,每年颁发给对当代德语文学做出优异贡献的一位作家或诗人,现在的奖金额为 4 万欧元。该奖是诺贝尔文学奖重要的风向标之一,德国作家海因里希·伯尔、君特·格拉斯、奥地利女作家耶利内克等德语国家诺贝尔奖得主都曾夺得过该奖。

自测题(三)与答案

一、填空

1. 莎士比亚四大悲剧包括( )( )( )( )。
2. 笛福的代表作是( )。
3. 司汤达的代表作是( )。
4. 狄更斯的代表作有( )和《双城记》、《雾都孤儿》等。
5. 伏尼契的代表作是( ),塑造了革命者牛牤的形象。
6. 莫里哀是法国著名剧作家,其代表作有《吝啬鬼》、( )等。
7. 巴尔扎克的《人间喜剧》享有盛名,其中较有代表性的作品有( )、《高老头》等。
8. 雨果的《   》一书,反映了作家改革社会、拯救人类的人道主义思想。
9. 福楼拜的代表作有( )、《情感教育》。
10. 法国作家左拉长篇连续性小说( ),是一部包括 20 部长篇小说的庞大作品。
11. 罗曼·罗兰,小说方面的代表作有( )、( )。
12. 但丁,意大利诗人,其作品( )分为三部分,使其成为意大利第一位民族诗人。
13. 薄伽丘,最出色的作品是故事集( )。
14. 荷马史诗由( )和( )两部史诗组成。
15. 埃斯库罗斯的代表作是( )。
16. 马克·吐温的代表作有( )、《哈利贝里·费恩历险记》等。
17. 杰克·伦敦的代表作是自传体小说( )。

18. 泰戈尔的诗集（　　）是继《奉献集》之后的最优秀宗教抒情诗集。
19. 安徒生的代表作有（　　）、《丑小鸭》、《夜莺》等。
20. 列夫·托尔斯泰的代表作有（　　）、《战争与和平》等。

二、选择

1. 下列作家中，被誉为"俄罗斯诗歌的太阳"的作家是（　　）。
   A. 普希金　　　B. 列夫·托尔斯泰　　　C. 莱蒙托夫　　　D. 屠格涅夫
2. 物语文学是下列哪个国家的代表文学类型？（　　）
   A. 美国　　　B. 英国　　　C. 日本　　　D. 新加坡
3. 《小红帽》是下列那部作品中的故事？（　　）
   A.《伊索寓言》　　　B.《安徒生童话》　　　C.《希腊神话》　　　D.《格林童话》
4. 下列四部作品被称作"社会百科全书"的是（　　）。
   A.《战争与和平》　　B.《羊脂球》　　C.《人间喜剧》　　D.《唐璜》
5. 下列作品哪一个不属于但丁《神曲》的组成部分？（　　）
   A.《人间》　　　B.《地狱》　　　C.《炼狱》　　　D.《天国》
6. 下列作家被誉为"戏剧中的荷马"的是（　　）。
   A. 埃斯库罗斯　　　B. 莎士比亚　　　C. 索福克勒斯　　　D. 塞万提斯
7. 下列作品不属于莎士比亚四大悲剧的是（　　）。
   A.《李尔王》　　　　　　　　　　B.《麦克白》
   C.《罗密欧与朱丽叶》　　　　　　D.《奥赛罗》
8. 下列作家以"迷惘的一代"的代表著称的作家是（　　）。
   A. 马克·吐温　　　B. 杰克·伦敦　　　C. 海明威　　　D. 伏尼契
9. 下列故事不属于故事集《一千零一夜》的是（　　）。
   A.《豌豆上的公主》　　　　　　　B.《阿里巴巴和四十大盗》
   C.《阿拉丁和神灯》　　　　　　　D.《渔夫和魔鬼》
10. 下列作品不属于高尔基自传体三部曲的作品是（　　）。
    A.《海燕》　　　B.《童年》　　　C.《在人间》　　　D.《我的大学》

三、名词解释

文艺复兴
启蒙运动

四、简答

1. 古希腊三大悲剧家及其作品的主要内容。
2. 莎士比亚的创作分期及其主要作品。
3. 启蒙运动的特点。

答案：

一、填空题

1.《哈姆雷特》、《李尔王》、《麦克白》、《奥赛罗》
2.《鲁滨逊漂流记》　　3.《红与黑》
4.《大卫·科波菲尔》　　5.《牛虻》
6.《伪君子》　　7.《欧也妮·葛朗台》
8.《悲惨世界》　　9.《包法利夫人》
10.《卢贡·马卡尔家族》　　11.《约翰·克里斯朵夫》、《母与子》
12.《神曲》　　13.《十日谈》
14.《伊利亚特》、《奥德赛》　　15.《被缚的普罗米修斯》
16.《镀金时代》　　17.《马丁·伊登》
18.《吉檀迦利》　　19.《卖火柴的小女孩》
20.《安娜·卡列尼娜》

二、选择题

1. A　2. C　3. D　4. C　5. A　6. C　7. C　8. C　9. A　10. A

三、名词解释

略

四、简答

略

下编 艺术类

第四章 广播电视

第一节 广播电视的历史与发展

一、广播的历史与发展

广播

诞生于 20 世纪初,是通过无线电波或导线传送声音和图像、播放节目的新闻传播工具。通过无线电波传送的节目称无线广播,通过导线传送的称有线广播。1906年,美国人费森登用无线电传播声音成功,标志着广播的诞生。

世界上第一座广播电台

1920 年 11 月 2 日,美国匹兹堡西屋电气公司开办的 KDKA 商业广播电台开始播音,这是世界上第一座广播电台。

英国广播电台(BBC)

简称 BBC,1922 年建立,是由英国政府资助但独立运作的媒体,长久以来一直被认为是全球最受尊敬的媒体之一。在相当长的一段时间内,BBC 一直垄断着英国的电视、电台,其节目比较客观、认真,被称为"世界上缺点最少的电视体制"。如今,BBC 除了是一家在全球拥有高知名度的媒体外,还提供其他各种服务,包括书籍出版、报刊、英语教学、交响乐团和互联网新闻服务等。

美国三大商业广播电台

全国广播公司,简称 NBC,创办于 1926 年,总部设在纽约。创办以来以大胆革新著名,如 20 世纪初期率先组建了美国第一个全国性的广播网,1928 年第一个建立

W2XBS 试验电视台等等，一直在广播电视方面居于领先地位。除了美剧制作，在新闻纪录片的制作上也卓有成绩。

哥伦比亚广播公司，简称 CBS，1927 年在纽约开播，以高收视率的新闻节目和出色的节目主持人称誉美国电视界。

美国广播公司，简称 ABC，1943 年在 NBC 分出来的蓝色广播网基础上建立。起步阶段时以益智游戏节目提高收视率，拥有"超级碗"和奥斯卡颁奖典礼的直播权。

法国广播电视公司

简称 ORTF，成立于 1959 年，管理广播和电视的生产和发行。由于亏损，1974 年被取消，分成了 7 个各自独立的、自治的、高质量的相互竞争的国营公司，自 1975 年起，正式分散经营。

德国公营广播事业协会

简称 ADR，1950 建立，德国最大的电视和广播网络，包括 11 家广播电台和电视台，网络覆盖德国的每一个区域。

全苏广播电台

1922 年创建。共有 11 套节目，主要节目之一是新闻。1991 年苏联解体后，俄罗斯境内留下两个全国性的广播电视机构：全苏国家电视和广播公司、全俄国家电视和广播公司。

二、电视的历史与发展

电视

号称"第九艺术"，是 20 世纪的伟大发明之一，诞生至今不过 80 年。它是利用电子技术手段传输图像和声音的现代化传播媒介，主要使用微波频段，后又有了有线电缆、卫星等传播方式。电视是一种综合艺术，视听兼备，电视技术包括视频和声频两个系统。

电视之父

1925 年，英国科学家贝尔德研制成功第一台机械式电视机，标志着电视的诞生。贝尔德也因此被称为"电视之父"。

世界上第一家电视台

电视台指的是制作电视节目并通过电视或网络播放的媒体机构，世界上最早的电视台于 1929 年在英国 BBC 试播。1936 年 11 月 2 日，BBC 在伦敦郊外播出了一场颇具规模的歌舞节目，并首次开办每天 2 小时的电视广播，成为世界上第一家电视台。二战后,电视台在欧美开始普及。

彩色电视

1940年,美籍匈牙利人彼得·戈得马研制成了世界上第一部机电式彩色电视机,这一年,美国开始研究电子电视,1949年美国广播公司开发出全电子的彩色电视。1954年,美国正式开办彩色电视节目,成为世界上第一个开办彩色电视节目的国家。

有线电视

又叫电缆电视广播。利用同轴电缆或光缆作为介质直接传送电视和调频广播节目。其特点是节目容量大,质量高,不易受外界干扰;用途广,能与计算机和数据库相连;实现了付费使用,便于管理;实现了"双向"服务的功能,电视观众既是信息的接受者,又是信息的发出者。美国于1980年6月1日率先开办了世界第一家全天候播出的美国有线电视网。

卫星电视

电视机用户通过地面接收设备接收地球同步卫星传送来的节目。卫星电视广播覆盖面广,信号清晰,价格低廉,一次缴费终身受益,广泛适用于跨国际的电视传播。1974年,美国最早发射了国内通信卫星"威斯塔1号",1983年,开始首次卫星直播。

数字电视

指从演播室到发射、传输、接收的所有环节都使用数字电视信号来传播的电视类型。根据信号的传输方式,数字电视可分为地面无线传输、卫星传输和有线传输三类。数字电视中,采用了双向信息传输技术,增加了交互能力,人们可以按照自己的需求获取各种服务,如视频点播、网上购物、远程教学等,使电视机成为名副其实的信息家电。

高清电视

指图像的水平及垂直方向清晰度比现有电视系统高近1倍,宽高比为16:9,总像素数和信息量增大4倍的电视系统。高清电视的屏幕面积虽然很大(甚至就是一面墙),但图像质量仍然很清晰。1989年6月3日,日本成为世界上第一个每天播出高清电视节目的国家。

电视电影

起源于20世纪60年代的美国,英文表述为"Movie made for TV",是由电视人投资的低成本电影,按照电影的艺术规律用35毫米胶片拍摄制作,专门在电视上播出。其特点是成本低、表达灵活、传播方式便捷、拥有的观众多,与电影的区别主要在于发行路经和观看方式的不同。世界上著名的电视电影作品如基耶斯洛夫斯基的《十诚》、希区柯克的《精神病患者》、美国恐怖片《X档案》等。

20世纪90年代末,中国中央电视台率先尝试制作电视电影,而电影频道也从2001年起设立了电视电影"百合奖",以表彰和鼓励优秀的电视电影作品制作。

第二节 中国的广播电视

一、中国广播的诞生和发展

中国境内最早的广播电台

1923年1月13日,美国人奥斯邦在上海创办ECO广播电台,是中国境内最早的广播电台。

哈尔滨广播电台

1926年10月1日,哈尔滨广播电台开始广播,呼号为XOH,这是中国自办的第一座广播电台。其创办者刘瀚因此被誉为"中国广播之父"。

新新公司广播电台

1927年3月,上海新新公司广播电台开播,设在新新百货大楼的六楼,顾客可以边购物边收听播音和演出。这是中国第一座私人经营的商业电台。

中央人民广播电台

英文缩写为CNR,是中国最重要、最具有影响力的传媒之一。前身是1940年12月30日在延安创办的延安新华广播电台,1949年12月5日正式定名为中央人民广播电台。现办有中国之声、经济之声、音乐之声、都市之声等11套无线广播节目,拥有全国最大的音频网站"中国广播网",是在国内外具有重大影响的国家广播电台。

中华人民共和国国际广播电台

1950年,中央广播事业局成立了国际广播编辑部,同一天用"北京电台"的新呼号开始播音。1978年5月,中国对国外广播机构改名为中华人民共和国国际广播电台,是当时中国唯一的一个面向全世界广播的国家电台。

二、中国电视事业的诞生和发展

中央电视台

初名北京电视台,是中国的第一座电视台,1958年5月1日试播,9月2日正式播出。1973年5月1日,北京电台开始播出彩色电视节目,1978年开办《新闻联播》节目,标志着以首都为中心的全国电视广播网的初步形成,同年更名为中央电视台,英文简称CCTV。

CCTV是当今中国最具竞争力的主流媒体之一,开办有"央视国际"网站,在国际上的影响正日益增强。

台湾"三大台"

台湾三大台,分别是:1962年4月28日成立的**台湾电视公司**,简称"台视"(TTV),是台湾地区的第一家电视台,由台湾与富士电视台、NEC、东芝及日立四家日本企业联合出资建成;1971年成立的**中华电视台**,简称"华视"(CTS),最初是由中华民国教育部、国防部,企业界人士与华侨界领袖共同投资建成的;1968年成立的**台湾中天电视**,简称"中视"(CTV)。除三大台外,目前在台湾颇具影响的民间有线电视台为中天、东森、TVBS等台。

香港电视台

香港老牌的无线电视台分别是:1957年创立的亚洲电视有限公司,简称"ATV",是香港第一家电视台,也是全球首家华语电视台,开启了香港电视广播的第一步;1967年成立的香港电视广播公司,简称 TVB,旗下经营翡翠台和明珠台两个免费电视台。"TVB"和"ATV"也是香港仅有的两家获政府发牌经营的本地免费电视节目服务的电视台。另外,香港比较有影响的电视台还有凤凰卫视、传讯电视台、华侨娱乐电视台等。

澳门电视台

前称澳广视中文台,1984年开播,是澳门广播电视股份有限公司的免费频道,2007年更名为澳门电视台。除少数自制节目外,基本上以直播体育赛事、外购电影、电视剧(多为香港无线的港剧)、资讯节目为主。

第三节 电视节目的制作

电视制作系统

指将各个基本的电视节目制作单位集中统一在一起的集合体。此系统由设备和人共同组成,缺一不可,其音频系统大概有以下几部分组成:一个或多个摄像机、一个或多个摄像机控制单元、预演监视器、切换台、节目监视器、录像机和传输。我国的电视制作系统从1957年北京电视台试制电视发射机和播控设备的任务开始起步。

电视制式

指实现电视图像信号、伴音信号或其他信号传输的特定方法,以及这种方法所采用的技术标准。电视制式有很多种,对于模拟电视,有黑白电视制式、彩色电视制式及伴音制式等,而我们目前所用的彩色电视制式又分为 PAL 制、SECAM 制和 NTSC 制三种。

PAL 制式(P 制)

起源于德国的"帕尔制"(逐行倒相制式),采用逐行倒相正交平衡调幅的技术方法,克服了 SECAM 制式因相位敏感造成的色彩失真的缺点。目前德国、中国大陆及香港、英国、意大利、澳大利亚、新西兰等国家均采用这一制式。

SECAM 制式(S 制)

起源于法国的"赛康制"(顺序同时制式),SECAM 是法文缩写,意为顺序传送彩色信号与存储恢复彩色信号制。它的亮度信号每行都传送,能克服相位失真的缺点。主要应用于法国、苏联及东欧国家。这种制式效果会比 NTSC 好,但是成本高一些。

NTSC 制式(N 制)

起源于美国的"点描制",1952 年由美国国家电视标准委员会指定。采用正交平衡调幅的技术方法,被传送的彩色图像被分解为红、绿、蓝三基色信号,然后变换成亮度信号和两个色差信号,使用的电视接收机电路简单,但是容易产生偏色。NTSC 制式的特点是成本低、兼容性好,缺点是色彩不够稳定。目前,大部分西半球国家以及中国的台湾、日本、韩国、菲律宾等均采用这种制式。

电视节目制作流程

电视节目制作过程的繁简因节目而异。一般分四个阶段:**首先,前期计划阶段**。主要是对节目进行构思、策划与设计,也包括组建摄制组、筹集经费等,是确保节目顺利完成必不可少的准备过程;**其次,布置和排演阶段**。筹备工作就绪,即开始排练,花费时间较多,经历初排、现场排演、彩排等各个环节;**第三是摄制阶段**。电视节目的画面形象和声音形象都在此阶段完成,还要求摄制者具有随机应变的抓拍能力;**最后是后期制作阶段**。由导演和编辑人员从众多录像素材中选择最佳镜头加以编辑,并进行配音、合成,加字幕、制作片头等工作,是节目的最后完成阶段。

电视节目制作手段

不同的电视节目因其内容制作要求不同,往往采取不同的制作方法和手段,主要可分为三种:电子新闻采集、电子现场制作、电子内景制作。

电子新闻采集 简称 ENG,出现于 20 世纪 70 年代,在 80 年代得到普及。由便携式摄像机和录像机组成的现场采录系统,以摄录一体机为主,只再需一名记者便可以构成一个流动新闻采访组。最大的优点是时效快,而且能同期录像和录音,声画合一,便于进行现场采访和报道。

电子现场制作　简称 EFP,也称电子外场制作。是以一整套设备连结为一个拍摄和编辑系统,采用电视录像车(或转播车)进行外景实况录制的节目生产方式。它能把几小时的节目内容,包括画面、声音、字幕切换等工作一次性制作完成,广泛应用于重大新闻事件的报道、体育赛事的转播及文艺节目的录制等。

电子内景制作　简称 ESP,也称电子演播室制作,是在电视台的演播室内录制节目。演播室可人工布景,设备的技术指标也较高,录制节目可不受某些条件的限制。ESP 方式既可以先拍摄录制,后编辑录音,也可以多机同时拍摄,在导演切换台上即时切换播出,综合了 ENG 和 EFP 两者的优点,可用于各类节目的制作。

电视节目播出方式

直播　指拍摄、编辑和播出同时进行,没有时差。优点是及时性、同时性,能提高观众的兴趣,而且由于没有后期制作阶段,大大降低了成本。但有着严格的时间限制和区域限制,一旦出了差错很难有挽回余地。一般来说,重要的新闻事件和体育赛事常采用直播。

录播　将画面记录在录像带上,进行剪辑、修改、加工、包装之后再播出,又可分为实况直录、分段录制、单机录制、多机录制四种形式。其优点是可以精选重点,省去一般性镜头,有利于演员酝酿感情,又可防止差错,保证质量,但缺乏直播的及时性。

转播　广播电台或电视台播送别的电台或电视台的节目,本台只起一个技术作用,不参与拍摄制作的任务。

电视编辑

"编辑"一词,在电视节目编制中有不同的解释。既可泛指整个电视节目制作中专门从事编辑工作的人员,也可专指具体的编辑操作等。我们这里所说的编辑,是指在电视节目后期制作中,把原始的素材镜头编制成一个完整的电视节目的过程。它是在以电子技术为基础的平台上进行操作的,又可分为传统的线性编辑和时下的非线性编辑两种方式。

线性编辑

基于磁带的编辑方式,按照信息记录顺序,从磁带中重放视频数据来进行编辑。通常使用组合编辑将素材编辑成新的连续画面,然后再以插入编辑方式对某一段进行同样长度的替换。操作简捷方便,但因为搜索和录制必须按时间顺序进行,想要删除、缩短或加长其中的某一段是不可能的,工作流程较复杂。

非线性编辑

借助于计算机进行数字化制作的编辑方式。需要专用的编辑软件、硬件,几乎所有的工作都在计算机内完成,对素材的调用可以在瞬间实现。突破了按时间顺序编辑的限制,具有简便随即的特性,节省了设备、人力,提高了效率,还能实现诸多的特技处理效果。

电视创作人员

导演　电视节目制作最中心的人物。电视艺术创作的组织者和领导者,根据电视剧本,按照电视制作的规律,指导节目制作的全过程。作为电视创作中各种艺术元素的综合者,导演要负责组织和团结摄制组所有创作人员和技术人员,使之各尽所长,融为一体。

策划　一般由资深的电视从业人员组成一个策划群体。从宏观上提出节目思路,设计好大致框架,确定好标题、题材、结构、主创人员等。另外策划还要具备敏锐的判断力,善于揣摩观众的接受心理,对节目收视率有准确判断。

编剧　电视文学剧本和文字稿件的创作者。主要以文字表述形式完成电视的主题、思想、故事类型、人物造型、剧作结构等。还需要掌握电视特性及创作规律,善于运用视听造型来表达思想。

摄像　使用摄像机摄取镜头画面的人。要求吃苦耐劳,机动灵活,善于捕捉画面。

场记　将现场拍摄每个镜头的详细情况记录在单,包括集数、服装、布景、道具等各方面的细节和数据。有助于电视各镜头间的衔接,为继续拍摄及补拍提供依据,是导演的重要助手。

导播　电视节目制作中,负责从多台摄像机传送的画面中,选取最恰当的镜头切换播出。要求反应灵敏,蒙太奇意识强。

舞美　负责节目的美术设计,包括人物造型、化妆、服装、道具、布景等,有时还包括灯光、照明设计。

音乐　负责节目的音乐创作,包括作曲、编曲、配器、指挥、演奏、演唱、伴奏等。

制片人　整个节目制作过程中总的经营管理者和行政领导。掌握人权、财权,负责媒介宣传,组织班子、人事、经费等。因此制片人要求具有很强的领导和组织才能,并善于协调关系。

剧务　负责摄制组的后勤服务工作。是制片人的重要助手。

顾问　临时聘请的专家,负责为节目创作所涉及到的专业问题把关,提供咨询,如文学顾问、武打顾问、军事顾问等。

监制　负责电视制作的运营部分,通常由他制定节目的制作计划,如何时开拍、何时杀青、进度如何等,负责团队除艺术之外的几乎所有事项,与导演是相对的。

第四节　电视节目的类别

电视节目的类型不一而足,也难以按照一个标准统一分类。每个大类中又包含许多小类和栏目,栏目中还设有小栏目,现将主要节目类型做一简单介绍。

一、电视新闻节目

运用现代电子技术,通过电视屏幕,形象地向观众传递新闻信息,是一种视听兼备、传播迅速、受众广泛的现代新闻报道手段。在电视台中新闻节目占有重要地位,排在各类节目之首,有"新闻立台"之说。新闻节目又可分为新闻报道、新闻专题报道、新闻评论等。

新闻报道

以简短篇幅及时迅速、简单明了地报道新闻事件的各种电视节目,如"新闻联播"、"新闻30分"等。从内容及信息量上包括动态新闻报道和综合新闻报道两类;从制作方式上,又可分为图像新闻报道、口播新闻报道和字幕新闻报道等。

新闻专题报道

就某一新闻题材进行详细、充分的报道,是一般性新闻报道的延伸和扩充,是电视新闻深度报道最常用的形态。能够广泛发挥电视记者的创造力,针对性强,并具有深层的思想内涵。如"两会专题"、"奥运火炬传递"报道等。

新闻评论

针对新闻事实直接作出评论。通过对问题的调查、分析、评论,说明某种道理,引起观众的思考,起到影响舆论的作用。因此它具有鲜明的立场、观点,具有可指导性,如"焦点访谈"、"今日特快"等节目都属电视新闻评论。

二、电视文艺节目

运用先进的电子技术手段,对舞台上或演播室中演出的各种文艺节目进行二度创作,充分发挥电视的特殊艺术功能。品种有电视剧、电视文艺晚会、电视音乐节目、电视戏曲节目、电视曲艺等。

综艺类节目

文艺节目的主要样式之一。是一种包罗万象的综合艺术节目,既可以集音乐、舞蹈、戏剧、故事等于一身,也可以选择其中几项进行自由组合。其特点是艺术种类繁多,题材广泛,形式灵活多样,如"正大综艺""星光大道"等节目。

文艺竞赛类节目

电视文艺节目成熟期的一种新样式。节目具有文艺表演和技艺竞赛的双重性质,由主持人、参赛演员、评委和特邀观众组成,是专业性和广泛性的结合,普及性和竞争性的结合,一般采用电视直播形式,如"全国青年歌手电视大奖赛"。

社教类节目

指以传播政治、思想、伦理和科学文化知识为主要内容,推动社会精神文明建设为目的的电视节目。涉及政治、文化、经济、体育、少儿、科技、卫生、国际知识等各领域,注重节目的知识性、艺术性和服务性,如"万家灯火"、"书坛画苑"、"夕阳红"等节目。

电视纪录片

对社会领域的事件或人物及自然界的各种事物进行非虚构的记录报道的录像节目。其最大的特点就是纪实性,能真实地记录和再现事物的原貌。按体裁可分为新闻纪录片、历史题材纪录片、电视风光片、电视科教片、电视音乐片等。

服务性节目

指实用性强,能直接帮助受众解决生活、工作中的实际问题的一类节目。又可具体分为单项服务型、综合服务型、信息咨询型、技能型等几种,如"天气预报"、"生活"、"致富经"等节目。

电视广告

电视经济节目的一个重要组成部分。电视广告有多种形式,在节目与节目间插播广告可以使广告集中化,造成轰动效应,是企业一种不可替代的促销手段,也是观众了解商品信息的重要途径。在某种程度上,广告也具有娱乐观赏性。

第五节 中外广播电视评奖

中国广播影视大奖

2005年由国家广播电影电视总局设立的综合影视大奖。下设中国电影"华表奖"、中国电视剧"飞天奖"、"中国广播电视节目奖"3个子项。评选工作每两年一次。

中国广播剧奖

1996年由国家广播电影电视总局主办。属于国家级政府奖,每年评选一次,以表彰过去一年里的广播电视精品,推动广播电视事业的发展。

电视剧飞天奖

创办于1980年,由国家广播电影电视总局主办,是中国电视剧最高"政府奖"。每年举办一届,是对上一年(或两年度)电视剧思想艺术成就的一次检阅和评判。

电视金鹰奖

1983年创办,原为"大众电视金鹰奖",由《大众电视》杂志社牵头,群众投票决定。每年举办一届,地点固定在湖南长沙。

白玉兰奖

原由国家广播电视总局主办,2005年后由上海市承办,为上海市举办的中国国际电视节特设奖项。

全国青年歌手电视大赛奖

1984年由国家广播电影电视总局主办、中央电视台承办,属于国家级歌唱大赛。分专业组、业余组两个级别及美声、民族、通俗三种唱法。2005年起,由中央电视台独立主办,每两年一届。

自测题(四)与答案

一、填空题

1. 电视之父是(   )。

2. 全球首家华语电视台是(   )。

3. 电视节目的配音、字幕设置和片头属于制作流程的(   )。

4. 电视编辑主要包括(   )和(   )两种方式。

5. 世界上的电视制式有三种,一是源于美国的(   );二是由(   )提出的SECAM制式;三是由西德发起的(   )。中国采用(   )。

6. 世界上第一座广播电台是(   )国(   )公司开办的商业广播电台。

7. 美国三大商业广播电台是(   )、(   )、(   )。

8. 世界上第一家电视台产生于1929年的(   )国。

9. 信号清晰,价格低廉,一次缴费终身受益,广泛适用于跨国际的电视传播的电视类型是(   )。

10. 目前,较流行的三种家庭影院形式是(　　)、(　　)、(　　)。
11. 中国广播之父是(　　)。
12. 台湾"三大台"分别指(　　)、(　　)、(　　)三家电视台。
13. 香港仅有的两家获政府发牌经营本地免费电视节目服务的电视台分别是(　　)和(　　)。
14. 在报道重大新闻事件,转播体育赛事和录制文艺节目时经常采用的电视制作手段是(　　)。
15. 电视台买下一部戏,在本台播出的演播方式属于(　　)。
16. 电视节目创作中,最核心的人物是(　　)。
17. 在电视台中居于"立台"地位的节目是(　　)。
18. 中国电视剧的最高"政府奖"是(　　)。
19. 目前,电影电视中出现的诸多特技效果主要是依靠(　　)编辑做成的。
20. 20世纪70年代,我国唯一面向全世界广播的国家电台是(　　)。

二、选择题

1. 全国广播公司的简称是(　　)。
   A. BBC　　　B. NBC　　　C. ABC　　　D. NHK
2. 电视节目"星光大道"是(　　)类型的节目。
   A. 综艺类　　B. 文意竞赛类　　C. 电视音乐　　D. 曲艺类
3. 电视节目制作中,常常与导演针锋相对的是(　　)。
   A. 剧务　　　B. 制片人　　　C. 监制　　　D. 编剧
4. 世界上第一个开办彩色电视的电视台是(　　)。
   A. 英国广播公司　　　　　　B. 法国广播公司
   C. 美国广播公司　　　　　　D. 哥伦比亚广播公司
5. 中国电视连续剧的先驱之作是(　　)。
   A. 焦裕禄　　B. 一口菜饼子　　C. 火种　　　D. 玫瑰香奇案
6. 下列不属于电视电影的影片是(　　)。
   A. 投名状　　B. 云水谣　　　C. 夜店　　　D. 长江7号
7. 间接通向导演之路的电视创作人员是(　　)。
   A. 场记　　　B. 导播　　　C. 编剧　　　D. 策划
8. 电视科教片属于(　　)体裁的电视节目。
   A. 社教类节目　B. 电视纪录片　C. 服务性节目　D. 综艺类节目
9. 大部分西半球国家采用的电视制式是(　　)。
   A. NTSC制式　　　　　　　B. SECAM制式
   C. PAL制式　　　　　　　　D. NTSC和SECAM相结合的制式

10. 由群众投票决定大奖的电视剧奖项是（　　）。
    A. 飞天奖　　　B. 华表奖　　　C. 金鹰奖　　　D. 白玉兰奖

三、名词解释

1. 非线性编辑

2. 高清电视

四、简答题

1. 电视节目的制作手段中，什么叫电子现场制作？

2. 简要说明一下电视节目的播出方式有哪几种？

答案：

一、填空题

1. 英国的贝尔德　　　　　　2. 香港电视台

3. 后期阶段　　　　　　　　4. 线性编辑　非线性编辑

5. NTSC 制式　法国　PAL 制式　PAL 制式

6. 美　匹斯堡西屋电气

7. 全国广播公司　哥伦比亚广播公司　美国广播公司

8. 英　　　　　　　　　　　9. 卫星电视

10. 电视专线电影　彩色磁带电影　激光唱片电影

11. 刘瀚　　　　　　　　　12. 台视　华视　中视

13. TVB　ATV　　　　　　 14. 电子现场制作

15. 转播　　　　　　　　　16. 导演

17. 新闻节目　　　　　　　18. 飞天奖

19. 非线性　　　　　　　　20. 中华人民共和国国际广播台

二、选择题

1. B　2. A　3. C　4. C　5. D　6. C　7. A　8. B　9. A　10. C

三、名词解释

略

四、简答题

略

第五章 电影

第一节 电影通论

一、电影的基本概念

电影

电影具有物质和美学两个层面的含义,是以电影技术为手段,根据"视觉暂留"原理,运用照相、录音等手段,把外界事物的影像及声音摄录在胶片上。通过放映,在荧幕上制造出活动影像和声音,并以此表现一定内容的技术。影像具有逼真性、假定性、复制性、幻觉性、符号性等多重含义,同时在更广泛的层面上融汇了人的感性和理性,并与多种艺术形式和多种学科紧密联系,在人类文化发展过程中有着重要的作用。

电影的功能体现在以下几点上:

1. 再现功能; 2. 表现功能; 3. 教育功能; 4. 审美功能; 5. 媒介功能。

视觉滞留

人眼在观察景物时,光信号传入大脑神经,需经过一段短暂的时间,光的作用结束后,视觉形象并不立即消失,这种残留的视觉称为"后像",视觉的这一现象则被称为"视觉滞留"。正是由于视觉滞留原理,银幕上跳跃的、不连贯的运动现象,到了观众眼中却成了一个个统一、完整的连续动作。

摄影术

摄影术产生于19世纪的欧洲。1839年,法国人达盖尔根据小孔成像原理,使用化学方法,将形象永久地固定了下来,"达盖尔照相法"由此产生。

1872年,最先将"照相法"运用于连续拍摄的是摄影师爱德华·幕布里奇。1882年,法国人马莱利用左轮手枪的间歇原理,研制了一种可以进行连续拍摄的"摄影枪"。美国的托马斯·爱迪生和他的机械师狄克为了使胶片在摄影机中以同样间隔进行移动,而发明了在胶片两边打上孔洞的牵引方法,解决了机械传动的技术问题,于是"活动照相"的摄影术得以完成。

电影的诞生

1895年12月28日卢米埃尔兄弟在巴黎卡普辛大街14号大咖啡馆的地下室,第一次公开售票向公众公映了他们用纪实手法拍摄的第一批短片,像《火车进站》、《工厂的大门》等。这一事件标志着电影的诞生。

艺术电影

相对于商业电影而言,艺术电影的倡导者们大多认同电影的艺术性,他们力图通过电影活动展示电影作为艺术的魅力,以及表达电影创作者自己独特的个性。他们认为,电影不仅是一种商业活动,而且也是一种艺术活动。从叙事策略上看,艺术电影大多极力突出自己的艺术个性,反对程式化的情节和模式化的人物形象刻画,并力图在影片中运用独创性的电影语言。

商业电影

相对于艺术电影而言,商业电影专指从编剧到导演及演员均为票房考虑,为营利而制作的影片。私人的电影工业大都以营利为主,因此生产的影片大都属于商业影片。在西方,美国好莱坞就是商业影片的大本营。

电影需要大量的观众,且观众也只有通过商业管道才能看到电影。但是这种商品性与商业电影的本质并非完全一致,而娱乐性强的商业电影中具有社会性与艺术性的也不少。因此商业电影与电影的商品性并非完全一致。

数字电影

随着计算机技术的飞速发展,许多传统电影制作做不到的镜头需要借助电脑完成,或者是需要运用电脑技术使影片更完美。数字电影诞生于20世纪80年代,是以数字方式制作、传输和放映的,通过数字技术和设备摄制、制作、存储,并通过卫星、光纤、磁盘、光盘等物理媒体传送,将数字信号还原成符合电影技术标准的影像与声音,最终放映在银幕上的影视作品。

二、电影的视听语言

场景

电影展开剧情单元场次的特定空间环境,由人物活动和背景等构成。电影需要很多场景,并且每个场景的对象可能都是不同的。将多个场景中的动作组合起来,便成了一部连贯的电影。

景别

景别是指被拍摄的事物(人、物、环境)在画框或镜头中呈现的范围。由于摄影机与被摄影体的距离不同,而使得被摄体在电影画面中所呈现出来的范围大小有区别。景别一般分为5种,由近及远:特写(人体肩以上)、近景(胸以上)、中景(膝以上)、全景(人体全部及周围背景)、远景(被摄体所处的环境)。除此之外,景别还有大远景、大全景、中近景、大特写等种类。

在电影中,导演和摄影师利用复杂多变的场面调度和镜头调度,交替地使用各种不同的景别,可以使影片剧情的叙述、人物思想感情的表达、人物关系的处理更具有表现力,从而增强影片的艺术感染力。

远景

用于表现广阔空间和场面的景别,镜头视野开阔、气势恢弘,因此时长一般较长,以使观众有足够时间来体味画面的丰富信息。

全景

用以摄取人物全身或场景全貌的电影画面。全景具有较为广阔的空间,可以充分展示人物的整个动作和人物的相互关系。在全景中,人物与环境常常融为一体,能创造出有人有景的生动画面。全景和特写相比,视距差别悬殊。如果两者直接组接,会造成视觉上和情绪上大幅度的跳跃,常能收到特有的艺术效果。

由于全景中包括了人物形象塑造和背景环境交代,所以对于一部电影而言,全景能确定其人物关系和时空关系。

中景

用来摄取人物膝盖以上部分的电影画面,视距比近景稍远,能为演员提供较大的活动空间。不仅能使观众看清人物表情,而且有利于显示人物的形体动作。由于取景范围较宽,可以在同一画面中拍摄几个人物及其活动,因此有利于交代人与人之间的关系。

中景在影片中占较大比例,大部分用于需识别背景或交代出动作路线的场合。中景的运用,不但可以加深画面的纵深感,表现出一定的环境、气氛,而且通过镜头的组接,还能把某一冲突的经过叙述得有条不紊,因此常用以叙述剧情。

中景有时可以表现两三个人的活动,让观众注意到他们之间的关系。一般讲,在中景中,人物如果开始走动,这个中景也许会变成全景或近景。所以,中景镜头又称"看戏的镜头"或"交流的镜头"。

近景

用来摄取人物胸部以上的电影画面,视距比特写稍远。近景中,人物上半身活动占据画面显著地位,成为主要表现对象,能使观众看清人物的面部表情,或某种形体动作。近景和特写的作用有相似之处,即视觉效果比较鲜明,有利于对人物的容貌、神态、衣着、仪表作细致的刻画。在表现人物的感情交流,揭示特定的人物关系方面,近景有其独到的艺术功能。近景有时也用于摄取景物的某一局部,有些摄取人物腰部以上的镜头,一般称为"中近景"。

特写

拍摄人像的肩部以上的头像和被摄物体微小局部的景别,是美国早期电影导演格里菲斯所创用的。特写镜头是电影画面中视距最近的镜头,因其取景范围小,画面内容单一,可使表现对象从周围环境中突现出来,造成清晰的视觉形象,得到强调的效果。特写镜头能表现人物细微的情绪变化,揭示人物心灵瞬间的动向,使观众在视觉和心理上受到强烈的感染。特写镜头与其他景别镜头结合运用,能通过镜头长短、远近、强弱的变化,造成一种特殊的蒙太奇节奏效果。

电影构图

结合被拍摄对象(动态和静态)和摄影造型要素,按照时间顺序和空间位置有重点地分布、组织在一系列活动的电影画面中,形成统一的画面形式。

一般来说,电影画面构图分为主体、陪体和环境三部分。主体指画面的主要表现对象,可以是人,也可以是物,它处于中心的地位。陪体是指与主体构成一定的关系,作为主体的陪衬而出现的人或物。环境是围绕着主体与陪体的环境,包括前景与后景两个部分。这三个部分的组合关系构成特定的图形。

电影构图有三种样式:

一是"纪实风格构图",强调影像忠实于现实,反对刻意追求和营造画面的形式美感,画面随意、松散,无规律可循。

二是"表现风格构图",强调影像的造型能力和表现内心感受的能力,反对机械地复制世界的影像,刻意追求形式美感,与人们的日常视觉经验差别很大。

三是"经典风格构图",它介乎前两种风格之间,汲取二者的优势,避免二者的缺陷,力图将真实感和造型性完美结合,使观众觉得画面完全真实,同时又很精美。

构图的目的,意在研究在一个平面上处理好三维空间——高、宽、深之间的关系,以突出主题,增强艺术的感染力。构图处理是否得当,是否新颖,是否简洁,对于艺术作品的成败关系很大。

从实际而言,一幅成功的摄影艺术作品,首先是构图的成功。成功的构图能使作品内容顺理成章,主次分明,主题突出,赏心悦目。反之,就会影响作品的效果,没有章法,缺乏层次,让整幅作品无法表达其所要表达的意义。

光线

电影作为一门视觉艺术,传递的就是一组连续的活动影像信息,而这一信息的传递过程就是通过一定的技术手段,将光线传递给人的视觉感官神经系统的过程。电影用光的方法有多种:按光位分,可分为顺光、侧光、顶光、底光等;按光质分,可分为聚光、散光、软光、硬光等;按光的方向分,可分为前置光(光源在前)、侧光(光源在侧)、逆光(光源在后)、底光(光源在下);按光的亮度分,可分为强光和弱光;按光调分,可分为低调光与高调光。

电影光线的功能包含着完成摄影画面曝光工作,实现影像确立;控制画面亮度水平和反差关系;决定场景气氛效果;突出、强调被摄体的造型特点;为影片确定视觉基调等。

色彩

长期以来,色彩在电影中仅仅发挥再现客观事物的写实功能,只是后来在不断的艺术实践中导演才意识到色彩的造型功能和表意功能。不少导演甚至是独具匠心地夸张和造假,强化某种色彩。色彩在这些导演的手中成为一种总体象征和表意的因素,从而起到了烘托环境、表现主题、塑造人物形象的作用。根据对人的造成心理感觉的不同,色彩分为冷色调和暖色调。

色彩的作用有:

1. 色彩营造基调

色彩基调是指色彩在画面中表现出来的全片的总的色彩倾向和风格。整部作品往往以一种或几种相近的颜色作为影片的主导色彩,在视觉形象上营造出一种整体的气氛、风格和情调。

2. 色彩形成构图

色彩构图是指电影画面中色彩的组合及其关系构成。色彩构图不但给人以视觉上的美感,而且自身也成为抒情表意的视觉符号。

3. 色彩参与结构

有些电影还通过色彩的变化与对比来结构整部影片,如《这里的黎明静悄悄》、《辛德勒名单》、《英雄》等。

光线和色彩是贯穿整部电影的影调和色调,二者关系紧密,光与色取决于电影的主题,需相互协调一致。在某种情况下,电影的主题有着丰富、复杂的含义,使得一部电影的多个部分有了不同的光线与色彩,而主题的统一性又会使这些因素最终被纳入同一个基调中。

镜头的运动与角度

镜头的运动,就运动主体而言,可以划分为演员的运动和摄影机的运动两大类型,一般所说的电影的运动主要是指摄影机的运动,它主要包括 6 种基本形式:

1. 推

推镜头是摄影机向被摄体逐渐靠近的拍摄方式,它使得画面所包容的范围越来越小。

2. 拉
拉镜头是指摄影机沿着光轴方向向后移动的拍摄方式,它使得画面逐渐远离被摄体或者从一个对象转向更多的对象。

3. 摇
摇镜头是指摄影机位置不动,但是其机身进行运动的拍摄方式。

摇镜头的运动方向大概有三种:上下、左右、旋转。

4. 移
移镜头是指摄影机沿着水平面做各方向移动的拍摄方式。

按移动方向划分,移镜头的方式大致可分为三种:横移、斜移、纵深移。

5. 跟
跟镜头是指摄影机跟随运动着的被摄主体的拍摄方式。

跟镜头能够使得处于运动着的被摄主体在画面中的位置基本保持不变,而与被摄主体相关的前后景发生相应的不断变化。

6. 升降
升降镜头是指摄影机离开地面,在空间做上下位移的拍摄方式。

升降镜头是一种纯主观的视点表达。升体现的是从客观到主观的转移,从纪实到写意的变化过程;而降体现的是从主观到客观的转移,从写意到纪实的变化过程。

综合运动镜头

当镜头同时采用两种或多种方式运动时,就会出现复合运动摄影,摄像机在一个镜头中把推、拉、摇、移、跟、升降等各种运动摄像方式,不同程度地、有机地结合起来拍摄。用这种方式拍到的电视画面叫综合运动镜头。和摄影机的固定拍摄相比,运动摄影使拍摄行为更加自由,能让观众的视点直接进入影像世界,达到"身临其境"的感觉。

空镜头

又称"景物镜头",指影片中作自然景物或场面描写而不出现人物(主要指与剧情有关的人物)的镜头。常用以介绍环境背景、交代时间空间、抒发人物情绪、推进故事情节、表达作者态度,具有说明、暗示、象征、隐喻等功能。在影片中能够产生借物喻情、见景生情、情景交融、渲染意境、烘托气氛、引起联想等艺术效果。在银幕的时空转换和调节影片节奏方面也有独特作用。

空镜头有写景与写物之分,前者通称"风景镜头",往往用全景或远景表现;后者又称"细节描写",一般采用近景或特写。空镜头的运用,已不只是单纯描写景物,而成为影片创作者将抒情手法与叙事手法相结合,加强影片艺术表现力的重要手段。

镜头的角度

1. 平视

摄影机大多从人眼的高度摄取对象,与对象处于平等的关系。因此,平视镜头作为一种正常的视角,一般不产生强烈的戏剧化的效果,常用于常规的场景介绍。

2. 仰视

摄影机低于拍摄对象的视角。这种角度的拍摄能增加对象的高度,加强画面的垂直感,使观众在心理上觉得被拍摄对象高大、威严,有的甚至给人以一种恐怖感。

3. 俯视

摄影机高于被拍摄对象的拍摄视角。这种视角产生的效果恰好与仰视相反,能产生贬低或漠视对象的效果,或者让人觉得被摄对象处于一种孤立无援、无助无奈的境地的效果。

4. 鸟瞰

极高的俯视角度也被称作鸟瞰。鸟瞰角度给观众以新奇的感觉,因为观众平时很少从高处或高空俯视世界。鸟瞰镜头很多是通过航拍实现的。从这种角度拍摄使观众感觉就像翱翔于场景之上,也暗示了场景中的芸芸众生的渺小无助。

5. 倾斜

倾斜是一种非常规的摄影角度,指在摄影时故意不把摄影机放在水平位置上。

电影的声音

电影的语言经常被称为"视听语言",这个说法意味着,电影运用的物质元素包括活动的影像和与之相匹配的声音,两者共同营造了影像世界。电影中的声音并不是机械地反映现实世界,而是创造银幕艺术世界的重要元素,它具有独特的造型价值,与影像相互作用,共同参与电影的艺术创造。

无论是电影刚刚获得声音的时候还是现在,人声都是电影中最主要的声音。

电影中演员的发音,要结合人物的身份、性格和故事情节等,具体加以定义。与戏剧更为夸张的表演不同,电影演员的表演需要更加贴近现实生活中人的真实状态。电影中的人声主要有对话、旁白、独白三种样式。

1. 对话

"对话"又称"对白",是指剧情中人物之间用语言相互交流。人物对话在剧情片中可以起到很大的作用。影片中运用对话的原则是:服从于画面,富有动作性,展现人物性格,贴近生活。

2. 独白

独白又称"内心独白",从技术上看,声源来自画外;而从叙事上看,则是来自画面中某个人物的内心,是对人物心理活动的披露,这种披露在现实生活中当然是不可能出现的。显然,电影中的"独白"和人物的自言自语不同,后者是确实发出声音的。

3. 旁白

旁白是电影独有的一种人声运用手法,由画面外的人声对影片的故事情节、人物心理加以叙述、抒情或议论。通过旁白,可以传递更丰富的信息,表达特定的情感,启发观众思考。旁白也是画外音的一种。

旁白和独白的区别:首先,独白是"现在时",发出者的影像表现和心理活动同步,旁白则不同步。其次,独白的发出者一定是影片中的某个人,旁白则既可以是剧中人,又可以是完全独立的局外人。第三,独白主要是披露人物此时此地的心理,伴随着人物强烈的情感波动;旁白则往往以时过境迁或超然事外的姿态来讲述,从而造成了很强的间离效果。

配音

电影创作生产中,还有一个和人声密切相关的现象——配音。配音是一门语言艺术,是配音演员们用自己的声音和语言在银幕后、话筒前进行塑造和完善各种活生生的、性格色彩鲜明的人物形象的一项创造性工作。

影视配音要求配音演员绝对忠实于原片,它使配音演员受到原片人物形象、年龄、性格、社会地位、生活遭遇、嗓音条件等诸多因素的限制,不允许演员超越原片自由发挥,另立形象。同时又要求配音演员根据片中人物所提供的所有特征,去深刻地理解、体验人物感情,然后调动演员本身的声音、语言的可塑性和创造性去贴近所配人物,使经过配音的片中人物变得更丰满、更富有立体感。

声音蒙太奇

在时空动态中,声画匹配的声音构成方法叫做声音蒙太奇。它首先用在视觉画面的剪辑上。自有声电影问世以来,由于对声音潜在功能的不断挖掘,于是顺理成章地又出现了声音蒙太奇一说。

所谓声音蒙太奇,可以理解为声音的剪辑,但这只是表层意识,它的深层含义其实是声音构成。声音分为画内和画外两种。电影声音蒙太奇,就是声音、时态和空间的各种不同形态的排列组合,可能创造出以下几种相对的时空结构关系:时间同步关系、时间异步关系、空间同步关系、空间异步关系、心理同步关系、心理异步关系。

电影的音响

又称"环境音响",是作为影片场面背景出现的各种声音效果。从声源来看,音响主要有两类:第一类是自然环境中的声音,大到风雨雷电,山呼海啸,细如虫鸣鸟语;第二类则是社会环境中的声音,和自然环境声音相比,它要更加复杂,除了诸如汽车、门窗等物品发出的声响外,还包括了作为背景音响出现的人声和音乐。

环境音响最早是作为一种营造真实听觉空间的手段来应用的,这也是环境音响最基本的作用。环境音响还可以参与到影片的叙事当中,主要作为画外音出现,暗示给观众,在画面以外发生了什么。不见其形,但闻其声,于是引发观众对画外空间的想象,这种手法往往比直接表现场景更有趣味,或者更耐人回味。更多时候,环境音响的作用是营造一种气氛,烘托某一场景的情绪基调。这时,环境音响无形中成为一种重要的情感表现手法,推动着人物心理的发展变化,也打动着观众的心灵。

电影音乐

电影音乐是在影片中体现影片艺术构思的音乐,是电影综合艺术的有机组成部分。它在突出影片的抒情性、戏剧性和气氛方面起着特殊作用。在表现的方式上电影音乐有着自己的特点:一是音乐构思须根据电影的题材内容、风格样式、人物性格及导演的风格来进行艺术构思,使音乐的听觉形象与画面的视觉形象相融合,体现综合性的美学原则;二是音乐常常与对话、自然音响效果相结合。

从创作来源上看,电影音乐主要有两种方式:一是由作曲家为某部影片写作专用的音乐;另一种方式则是选取已有的现成音乐作品用到电影中来。

电影音乐的主要功能有:深化主题、抒发感情、塑造形象、渲染气氛、强化影片结构、参与剧作等。

电影美术

电影美术是为电影造型进行设计和制作的艺术创作,是影片视觉形象造型的基础,以形、光、色等造型手段为影片设计出可供导演、摄影师讨论的蓝图,是电影综合艺术的重要组成部分。电影美术在不同的片种中,其位置、作用和创作特点在共性中又有各自的规律性。在故事片创作中,电影美术以剧本和导演构思为基础,通过环境造型为影片提供人物活动的典型环境,通过人物造型帮助创造生动的富有内涵的各种典型人物形象。

电影的声画关系

就形式而言,声画关系可分为"声画合一"和"声画分立"。

"声画合一",又称"声画同步",指声音和画面传播的具体内容完全一致,即画面中出现的人和物就是声音的发音体。这种声画合一的组合方式能加强传播内容的真实感、可信性、完整性、重要性,用来表现主要内容和情节,以引起观众注意,加深印象。声画合一的组合方式是声音和画面的初级组合方式,也是基本组合方式。

"声画分立"是指画面中视觉形象和它发出的声音互相离异的声画有机结合形式,即声音来自画面之外,即以"画外音"的形式出现。也就是说观众听到的声音信息并非来自看到的影像信息,观众必须对声、画两种信息进行加工,才能对声画的涵义有正确的理解。

就内涵上而言,电影中的声画关系可从"声画合一"和"声画对位"两方面进行研究。

"声画合一" 中声音所负载的信息和画面所呈现的信息在内涵和情绪上必须保持一致,这是大多数镜头和影片采用的基本形态。

"声画对位",指镜头中所表达的信息同画面呈现的信息在内容上或者情绪上不一致,甚至相反。虽然在整部电影中,"声画对位"只占很小比例,但往往能带来强烈的审美效果,给观众造成极大的心理落差和情绪冲击,从而使观众得以获得更大的审美快感和深刻印象。

电影的时空

观赏一部影片的过程,如同感受真实的生活一样,始终是在时间和空间两个维度上同时进行的。所以,电影也被称为时间艺术与空间艺术的综合体,即时空艺术。

电影的时间:电影对时间的表现力是诸种艺术形式中最自由和最逼真的。在一部电影作品中,存在两种不同含义的时间。一是观看时间——即一场电影的常规持续时间;二是叙事时间——影片中事件发生的具体时间。

随着蒙太奇出现,便产生了银幕时间的新结构,通过观众在观看影片时产生的主观幻觉,蒙太奇达到非连续的连续性,不仅能缩短或延长实际的时间,而且可以使过去、现在、未来的时间随意跳接,从而大大丰富了电影的表现力。

电影的空间:一种假定的空间形式。电影通过各种艺术和技术手段,既可以对现实里的空间作各种变形和取舍,又可以在各空间之间自如转换或套叠,以创造出生活中不存在的想象或幻觉的空间。

所以,电影的世界可以包罗万象——从电子显微镜所掌握的微子一直到浩瀚神秘的宇宙,从最不易察觉的一个人的手的动作一直到壮观庞大的战争场面。

三、蒙太奇与长镜头

蒙太奇的概念

蒙太奇,法文 montage 的音译。原为建筑学术语,意为构成、装配,借用到电影艺术中有组接、构成之意。最先由路易·德吕克借用到电影中来,到现在已成为世界通用的电影专门术语。

狭义蒙太奇:简单说,指的就是电影各镜头之间如何剪辑组合的艺术。也就是说,蒙太奇就是将摄影机拍摄下来的各个分镜头,按照生活逻辑、推理顺序、作者的观点倾向及其美学原则联结起来的手段。通过这样镜头组接的画面,往往能产生出这些镜头单独存在时所没有的丰富意蕴。

广义的蒙太奇：指在影视创作中，不再局限于镜头之间的剪辑和组合，而是从宏观上提出作品的构思，根据主题的需要、情节的发展、观众的心理，将影片的内容分解为不同的段落、场面、镜头，分别进行拍摄。然后再根据原定的创作构思，运用艺术技巧，将这些镜头、场面、段落，合乎逻辑、富于节奏地重新组合，使之构成一个连绵不断的有机的艺术整体。并且随着艺术的发展，广义的蒙太奇也不再仅限于影视中的艺术表达。

当卢米埃尔兄弟在 19 世纪末拍出历史上最早的影片时，总是把摄影机摆在一个固定的位置上。到后来，有人尝试把摄影机放在不同位置，从不同距离、角度拍摄。他们发现各种镜头用不同的连接方法能产生惊人的不同效果。这就是蒙太奇技巧的开始，也是电影摆脱舞台剧的叙述与表现手段的束缚，有了自己独立创作手段的开始。

蒙太奇学派

蒙太奇学派出现在 20 世纪 20 年代中期的苏联，以爱森斯坦、库里肖夫、普多夫金为代表，他们力求探索新的电影表现手段来表现新时代的革命电影艺术。他们的探索主要集中在对蒙太奇的实验与研究上，创立了电影蒙太奇的系统理论，并将理论的探索用于艺术实践，创作了《战舰波将金号》《母亲》《土地》等蒙太奇艺术的典范之作，构成了著名的蒙太奇学派。

这个学派在实践和理论方面有着很大的影响。爱森斯坦认为，镜头组接所产生的意义远远大于原有的孤立镜头之和，这便是蒙太奇的关键。因此，蒙太奇的作用不仅仅是叙事抒情，而且获得了一种表达哲理思考的意义。

蒙太奇的类型

以蒙太奇的结构功能为标准，可将蒙太奇分为叙事蒙太奇、表现蒙太奇、理性蒙太奇三类。

1. 叙事蒙太奇

叙事蒙太奇是由美国导演格里菲斯首创，是电影最常用的叙事方法。它以交代情节，展示事件为旨，按照情节发展的时间流程、因果关系来分切组合镜头、场面和段落，从而引导观众理解剧情。这种蒙太奇组接，逻辑连贯，明白易懂。其中包括：

（1）线性蒙太奇

即沿着单一的情节线索，按照事件的逻辑顺序，有节奏地连续叙事。

（2）平行蒙太奇

指两条或两条以上情节线索（不同时空、同时异地或同时同地）的并列表现，分头叙述而又统一在一个完整的情节结构之中，或者几个表面毫无联系的情节或事件互相穿插、交错表现,统一在共同的主题中。

(3)交叉蒙太奇

又称"交替蒙太奇",由平行蒙太奇发展而来。两种手法时常并用,称为"平行交叉蒙太奇"。较之平行蒙太奇,交叉蒙太奇的特征在于,它所表现的是同一时间内的两条或多条线索的齐头并进,它们之间有密切的因果关系,彼此依存,互相促进,而且发展迅速,交替频繁,最终汇合在一起。

(4)重复蒙太奇

又称"复现式蒙太奇"。它是指影片中代表一定寓意的镜头或场面,乃至各种元素在关键时刻一再出现,造成强调、对比、呼应、渲染等艺术效果,深化观众的印象。它包括内容与形式两个方面。这种手法容易产生节奏感,利于影片的结构完整。

2. 表现蒙太奇

它以镜头的对列为基础,通过相连或相叠镜头在形式上或内容上的相互对照冲击,产生一种单个镜头所不具有的丰富含义,以表现某种情感情绪、心理或思想,给观众造成心理上的冲击,激发观众的联想,启迪观众的思考。表现蒙太奇的目的不是叙述情节,而是表达情感、表现寓意、揭示含义。其中包括:

(1)对比蒙太奇

通过对镜头之间在内容上(如贫与富、苦与乐、生与死、高尚与卑下等)或形式上(如景别的大小、色彩的冷暖和浓淡、声音的强弱、动与静)的强烈对比,产生相互强调、相互冲突的作用,以凸现创作者的某种寓意或强化所表现的思想内容。

(2)隐喻蒙太奇

它相当于文学的比喻手法。即通过对镜头或场面的对列进行类比,含蓄而形象地表达创作者的某种寓意或对事件的某种情绪色彩。它的要点在于将类比的不同事物之间具有的某种类似特征凸显出来,以引起观众联想,领悟其中的寓意与情绪色彩。

(3)心理蒙太奇

这是人物心理描写的重要手段。它通过镜头的组接或声画的有机结合,生动展示出人物的精神世界,比如梦境、回忆、闪念、幻觉、遐想等。其特征是声画形象的片断性、叙述的不连续性、节奏的跳跃性,故而在剪接上多用并列、交叉、穿插的手法,声画形象的主观色彩浓郁。这一手法在现代电影中运用较广。

(4)抒情蒙太奇

通过画面的组接,创造意境,使剧情的发展富有诗意,故而又被称作"诗意蒙太奇"。

3. 理性蒙太奇

指通过在画面之间建立关系来传达特定的抽象思想,从而引发观众的理性判断和思考。

长镜头

指影片中的单个镜头的胶片超过 17 米或延续时间超过 30 秒的镜头。即在一个镜头内部通过演员和场面调度以及镜头的运动（推、拉、摇、移等视距和视角的变化），在画面上形成各种不同的景别和构图。它以基本上等同于实际时空的镜头画面来表现所摄对象的全过程。长镜头理论最早系统地出现是在 20 世纪 50 年代。受意大利新现实主义电影运动的影响，同时也由于变焦距镜头和手提式摄影机的出现，多景别、多视角等手法被艺术家们广泛运用，长镜头理论也随之进一步得到发展，于是产生了以安德烈·巴赞为代表的"长镜头理论"体系。

长镜头的美学特征

长镜头的出现，不仅是摄影技巧的发展，而且有着突出的电影美学价值。长镜头作为一种表现手段，尽管早在巴赞之前就已经流行于电影创作之中，但巴赞并不仅仅把长镜头当作一种表现手段或技巧来对待，而更愿意从美学价值的角度来理解长镜头。巴赞长镜头电影理论美学体系的核心和实质，即强调电影的照相性，或者叫做纪实性、记录性。巴赞提出了电影是现实的"渐近线"的主张，意思是电影并不是让现实直接出现在屏幕上，而是"不断向现实接近，永远依附于现实"。

长镜头的运用

长镜头作为一种艺术表现形态，最大的功能就在于逼真地记录现实——自然、生活和情绪。所以，在影片中运用长镜头手法可以保持整体效果，保持剧情空间、时间的完整性和统一性；可以如实、完整地再现现实影像，增加影片的可信性、说服力和感染力；还可以渲染气氛、表现人物的心理活动。

无缝剪辑

在数字技术的参与下，许多画格与画格、镜头与镜头间的接缝被取消，从而产生了一种新的转场方式。数字技术可以把形成影像的不同成分分解开，单独拍摄下来，然后再把这些分别拍摄下来的影像成分经过处理后有机地、按照人的意志随心所欲地复合在一起，形成一个天衣无缝、如同单一镜头拍摄下来的电影影像。

"无缝剪辑"的意义包括了叙事意义和美学意义。叙事意义指对于电影的镜头叙事功能而言，无论多么复杂的故事，现在已经可以由一个数字化成像技术生成的、不露中断痕迹的"超"长镜头完成，镜头与镜头之间的衔接意义在这样的一种技术手段中，将要被消解得无影无踪。而美学意义则是指几乎所有使用数字特技制作出来的镜头，与传统影视镜头比较，其美学向度，均指向人类潜意识的深层欲望：挑战极限、生命永恒等等。

第二节 外国电影发展史

一、外国电影的类型与体裁

类型电影

类型电影是按照不同类型的规定和要求制作出来的影片,作为一种影片制作方式,20世纪三、四十年代在好莱坞曾占据统治地位。

类型电影作为一种影片制作方式具有如下特点:

1. 公式化的情节;2. 定型化的人物;3. 图解式的视觉形象。

电影类型除了受到经济利益的诱导之外,还主要受到两个因素的影响。第一是政治观念等,如内地的反特片等。第二是民族文化,最典型的是美国的西部电影。此外,电影审查也影响着电影类型,如在伊朗,严格的审查制度使得伊朗电影以儿童电影为主,并形成了独特的风格,如《天堂的孩子》等。西方具有代表性的电影类型有:西部片、歌舞片、恐怖片、强盗片、科幻片等。

西部片

西部片,又称牛仔片,多取材于西部文学和民间传说。西部片作为好莱坞电影特殊的类型片,其深层的符号和象征,是关于美国人开发西部的史诗般的神话。美国西部片的神话,并不是再现历史的真实写照,而是创造着一种理想的道德规范,去反映美国人的民族性格和精神倾向。影片多取材于西部文学和民间传说,并将文学语言的想象幅度与电影画面的幻觉幅度结合起来。

第一部著名的西部片是1905年埃德温·鲍特拍摄的《火车大劫案》。20世纪30年代一大批经典的西部片出现,像《关山飞渡》、《红河》、《正午》等。70年代,西部片作为一种类型片几乎消失。而90年代开始,以《与狼共舞》、《不可饶恕》等为代表的电影重获成功,西部片再现活力,不过此时西部片同传统意义上的西部片已经有了一定的距离。

歌舞片

由大量歌舞组成的影片,是美国电影的传统形式之一。歌舞片中依靠歌唱刻画人物、展开情节,一般都由歌唱演员担任主要角色。早期歌舞片多为轻松优美、娱乐性强的舞台艺术片。歌舞片的重点在歌唱、舞蹈和音乐这些方面的表演上,故事情节相对都比较简单。

1927年,第一部有声电影《爵士歌王》问世。由于它是一部根据音乐剧改编的影片,故以歌舞为主。

20世纪五、六十年代,是好莱坞歌舞片鼎盛一时的时代,拍摄了一大批根据百老汇歌舞剧改编的歌舞片,代表性的作品有《雨中曲》、《西区故事》、《窈窕淑女》、《音乐之声》等。

恐怖片

指以恐怖情节和恐怖气氛贯串全片的影片,多以神鬼妖异与现实生活中的人发生纠葛的离奇怪诞情节结构故事,以刺激观众的恐怖感。早期曾在欧美各国盛行,内容多为神怪传说故事,也有以现实生活为依据的。

20世纪20年代,恐怖片最早出现在德国表现主义电影中,《卡里加里博士》就是首部此类体裁电影。30年代后的恐怖片出现了严肃主题和哲理思想,如美国影片《化身博士》和中国影片《夜半歌声》以及40年代后期摄制的《十三号凶宅》等。

恐怖片实际上是最贴近电影艺术特性的样式。因为电影需要制造悬念,只有悬念才能使观众产生强烈的期待。希区柯克深谙此道,《后窗》、《西北偏北》、《惊魂记》……他拍出了一系列经典"惊悚文艺片",有人因此称他为"悬念大师",而且他对蒙太奇等的电影语言的探索,影响也很深远。

恐怖片就其内容可分为两类:第一是连环杀手类,这是恐怖片的经典模式之一,代表性的作品有《万圣节》系列、《惊声尖叫》系列;第二是妖魔鬼怪类,代表性作品有《异形》系列、《驱魔人》等。

强盗片

以重大抢劫案件和强盗生活为题材的影片,起源于美国,被认为是美国电影史上最富于美国社会特征的影片样式之一。多描写强盗作案、追捕、监禁、暴动越狱这一类事件,一般以美国现代都市为背景,着力描写那些被社会抛弃的人们以及他们对"美国梦"的追求。

20世纪30年代,强盗片在美国风靡一时。当时最突出的代表作品:茂文·勒鲁瓦导演的《小凯撒》(1930年)、威廉·威尔曼导演的《人民公敌》(1931年)等。1972年和1974年分别上映的《教父1》和《教父2》为此类影片赢得两座奥斯卡最佳影片金像奖,也创作了此类影片的新模式之一:史诗性、家族性。

美国人曾认为:强盗片的历史,也正是美国社会的犯罪史。因为,这类影片的人物原型大都是来自当时报纸的头条新闻。当然,影片绝非是真人真事的表现。但是,由于强盗片普遍地采用了半记录式的风格来加以表现,因此使人产生了一种幻觉,联想到它的头条新闻的来源。

强盗片与西部片异同:片中同样具有强烈的追逐和持枪格斗的场面,而剧中人物也同样是一个类似西部牛仔那样的具有复仇心理的、强悍而又孤独的男人，一般沿用"硬汉"类型明星来塑造，从而显示出一种力量。所不同的是，在西部片中起着明显作用的是大自然与文化的矛盾，而强盗片则突出了社会秩序的冲突。人物形象的塑造也是如此，强盗片在创造着类似牛仔的神话般人物形象的同时，使人物更富有令人同情的悲剧色彩。托马斯·沙兹称"强盗人物是经典的孤独的狼和唯利是图的美国男性的缩影"。强盗被那个社会所造就，而又被那个社会所消灭。

科幻片

"科学幻想片"，是以科学幻想为内容的故事片。其基本特点是从今天已知的科学原理和科学成就出发，对未来的世界或遥远的过去的情景作幻想式的描述。和其他类型片一样，它是随着电影工业化生产而出现的，其人物形象、叙事结构和价值观都有一定的模式。乔治·梅里爱的《月球之旅》是电影史上最早的一部科幻片。

科幻片一般具有以下特点：

一是背景多样但内部逻辑严格，讲求一个内部真实性统一连贯而不矛盾的虚幻世界。二是人物塑造比较简单，好莱坞科幻片大多希望观众将注意力集中于特效和情节，因此其人物塑造相比于其他类型片来说较为简单。三是推崇生命至上、追求正义、珍惜人生这样传统而永恒的价值，具有激励因素。较具代表性的作品有《侏罗纪公园》、《黑客帝国》、《蝴蝶效应》、《人工智能》等。

二、外国电影名家名作

大卫·格里菲斯和《一个国家的诞生》

美国导演大卫·格里菲斯，被认为是对早期电影发展作出极大贡献的开创性人物。他最著名的作品是《一个国家的诞生》和《党同伐异》，这两部作品同时也是早期美国电影两个无法逾越的高峰。

《一个国家的诞生》回顾了南北战争，对三K党作了讴歌。因为影片十分激烈地宣扬了黑人的低劣，所以引起了社会争议，甚至有七个州禁止该片在州内上映。不过这样的争议也唤起了人们对电影社会功能的认识，不过更重要的是，人们意识到了这部影片高超的艺术造诣和丰富的想象力。

格里菲斯被认为真正掌握了电影这门工具，他能够服服帖帖地安排每个镜头，从而让电影产生最强烈的效果。在拍摄手法上，他把自己喜爱的狄更斯小说的叙事手法拿进电影，创造出后来被称为格里菲斯的"最后一分钟营救"的平行剪辑手法。

弗拉哈迪和《北方的纳努克》

该片是纪录片之父弗拉哈迪的开山之作。1922年，弗拉哈迪远赴北极，和哈里森港的爱斯基摩人南努克一家一起生活。在影片中,他用摄影机完美地再现了用梭标猎杀北极熊、生食海豹等原始生活场景。虽然对本片有过"摆拍"是否还是纪录片的争论,但毫无疑问本片仍是纪录片史上的里程碑之作,它不仅开创了用影像记录社会的人类学纪录片类型,更是世界纪录片的光辉起点。

20世纪20年代,拍摄北极或南极甚至非洲土著的探险电影非常流行。但是,弗拉哈迪第一次把游移的镜头从风俗猎奇转为长期跟踪一个爱斯基摩人的家庭,表现他们的尊严与智慧,关注他们的情感和命运,并且尊重他们的文化传统。弗拉哈迪所开创的这种拍摄模式直到今天仍为纪录片工作者所尊奉。

印象派电影

印象派电影,是法国电影派别之一种。印象派电影受印象派绘画的影响,追求美观、新奇的视觉形象,以风景作为影片的重要组成部分,注重氛围营造,淡化故事情节。

20世纪20年代法国的电影创作者路易·德吕克团结了一批有才气的导演,如阿贝尔·冈斯、杰尔曼·杜拉克等,他想在商业电影的制作上进行改革,以提升在第一次世界大战后日渐衰微的法国电影。但其努力没有得到制片们的支持,1924年路易·德吕克去世后,运动即告失败。由于路易·德吕克的一些理论与创作概念与后来法国前卫电影运动有紧密联系,所以印象派电影大都被认为是前卫电影的前奏或直接归入前卫电影。重要作品有阿贝尔·冈斯的《车轮》(1922)、路易·德吕克的《狂热》(1921)、杰尔曼·杜拉克的《西班牙节日》(1919)等。

爱森斯坦和《战舰波将金号》

20世纪20年代,前苏联蒙太奇学派是当时活跃于影坛的一个重要派别。其中的代表人物便是爱森斯坦。他是蒙太奇理论大师,1922年,他在《左翼艺术战线》杂志上发表了《杂耍蒙太奇》,这是第一篇关于蒙太奇理论的纲领性宣言。在爱森斯坦看来,蒙太奇不仅是电影的一种技术手段,更是一种思维方式和哲学理念。他指出两个并列的蒙太奇镜头,不是"二数之和",而是"二数之积"。

《战舰波将金号》是爱森斯坦1925年拍摄的,是蒙太奇理论的艺术结晶,片中著名的"敖得萨阶梯"被认为是蒙太奇运用的经典范例。

奥逊·威尔斯和《公民凯恩》

美国历史上一位罕见的具有重要文化意义的电影家。《公民凯恩》又名《大国民》,一部内涵丰富、富于哲理的传记体影片,是当时年仅26岁的奥逊·威尔斯自编、自导、自演的成名代表作。

《公民凯恩》是美国电影史上的一部重要实验影片,被誉为"现代电影的纪念碑",

被视作"电影史上十大影片"当之无愧的冠军和头号经典。这部纯粹的"电影的诗"摒弃了当时通行的电影美学原则,改变了好莱坞过去传统的影片拍摄模式,其中某些方面更被后人模仿到泛滥。

新现实主义电影

受19世纪末作家维尔加所编导的"真实主义"文艺运动影响,是批判现实主义在特定条件下的发展。最早出现于"二战"后的意大利,多以真人真事为题材,描绘法西斯统治给意大利普通人民带来的灾难。表现方法上注重平凡景象中的细节,多用实景和非职业演员,以纪实性手法取代传统的戏剧手法。首部影片是《罗马——不设防的城市》(1945),其他还有《偷自行车的人》(1948)、《橄榄树下无和平》(1952)等。

此类电影的特点如下:1. 在内容、题材方面的明显社会性。2. 真实性。新现实主义电影极力主张的"生活即艺术"论,在战后百废待兴的欧洲电影市场,不仅影响了当时欧洲电影界,还冲击着好莱坞,它的影响是世界性的。

"新浪潮"电影

产生于1958年的法国,安德烈·巴赞主编的《电影手册》聚集了一批青年编辑人员,如克洛德·夏布罗尔、特吕弗、戈达尔等50余人。他们深受萨特的存在主义哲学思潮影响,提出"主观的现实主义"口号,反对过去影片中的"僵化状态",强调拍摄具有导演"个人风格"的影片,这些电影又被称作"作者电影"。

"新浪潮"电影以表现个性为主,刻意描绘现代都市人的处境、心理、爱情与性关系。与传统影片不同之处在于,这类影片充满了主观性与抒情性,强调生活气息,采用实景拍摄,创作出一种全新纪实风格,并主张即兴创作。影片大多没有完整的故事情节,表现手法上也比较多变。其著名的剪接手法——戈达尔的"跳接",对电影剪接产生了很大影响。代表作有特吕弗的《淘气鬼》、《四白卜》与夏布罗尔的《漂亮的塞尔其》。

"左岸派"电影

20世纪50年代末出现在法国的一个电影导演集团,60年代中期,法国"新浪潮"电影转入后期,以阿仑·雷乃、瓦尔达、罗伯·格里叶等为代表的"左岸派"(因居住在法国塞纳河的左岸而得名)开始崛起。

他们的影片更着重于探讨现代人的迷惘和心理过程本身,很少直接表现浪漫主义的抒情主题,而是更多地热衷于进行各种心理实验,向体现存在主义和弗洛伊德主义方面前进了一大步,并吸纳了伯格森的直觉主义与布莱希特的戏剧技巧。

"左岸派"电影的代表作有《广岛之恋》(1959)和《去年在马里昂巴德》(1961)。两片的导演都是阿仑·雷乃。由于"左岸派"导演和文学有深切的渊源关系,所以他们的探索和创新,有时偏离电影固有的形式太远,像杜拉斯后来独立拍摄的电影,往往是一些静态的画面,配上文学性极强的画外音,因此被称为"非电影"。不过阿仑·雷乃却能在视觉和语言之间找到完美的平衡。

意识流电影

这类电影受"意识流"小说影响,要求在银幕上着重表现人的非理性的、潜意识的、直觉活动的电影。世界影坛上的意识流电影出现于20世纪的五、六十年代之交。在世界电影史上最早被视为"意识流电影"的是瑞典著名导演英格玛·伯格曼执导的《野草莓》(又名《杨梅树下话当年》)。

英格玛·伯格曼和《野草莓》

一位有世界影响的导演,深受存在主义和弗洛伊德学说的影响,善于通过意识流去体现自己的哲学思想和宗教观念。他的《野草莓》拍摄于1957年,剧情发生在24小时之内的一段时间,说的是一个78岁的医学教授波尔格在其儿媳玛丽安的伴随下,驱车前往一所大学接受荣誉学位的一路经历。在旅程中遭遇的人和事让老波尔格不断地勾起对往事的回忆和幻梦中,并对自己的一生进行反思。影片结束,他开始有些意识到自己性格中的自私和冷漠,希望能与周围的人建立起一种互爱的关系。影片主要以人的潜意识为对象,运用意识流的手法,通过人物的回忆、幻觉、梦境等,表现了一个老人对死亡的恐惧、对孤独根源的探索和对生命再生的渴望。这部影片后来成为西方电影研究家探讨意识流电影的"范例"。

安东尼奥尼和《红色沙漠》

意大利现代主义电影导演,也是被公认在电影美学上最有影响力的导演之一。他的代表作有:疏离(爱情)三部曲——《奇遇》、《夜》、《蚀》和他的第一部彩色影片《红色沙漠》。

《红色沙漠》是安东尼奥尼最美妙、最迷人、最质朴的一部电影。导演将新的电影语言引入他所关心的主题,并用色彩描绘这部电影。在《红色沙漠》中,他在每一个画面中都涂上了颜料,用色彩精确地诠释了他想要表达的情绪和意味。怯懦的黄色,充满生命力的绿色,热情的深红,还有绝望的灰色。同时代从没有人像他这样充满激情地描绘过现代生活的荒凉景观。

费里尼和《八部半》

费里尼是享有国际声誉的意大利电影大师,更以他强烈的个人标记——"费里尼风格",引导了战后意大利的精神进程。

《八部半》是费里尼之前所有电影的集中,也是他之后所有电影的源头。它通过一个隐喻性的"故事",讲述了一个电影导演的创作危机和生活危机。《八部半》在剪辑上的时空跳跃形成了一种独特的风格,即"意识流"风格。这部1963年拍摄的电影如今仍被广泛地模仿着,电影里的各种桥段和镜头至今还让人津津乐道,《八部半》也几乎成为了心理片的代名词。

施隆多夫和《铁皮鼓》

施隆多夫是德意志联邦共和国电影导演,是新德国电影的代表。1979年施隆多夫将联邦德国当代著名作家格拉斯的同名小说《铁皮鼓》搬上银幕,真实地再现了1924~1945年间德国小资产阶级社会中各种人物的精神空虚和道德败坏,以黑色幽默的虚构故事深刻揭示了德国纳粹时期那段最黑暗的历史。《铁皮鼓》的故事情节和人物性格有着明显的隐喻和象征色彩,影片运用怪诞、变形等多种艺术手法,将纪实、荒诞、讽刺等风格杂糅在一起,是一部击中了纳粹要害的政治电影,有着极高的声誉。

法斯宾德和"德国女性"四部曲

法斯宾德是新德国电影最重要的代表性导演,其作品中有着明确的个性特征,以及思辨性、批判性的主题和深入骨髓的绝望感。"绝望"是其作品风格的标记。

1978年,法斯宾德拍摄了他最成功最受欢迎的著名作品《玛利亚·布劳恩的婚姻》。在这部好莱坞情节剧色彩浓重的影片中,法斯宾德以一个女人的短短一生为主线,把个人的婚姻、命运与德国的社会兴衰紧紧联系在一起。既塑造了一个生动的女性形象,又展现了社会和历史,成为德国妇女命运的缩影,取得了极大的成功。

此后,法斯宾德又以此为出发点,拍摄了同样以50年代德国社会现实为背景的女性电影《劳拉》和《薇罗尼卡·福斯的欲望》,完成了他从女性立场和视角出发的女性三部曲。此外,与《劳拉》一样拍摄于1981年的有二战背景的《莉莉·玛莲》,在背景年代上可以算是他女性三部曲的一个序幕。

塔尔科夫斯基

安德里·塔尔科夫斯基是前苏联60年代的青年导演,被誉为"银幕诗人"。他的首部剧情长片《伊万的童年》获威尼斯影展金狮奖,一举成名。

塔氏作品以如诗如梦的意境著称,主题宏大,流连于对生命或宗教的沉思和探索。伯格曼评价他"创造了崭新的电影语言,把生命像倒影、像梦境一般捕捉下来"。

新好莱坞电影

在法国"新浪潮"电影运动的美学观念冲击下,世界各国电影或迟或早地都产生了新的变化。而在这一变化中,最引人注目的是出现于20世纪六、七十年代的新好莱坞电影与新德国电影的变化。虽然,这一变化在今天已经在某种程度上由他们自己所颠覆,或被新的科技手段所取代,但它仍旧是世界电影发展中一个极为重要的时期和一个极为重要的现象。新好莱坞电影以《邦妮和克莱德》等为代表的电影出现开始，意味着对传统的好莱坞类型电影的讽刺和对传统价值理念的反思。

科波拉和《教父》

科波拉，一个美国当代影坛上的个性导演。代表作品《教父》有意识地表现了美国黑手党的活动与美国政界、司法界的关系，而且还从同情的视角去表现了这些黑社会人物的"人性"。这些黑帮人物并不是一般影片中常见的那种杀气腾腾的恶霸歹徒，而是同样重视家庭伦理的"严父"和"富有责任心"的"有志青年"。这种新的构思使美国观众有耳目一新之感，特别是影片宣传的那种奋斗精神与美国社会一贯提倡的"美国精神"十分契合，在观众中引起了极大的反响。另外，科波拉的代表作还有《巴顿将军》、《现代启示录》，后者是越战片中的经典。

斯皮尔伯格

2009 年，斯皮尔伯格荣获第 66 届美国电影电视金球奖终身成就奖。生性喜欢幻想的斯皮尔伯格最喜欢拍鲨鱼、航天员和蛇之类的题材。他陆续执导和制作了《大白鲨》、《第三类接触》、《外星人 ET》、《回到未来》和《夺宝奇兵》等系列影片。这些影片中充满大胆幻想的故事情节给观众以前所未有的离奇感受，引起了极大反响，令斯皮尔伯格在美国成为了家喻户晓的"科幻大师"。

但《辛德勒名单》却让人们发现了斯皮尔伯格的另一个世界，一个充满智慧理性和爱的世界。在该片中，流淌着犹太血液的斯皮尔伯格，用史诗般的镜头把五十年前"二战"中德国纳粹屠杀六百万犹太人的惨剧搬上了银幕。斯皮尔伯格明知冷肃的题材、沉重的主题不被票房看好，但敢于冒险的他却抛弃了最拿手的电影特技，而采用了黑白胶片与手提式摄影机制作影片。最后影片的真实感、历史感与人道主义襟怀不仅为他同样赢得了高票房，还与《侏罗纪公园》一起，真正实现了他追求已久的奥斯卡之梦。

阿巴斯和《樱桃的滋味》

阿巴斯，伊朗导演，被称作伊朗"90 年代时间舞台上出现的最重要的电影导演"，对伊朗电影有着重要影响。1970 年，阿巴斯完成了他的首部抒情短片《面包与小巷》，从中可见他日后集大成作品的艺术风格：纪录片式的框架、即兴式的表演、真实生活的节奏和现实主义的主题，这一切都被他用舒缓自然的风格融合在了一起。

阿巴斯的电影是"充满问题的电影"，有着开放式的人物命运故事和长镜头拍摄的全景画面，呈现出独特的现实主义色彩。《哪里是朋友的家？》、《生活在继续》、《橄榄树下的情人》，合称为阿巴斯的"村庄三部曲"。1996 年，他拍摄了探寻自杀主题的《樱桃的滋味》，表达了导演在"限制和自由的矛盾中"形成的对生死的看法。影片因其独特的叙事手法和哲学思考，在世界影坛引起轰动，获次年戛纳影展的金棕榈奖。

小津安二郎

日本著名导演,是日本无声电影时代最具审美意识的艺术家。他的电影形式完美、内涵丰富,阐释着东方传统文化影响下的美学观。代表作有《东京物语》、《浮草物语》、《秋刀鱼的滋味》等。

小津安二郎的作品,常常是以现代的日本家庭为题材,表现父母子女间的感情、夫妻间的纠葛与和解、孩子们的嬉戏及大人的苦恼等等。因此,熟悉日本风俗和人情的人自然会对这些影片感到趣味无穷,但在那些对日本习俗全然生疏的异国人看来,开始也许会觉得新奇,但会因终究不能领会其细腻微妙的含义而最终感到索然无味。

黑泽明和《罗生门》

黑泽明是日本乃至世界电影史上的大师,他的《罗生门》(1950)荣获了1951年的威尼斯电影大奖,为他奠定了世界影坛的地位,从此也打开了世界认识日本电影和亚洲电影的大门,标志着日本电影黄金时代的到来。1990年,黑泽明荣获奥斯卡终身成就奖。

《罗生门》根据日本作家芥川龙之介的小说《罗生门》改编,电影独特之处在于采用多重并列的叙事结构。不同的人讲述同一件事,但是每一个版本都不同,甚至最后的旁观者的叙述也是矛盾的。

第三节 中国电影发展史

一、中国电影概述

早期中国电影(1931年以前)

1905年,北京丰泰照相馆创办人任景丰拍摄了由谭鑫培主演的《定军山》片断,这是中国人自己摄制的第一部影片。

1913年,美国人经营的亚细亚影戏公司拍摄了由郑正秋编剧、张石川导演的中国第一部有故事情节的短片《难夫难妻》。

1917年上海商务印书馆拍摄时事短片。次年成立活动影戏部,此后拍摄了两部中国最早的长故事片《阎瑞生》和《红粉骷髅》。

1922年,张石川与郑正秋、周剑云等组织明星影片公司。

邵醉翁兄弟于1925年创办天一影片公司。

1928年,民新、大中华百合等影片公司组合成联华影业公司。

1931年3月,由明星公司拍摄的中国第一部有声片《歌女红牡丹》于上海公映。1935年,中国完成了从无声电影到有声电影的过渡。

左翼电影运动(1931~1937)

1932年5月,明星影片公司聘请黄子布(夏衍)、郑君平(郑伯奇)、钱谦吾(阿英)担任编剧顾问,与郑正秋、洪深等一起组成编剧委员会。

1933年3月中国共产党的电影小组成立,由夏衍任组长,成员有钱杏邨、司徒慧敏、王尘无和石凌鹤。电影小组的成立推动了明星、艺华、联华等影片公司的电影创作,也影响了天一和其他小公司的电影创作。当年生产了《狂流》、《都会的早晨》、《春蚕》、《姊妹花》、《民族生存》、《三个摩登女性》、《小玩意》等一批优秀影片,左翼电影运动取得辉煌成就。

左翼电影工作者还成立了制片阵地——电通影片公司。

1936~1937年7月,上海各电影公司拍摄出一批不同题材样式和内容的国防电影,有《生死同心》、《十字街头》、《马路天使》、《迷途的羔羊》、《狼山喋血记》、《壮志凌云》、《青年进行曲》等影片。

抗日战争时期的中国电影(1937~1945)

在国民党统治区,1938年,周恩来代表中国共产党参加军事委员会政治部的领导工作,直接推动了抗战电影的发展。

中国电影制片厂在政治部三厅领导下,由阳翰笙担任编导委员会主任委员,迅速投入抗战电影的摄制及其他工作。先后拍摄了《保卫我们的土地》、《八百壮士》、《青年中国》、《塞上风云》、《还我故乡》等表现军民英勇抗战的影片。

国民党直接领导的中央电影摄影场和1935年成立于太原的西北影业公司也拍摄了宣传抗日的故事片和新闻纪录片。

从1937年11月中国军队撤离上海到1941年太平洋战争爆发、日本帝国主义军队进入上海租界为止,上海被称为"孤岛"时期。这一时期,新华电影公司摄制的影片《木兰从军》上映后的卖座,形成了古装片拍摄浪潮。1941年,时装片取代古装片。

期间由万籁鸣、万古蟾兄弟绘制完成的动画片《铁扇公主》是中国第一部较长的动画片。

在日本占领区,太平洋战争爆发后,由日伪控制的中联和华影两电影公司在4年中拍摄近130部故事片,有宣扬所谓"中日亲善"、"共存共荣"的《春江遗恨》等影片,也有为迷惑中国观众拍摄的不少以恋爱为中心的影片。

解放战争时期的中国电影(1945~1949)

抗日战争胜利后,国民党宣传部和国防部分别接管了上海、北平、长春、南京等地的电影产业。

在中国共产党地下组织的领导下,一部分革命和爱国的电影工作者进入由中央电影摄影场改组的中央电影企业股份有限公司,简称中电,利用国民党的电影基地,拍摄进步影片;另一部分参加进步电影的基本阵地昆仑影业公司。这样,在1946~1949年间拍摄了《一江春水向东流》、《万家灯火》、《乌鸦与麻雀》、《松花江上》、《夜店》、《还乡日记》、《遥远的爱》、《幸福狂想曲》、《小城之春》等优秀影片。

在解放区,1946年成立延安电影制片厂。

1946年10月在晋察冀军区成立华北电影队。

1946年10月成立东北电影制片厂(简称东影),1949年4月,东影迁回长春,1955年改为长春电影制片厂。

北平、上海解放后,在北平、上海军事管制委员会领导下,接管了在北平、上海的国民党制片机构,分别成立北平电影制片厂(后改为北京电影制片厂)和上海电影制片厂。

1949年4月,成立中央电影事业管理局,担负领导全国电影工作的任务。

新中国电影事业(1949年以后)

中华人民共和国建立后,中国电影事业的发展进入一个新时期。

50年代初期,上海原各私营电影制片厂联合组建为公私合营的上海联合电影制片厂,于1953年并入上海电影制片厂。

为了培养人才,上海、北京先后成立电影学校。与此同时,成立了中国电影发行放映公司,筹建了保定电影胶片厂,南京、哈尔滨、上海都建立了电影机械厂,以及八一电影机械厂和北京电影洗印厂等电影工业企业。

新中国电影从1949年制作第一部以工人阶级为主人翁的影片《桥》开始,在很短的时间,拍摄了《白毛女》、《钢铁战士》、《上饶集中营》、《新儿女英雄传》、《我这一辈子》、《腐蚀》等优秀故事片,以及新闻纪录片《百万雄师过大江》、《红旗漫卷西风》等。但由于在电影创作指导思想方面过分强调电影的政治宣传作用,造成电影题材单一的倾向。

1956年,毛泽东同志提出了发展社会主义文学艺术和科学的"百花齐放、百家争鸣"的方针。

1957年文化部举办了中华人民共和国成立以后第一次优秀影片评奖,奖励了1949~1955年摄制的《南征北战》、《渡江侦察记》、《鸡毛信》、《董存瑞》、《祝福》、《李时珍》、《神笔》(美术片)等69部优秀影片。

1957年,随着反右派斗争的扩大化,对一些影片和艺术家也错误地进行了批判。

1961年,文化部和中共中央宣传部重申坚决贯彻双百方针,纠正了违背艺术规律,对文艺创作进行简单粗暴批评干预的"左"的思潮,制定了改善文艺工作和电影工作的一些管理条例。使 60 年代初期的电影走入正轨,生产了《甲午风云》、《革命家庭》、《红旗谱》、《舞台姐妹》、《小兵张嘎》、《英雄儿女》、《白求恩大夫》、《早春二月》、《杨门女将》等优秀影片,以及优秀美术片《大闹天宫》、《小蝌蚪找妈妈》等。

但到了 1966 年文化大革命的开始,电影界百花凋零,万马齐喑。

1977 年电影生产开始复苏,1980~1984 年平均年产量达 120 部左右,每年观众人次平均在 250 亿左右,中国电影进入了一个蓬勃发展的新时期。

这一时期拍摄了一系列优秀电影,像《天云山传奇》、《喜盈门》、《人到中年》、《高山下的花环》、《伤逝》、《骆驼祥子》、《西安事变》、《黄土地》、《青春祭》、《良家妇女》、《黑炮事件》、《老井》、《红高粱》、《秋菊打官司》、《香魂女》、《霸王别姬》等。

在电影创作繁荣的同时,电影理论研究也空前活跃。

电影厂在原有的基础上陆续增建八一电影制片厂、儿童电影制片厂、珠江电影制片厂、西安电影制片厂、峨嵋电影制片厂、潇湘电影制片厂、内蒙古电影制片厂、天山电影制片厂等 13 个主要生产故事片的电影制片厂。

1958 年在北京建立了中国电影资料馆,1989 年在该馆基础上建立了中国电影艺术研究中心,并创办《当代电影》和《电影信息报》。电影工业和科研方面都有相当大的发展。国产电影器材已基本上可以解决放映和制片需要,还研制成功立体电影、环幕电影等。全国放映单位已达 14 万之多,比 1949 年增长了 350 倍。

1960 年成立中国电影工作者协会,1979 年改组为中国电影家协会,颁发电影金鸡奖。影协下设中国电影出版社,还编辑出版《大众电影》,举办电影百花奖评选活动。

自 1980 年起每年由文化部(1986 年起改由广播电影电视部)对上年度的优秀影片颁发政府奖。

二、中国电影名家名作

中国著名电影导演

第一代导演:他们是中国民族电影的拓荒者,他们的成就主要体现在无声默片时期,代表人物有张石川、郑正秋、杨小仲、邵醉翁等。

第二代导演:他们是第一代导演的学生辈,他们主要活动在 20 世纪三、四十年代的有声电影时代。他们善于表现较为深刻的社会问题,表达自己对社会的思考,创造了三、四十年代中国电影的新成就。代表人物有程步高、沈西苓、蔡楚生、史东山、费穆、孙瑜等。

第三代导演:他们与第二代导演是师生关系,他们主要成就应该在 20 世纪五、六十年代,代表了新中国电影的发展方向。代表人物有成荫、谢铁骊、水华、崔嵬、凌子风、谢晋、王炎等。

第四代导演：他们大多数毕业于文革之前的北京电影学院，但他们的电影生涯却是从文革之后开始的。由于他们都是科班出身，他们的电影有极强的政治性和散文诗化的特点。代表人物有谢飞、郑洞天、黄蜀芹、吴贻弓、吴天明、张暖忻、黄健中、滕文骥等。

第五代导演：他们是1982年北京电影学院毕业的本科生。他们的电影事业没有受到文革的影响，但是文革对他们的电影同样产生了很深的影响。他们运用新的电影语言来表达自己与社会的关系，以及对国家、民族的命运进行的探索。代表人物有陈凯歌、张艺谋、吴子牛、田壮壮、黄建新等。

第六代导演：一般指生于20世纪60年代后期至70年代中后期，在80年代末至90年代进入北京电影学院、中央戏剧学院等高等院校，接受过正规影视教育的青年导演，其中还有一部分热爱电影的自由职业者。代表导演包括张元、王小帅、娄烨、路学长、管虎、贾樟柯、李欣、宁浩、陆川等。

其他的著名导演还有：姜文，代表作《阳光灿烂的日子》；顾长卫，代表作《孔雀》、《立春》等。

张石川

中国第一代电影的开拓者之一，也是中国第一代导演的佼佼者。1913年，他拍摄了我国第一部电影《难夫难妻》；1916年，他拍摄了第一部揭露鸦片害处的影片《黑籍冤魂》；1923年，他拍摄了我国第一部较成功的长故事片《孤儿救祖记》；1928年开始，他又拍摄了风靡全国的作品《火烧红莲寺》；1930年，他拍摄了我国第一部有声片《歌女红牡丹》。与之有关的诸多第一，显示了张石川在中国电影史上举足轻重的开拓者地位。

郑正秋

郑正秋是中国电影事业的开拓者之一，最主要的成就在于开创了中国电影从现实社会生活和从戏剧舞台艺术方面吸取丰富创作养料的优良传统。1913年与张石川合作，把由他编写的《难夫难妻》搬上银幕。这是第一部中国故事片。1922年，与张石川共组明星影片公司。1923年底，由他编剧、张石川导演的《孤儿救祖记》上映，获得巨大成功。此后他又编导了50多部影片。30年代，受左翼影响，他的创作思想有了一定的变化。1934年，他编导的《姊妹花》轰动一时，社会影响很大。另外他还写了电影剧本《战地小同胞》、《碎琴楼》等。

夏衍和《林家铺子》

夏衍是中国著名文学家、戏剧作家、文艺评论家、文学艺术家、翻译家、社会活动家。原名沈瑞先,作为左翼电影运动的开拓者,他于 30 年代,先后在无声和有声电影的创作中作出了自己的贡献,对 20 世纪 30 年代进步文艺产生巨大影响。其中无声片,以《狂流》和《春蚕》为代表。夏衍擅长改编文学作品,新中国建立以后,他改编的作品《祝福》和《林家铺子》两部电影成为新中国电影中的典范。

袁牧之和《马路天使》

中国杰出的电影导演、演员、编剧。1934 年,他编写了剧本《桃李劫》,摄制时他担任主演,获得成功,该片是"五四"以后优秀影片之一。1935 年,他自编自导自演了中国第一部音乐喜剧片《都市风光》。

1937 年,他编剧、导演的《马路天使》上映,在艺术手法和思想内容上都取得了很高的成就,是中国 30 年代有声片的经典。这部被法国著名电影史学家乔治·萨杜尔称誉为"风格极为独特,而且是典型中国式"的影片,还留下了至今仍脍炙人口的歌曲《四季歌》和《天涯歌女》。

这部 20 世纪 30 年代中国电影的压轴之作,不仅是描绘市井生活的艺术杰作,还是我国早期社会问题片的集大成者。1983 年,《马路天使》获得了葡萄牙第 12 届菲格拉达福兹国际电影节评委奖。

蔡楚生和《渔光曲》

蔡楚生,中国著名的电影编剧、导演,我国第二代导演的代表人物。

1934 年,他所编导的影片《渔光曲》以其深刻的思想内容和强烈的艺术感染力轰动影坛,在上海连映 84 天,创造了当时中国影片卖座的最高纪录。影片的主题歌,也成为家喻户晓的流行歌曲之一。

《渔光曲》在故事性和抒情性的结合上,画面造型的美感追求以及对待意境的营造上,都有成功的探索和创新。开头和结尾尤为动人,前后对应地配以清新真挚的主题歌,达到声情并茂的艺术效果。该片在 1935 年 2 月莫斯科国际电影节上获得"荣誉奖",成为中国第一部在国际上获奖的影片。

费穆和《小城之春》

费穆是我国著名导演,被尊为"中国现代电影的前驱"。作为知识分子导演,费穆重视独立思考的能力,维护艺术理想,不随波逐流。

《小城之春》是费穆的巅峰之作。据影片编剧李天济讲,费穆是按苏东坡《蝶恋花》这首词的意境和韵致构思全片视听形象的。词境中的哀怨感伤,黯淡怅惘,化作了《小城之春》的淡墨山水小品。费穆拍片力求完美,速度一向较慢,而如此细致精美的《小城之春》只拍了三个月。

费穆说:"必须使观众与剧中人的环境同化,如达到这种目的,我以为创造剧中的空气是必要的"。影片中孤寞萧瑟的小城,残破颓败的家园,杂草漫生的蜿蜒小道,让人触景生情。而三角恋情中一对男女"发乎情止乎礼"的含蓄蕴藉,看来凄凉,却闪烁着颓靡之美。

石挥和《我这一辈子》

中国现代话剧和电影史上的导演奇才。《我这一辈子》改编自老舍的同名小说,在创作上极大程度地忠实甚至可以说发展了原作。石挥的一生和老舍有着许多的相似之处,共同的生活经历,相似的艺术气质,使得石挥改编起老舍的作品来有一种别人无法企及的自信和从容。影片以一个老实善良甚至有些窝囊的老巡警的视角去听、去看、去想40多年经历的一切,不仅真实可信,而且所显现的事实,也是当时社会生活的一个缩影。全片展示的是一个人的悲惨命运,映射的却是时代的历史沧桑。这部作品不仅成为1950年全国最卖座的电影,也获得了文化部1949~1955年优秀电影二等奖。

谢铁骊和《早春二月》

谢铁骊是中国第三代电影导演的代表人物,他是少有的导演与编剧俱佳的艺术家,代表作是《早春二月》。该片根据柔石的中篇小说《二月》改编,以现实主义的手法,成功地塑造了具有人道主义精神的小资产阶级知识分子的形象,描写了1926年前后中国小资产阶级知识分子的苦闷彷徨。

本片突破了戏剧式的叙事模式,对多场景组合式的电影形式进行了探索。含蓄的韵味、精炼的镜头、丰富的细节描写、借鉴传统绘画技法的摄影处理,以及强大的演员阵容、精细的美工创造,使本片成为一部具有经典意义的艺术精品。

水华和《林家铺子》

水华是新中国电影的开拓者之一,他导演的电影,洋溢着强烈的革命激情和浓郁的民族特色。

1959年,影片《林家铺子》是导演水华风格成熟的代表作品。电影是夏衍根据茅盾的同名小说改编,是"十七年"诸多以名著改编的方式成为银幕经典的创作范例之一。编导以极其凝炼隽永的笔触,描绘了一幅30年代遭受战乱冲击的我国江南某镇的生活图景,简洁地勾勒出了饱经帝国主义、封建主义、官僚资本主义压榨的中国社会的缩影——林家铺子的命运变化图。影片以复杂的眼光审视林老板,隐含着一种同情的态度,远离了当时的电影文化主流,从而成为了新中国电影中最杰出的艺术经典。

郑君里

著名电影演员、导演,中国第三代导演的代表人物。1947年,与蔡楚生合作编导《一江春水向东流》,虽然这是在老艺术家指导下的电影导演起步之作,却已显露出他作为一名电影导演的非凡禀赋。次年,他参加了电影剧本《乌鸦与麻雀》的集体创作,并单独执导了该片,以强烈的使命感和鲜明的时代感,真实地记下了蒋家王朝的"最后罪恶史",是我国讽刺喜剧代表作。

50年代后,他的电影导演艺术步入鼎盛时期。他导演的《林则徐》和《聂耳》在1959年同时成为国庆十周年献礼片,在电影界被誉为"红烧头尾"。1961年导演的《枯木逢春》以精雕细刻的手法和富于诗情画意的镜头画面,动人地描述了血吸虫病人苦妹子从绝症中获得新生,及一家人在新旧社会悲欢离合的遭遇。

谢晋

我国第三代电影人中的代表者,中国影坛泰斗级人物。谢晋的影片充满着人性、人情、人道主义精神,具有深刻的内涵和鲜明的个性。他擅长用精致的镜头语言,进行真切的抒情讲述,对于敏感题材的处理能把握适当的分寸。谢晋1947年至1948年开始电影导演生涯,成名作是《女篮五号》。由谢晋导演的许多影片曾频频在国际、国内获奖,他是目前中国获奖最多的电影导演。他的重要作品有《女篮五号》、《红色娘子军》、《舞台姐妹》、《啊!摇篮》、《天云山传奇》、《牧马人》、《高山上的花环》、《芙蓉镇》、《鸦片战争》等。

1987年谢晋力排众议,完成了具有里程碑意义的作品《芙蓉镇》。影片用一个小镇上几个普通人物在"文革"前后十几年里的命运变化,向人们展示了小人物在社会变革大潮中的踉跄足迹,以此来探讨极左思想的渊源,来反思民族的历史,富于人道主义精神。影片获第26届卡罗维·发利国际电影节水晶球奖。

张暖忻

张暖忻是我国第四代女导演,主要作品有《沙鸥》、《青春祭》、《北京,你早》、《云南故事》等。张暖忻是纪实美学最早的实践者。《沙鸥》以用新颖的电影语言表现人物心理活动的叙述形式而著称;而《青春祭》则营造了含蓄、饱满而又温煦的意境,重视挖掘人物内心活动,并融入导演的主观感受;《北京,你早》以生活流和纪实风格显示出来的潜在激情,在中国艺术电影创作中是独树一帜的。

黄蜀芹和《青春万岁》

我国著名的女导演,曾在《啊!摇篮》、《天云山传奇》等影片中任执行副导演。主要作品有《连心坝》、《当代人》、《青春万岁》、《童年的朋友》、《人鬼情》、《画魂》等。

《青春万岁》是根据王蒙的同名小说改变的,导演在原著的基础上,抓住50年代初期中学生特有的青春美,写出了一群不同思想性格、充满青春活力的女学生的神态风采,谱出了一曲社会主义的青春之歌。影片获1984年苏联塔什干国际电影节纪念奖。

吴贻弓和《城南旧事》

作为第四代导演的领军人物,吴贻弓在20世纪80年代初,用自己的创作在电影中注入了中国古典诗词的意境。他的主要作品有《巴山夜雨》、《城南旧事》、《月随人归》、《阙里人家》等。

其代表作品《城南旧事》,透过一个小女孩的纯真眼光展示了20世纪20年代老北京的社会风貌,带领人们重温了当年那段笼罩着愁云惨雾的生活。影片在结构上尤具独创性,编导排除了由开端、发展、高潮、结局所组成的情节线索,以"淡淡的哀愁,浓浓的相思"为基调,采用串珠式的结构方式,串连起英子与疯女秀贞、英子与小偷、英子与乳母宋妈三段并无因果关系的故事。这样的结构使影片具有多棱镜的功能,从不同的角度映照出当时社会的具体历史风貌,形成了一种以心理情绪为内容主体,以画面与声音造型为表现形式的散文体影片。

陈凯歌

陈凯歌是我国第五代导演的佼佼者。1984年,他执导的《黄土地》,以其突破性的电影语言,对中国电影产生了极大的影响,并为中国第五代导演走向世界奠定了基础。他的主要作品有《大阅兵》、《孩子王》、《边走边唱》、《霸王别姬》、《风月》、《荆轲刺秦王》、《和你在一起》、《梅兰芳》等。

陈凯歌的电影成就,主要在于其高度的人文精神,对人的本体与人的生存状态的关注。他善于剖析历史和传统的重负对人精神的制约与影响,展现人的复杂性,同时,针砭不合理的非人道的人性弱点。以其深厚的文化底蕴和扎实的艺术功力,形成了自己独特的沉重而犀利、平和而激越的电影风格。

张艺谋

张艺谋是第五代导演的杰出代表,在国内外的影坛上皆享有盛誉。他担任摄影师的影片《黄土地》获得过国内外大奖。

1987年,他首次执导的影片《红高粱》,以浓烈的色彩、豪放的风格,颂扬了中华民族激扬昂奋的民族精神,电影融叙事与抒情、写实与写意于一炉,充分发挥了电影语言的独特魅力。于1988年获第8届中国电影金鸡奖最佳故事片奖,第11届电影百花奖最佳故事片奖,第38届西柏林国际电影节最佳故事片金熊奖。

张艺谋的其他作品还有《秋菊打官司》、《摇啊摇,摇到外婆桥》、《活着》、《大红灯笼高高挂》、《一个都不能少》、《我的父亲母亲》、《幸福时光》等。21世纪,张艺谋开始武侠题材影片的探索,先后拍摄了《英雄》、《十面埋伏》、《满城尽带黄金甲》等。另外,他还导演了影片《千里走单骑》,该片感情深沉而丰富,感人至深。

田壮壮

中国电影第五代导演的代表人物之一。田壮壮的影片与其他人有着鲜明的不同之处，他摒弃了第五代不注重刻画人物的习惯，而将"人物"推到了影片创作至关重要的位置上。他的处女作《我们的角落》率先在文艺界引起轰动。田壮壮是个性格内敛的人，虽在众人面前表现粗犷，但心底却并不缺少儿女情长的柔情。《盗马贼》、《猎场札撒》就体现着田壮壮的这种风格。其中《盗马贼》以独特的魅力和全新的电影形象赢得了"瑞士第三世界电影节大奖"。之后他又回到校园当起了老师，这段时期又开启了他人生的又一段创作高峰期，期间他创作了包括向大师致敬的"临摹"之作《小城之春》、以他深深热爱的云南土地和云南人为主题的《德拉姆》、梦想并计划筹备了多年的《吴清源》和《狼灾记》等。

黄建新

我国第五代著名导演，他擅长将艺术阐释和现实关注相结合。对都市电影的探索，有着独到的见解。90年代以后，他的都市电影作品有《站直了，别趴下》、《背靠背，脸对脸》、《红灯停，绿灯行》、《埋伏》、《说出你的秘密》、《求求你，表扬我》等。

霍建起和《那人、那山、那狗》

著名导演霍建起的电影作品始终带有较浓厚的唯美色彩。他的主要作品包括《赢家》、《歌手》、《那人、那山、那狗》、《九九艳阳天》、《以刑警的名义》、《生活秀》、《暖》、《情人结》等影片。

1998年他执导的影片《那山、那人、那狗》，是国内为数不多的反映邮政题材的电影故事片之一。影片充满着山乡风味，人物、故事虽然简单，但很耐看。电影中所表现出的父子间的脉脉温情、人与自然的和谐相处，以及湘西迷人风光皆是影片的看点。该片获奖颇多，像金鸡奖最佳影片奖、第23届蒙特利尔国际电影节"公众最喜爱的影片"大奖和第31届印度国际电影节评委大奖等。

贾樟柯

贾樟柯是我国第六代导演的代表人物，他的成名作是《小武》。在这部影片中，他的独特视角与感情方式第一次有了完整与深入的表达。《小武》在国际上广受好评，获第48届柏林国际电影节青年论坛首奖——沃尔夫冈·斯道奖等8个奖。其后，贾樟柯又拍摄了《站台》、《任逍遥》、《世界》、《三峡好人》等几部长片。

从《小武》发端，到好评如潮的《三峡好人》，贾樟柯的影像世界正在逐步成为理解中国的一种特殊方式。与曾经流行的批判现实主义相比，贾樟柯的叙事更为沉静和不张扬，他从不做单纯的道德判断。与现代虚无主义相比，贾樟柯不故弄玄虚，他倾力专注于历史变迁中的细枝末节，在冷酷的现实中保持着一种温暖的基调。

陆川

我国第六代年轻导演,主要作品有《可可西里》、《寻枪》、《南京!南京!》等。

其中,《可可西里》根据真人真事改编而来,以巡山队追击盗猎者为故事的基本线索,描述了人在绝境中的生存挣扎和人与自然的相互抗争。整部影片更像一则新闻报道,从一个随队采访的记者的角度,描述了荒凉的无人区、盗猎者屠杀藏羚羊的场景……影片与我们所看到的一般影片有些不同,因为在这里没有蓄意的煽情,没有刻意的友情和爱情,但是影片带给观众的震撼却是真实而持久的。

《南京!南京!》则是 2009 年陆川的最新作品。陆川认为,这部影片是"从中国人自己的角度来梳理清楚这段史实,以严肃的态度和人性的角度来为这段公案进行论证"。在近期拍摄和上映的所有以南京大屠杀为主题的电影中,投资 8000 万元的《南京!南京!》是唯一一部完全本土化的电影。

姜文和《阳光灿烂的日子》

著名导演、演员,主要作品有《阳光灿烂的日子》、《鬼子来了》、《太阳照常升起》等。其中,《阳光灿烂的日子》根据王朔的小说《动物凶猛》改编,是著名演员姜文的导演处女作。作品对文革时期青少年的生活状态和青春期的困惑有着极为真实的描绘,使用了当时在中国较为新鲜的一些超现实手法,反映了那个年代青少年的暴力和朦胧的爱情。电影对原著中的某些残酷情节进行了修改,并增强了人物之间情感的描写,试图更为逼真地描画出青春和暴力的幼稚与无知,而这种幼稚和无知恰好就是那个时代的特征。更具有深意的是,影片通过正在成长中的青少年的幼稚和无知,反映出当时整个国家和社会都处于一种无知和暴力下的状态。用对青少年故事的描画,展示了一个时代和一个国家的混乱与成长,它的出现标志着中国电影跨入了一个新的时代。

李安

蜚声国际影坛的著名华人导演。1975 年他自国立台湾大学艺术学院毕业后前往美国留学。1992 年,他执导的第一部反映中西方文化差异的电影作品《推手》获得极大成功。之后又成功推出了《喜宴》、《饮食男女》等影片。1995 年他执导了他的第一部英语片《理智与情感》,自此他又跨进了好莱坞主流电影制作的大门。

2000 年,他的作品《卧虎藏龙》成为第 37 届台湾金马奖影展的大赢家,共捧走包括最佳剧情片、最佳音效、最佳原创电影音乐、最佳视觉特效、最佳动作指导及最佳剪辑 6 个奖项。2001 年,李安还凭借此片获得第 73 届奥斯卡最佳外语片奖。2006 年凭电影《断臂山》获第 78 届奥斯卡金像奖最佳导演奖。

王家卫

香港著名导演。从1991年的《阿飞正传》到1995年的《堕落天使》,不断涌现的出色作品完成了王家卫对自我艺术风格的建立和巩固。1997年,王家卫终于凭《春光乍泄》一片获得了戛纳电影节的最佳导演奖,得到了国际影坛的肯定。

王家卫电影很爱在极其风格化的视觉影像里表达一种都市人群独有的精神气质和情感世界,像《阿飞正传》、《花样年华》、《2046》等。

关锦鹏

著名香港导演,擅长挖掘女性的细腻心理。代表作《胭脂扣》。在导演手法上采用了时空交错、回忆与联想、幻觉与现实杂糅的独特叙事结构,用80年代的视点去观察30年代的生死恋,成为香港新电影的代表作。此外还有《红玫瑰、白玫瑰》、《人在纽约》、《阮玲玉》、《蓝宇》等电影代表作品。

侯孝贤

台湾新电影最重要的代表人物。其创作为台湾历史与民众命运写下了生动篇章,那些即兴式的街头、乡间实景拍摄,混合职业及非职业演员的真实自然表演,由画外音、长镜头、空间景深营造的情绪张力及诗意氛围,都是他电影的清晰标志。他与杨德昌是华语影坛的两位泰斗级导演。代表作品《悲情城市》、《最好的时光》。

杨德昌

台湾电影导演,其电影作品深刻、理性,有强烈的社会意识,被称作"九十年代最具影响力的台湾大师之一"、"台湾社会的手术灯",在世界影坛享有盛誉。2007年,他的去世被认为是"台湾独立电影时代的终结"。1991年他所编导的电影《牯岭街少年杀人事件》是集十年大成的经典之作。与侯孝贤的乡土电影不同,杨德昌的电影主要描写台北城市生活。

第四节 中外电影奖项

一、中国电影节及电影相关奖项

长春电影节

中国长春电影节创办于1992年,是经中华人民共和国广播电影电视部批准举办的具有国际性的国家级电影节。每两年举办一次,由中华人民共和国广播电影电视部、吉林省人民政府、长春市人民政府主办。

珠海电影节

中国珠海电影节创办于1994年,原名"中国珠海海峡两岸暨香港电影节",由珠海市人民政府主办,从1996年的第二届起改为现名。电影节本着加强内地和台湾、香港、澳门地区电影界的交流与合作为目的,逐步接纳评选海内外由华人担任主创人员的影片,朝着"国际华语电影节"的方向发展。

北京大学生电影节

"北京大学生电影节"是北京师范大学艺术系、广电总局电影频道节目制作中心、中国电影资料馆等多家单位联合主办的一项大型文化活动。

创建于1993年,是当今中国每年始于春季的第一个电影节。其权威性得到电影界人士的普遍认同,被誉为中国电影界具有国际水准的大奖。电影节以"青春激情、学术品位、文化意识"为宗旨,以"大学生办、大学生看、大学生评"为特色,在教育、文化和影视三界有着广泛深远的影响。霍建起、张扬等新生代导演曾在这里首次获奖,最佳处女作奖和艺术创新特别奖的设立传达出大学生们对影坛新鲜力量的期待和鼓励。

台北电影节

由台北市政府主办、台北市文化局承办,台湾电影文化协会、台湾艺术大学协办。始于1998年,每年一届,是台湾地区重要的电影盛会。从第四届开始把主题定位于"城市、市民、学生"。

中国电影金鸡奖

该奖始创于1981年中国农历鸡年。它是由中国电影家协会主办的,由电影艺术家、电影评论家参与评选的专业性电影奖。奖杯以金鸡啼晓象征百家争鸣,同时亦包含着激励电影工作者闻鸡起舞、奋发前进的意义。该奖每年评选一次。

大众电影百花奖

该奖始创于1962年,1964年停办,1980年恢复举办。它是由中国电影家协会所属《大众电影》杂志社主办的,经由广大观众投票产生的群众性电影奖。它以百花盛开象征影坛繁荣,鼓舞电影工作者为广大群众创作出更好的影片。该奖每年评选一次。

中国电影华表奖

中国电影华表奖是中国电影的最高荣誉奖,其奖杯采用的是北京天安门城楼前的华表造型,每年由广播电影电视部对前一年度完成的各片种影片进行评选。华表奖的前身是文化部优秀影片奖。2005年后正式改为两年一届,与中国长春电影节隔年举办,1994年开始启用现名。

中国电影童牛奖

中国电影童牛奖系全国电影四大奖之一,1985创办,是专为奖励优秀少年儿童影片、表彰取得优秀成绩的少年儿童电影工作者而设立的。

香港电影金像奖

于1982年由《电影双周刊》创办,目的是通过评选与颁奖形式,对表现优异的电影工作者加以表扬,同时亦检讨过去一年电影的成绩,亦希望借此促进香港电影的繁荣,提高观众的欣赏水平。

香港电影金紫荆奖

香港电影金紫荆奖由香港影评人协会主办,始于1996年,每年举办一次,本协会共有会员40多人,其中包括电影教育、电影研究、电影工作者等方面的专业人士及学者。目的是推动香港电影文化的发展,总结一年香港影坛的成绩。

台湾电影金马奖

"金马奖"是台湾为促进华语片制作事业,对优秀华语片以及优秀电影工作者所提供的一项竞赛奖励。该奖创办于1962年,由台湾电影事业发展基金会赞助,每年举办一届,主要评选对象为台湾电影,后来扩展到了香港电影,90年代后将大陆电影也纳入评选范围。现在是一个世界华语电影年度评选的奖项,与香港电影金像奖和中国电影金鸡奖并称为华语电影最高成就的三大奖。

中国华语电影传媒大奖

华语电影传媒大奖是国内唯一将内地和港台电影作品同时纳入视野的电影评选活动,由《南方都市报》发起,创办于2001年。旨在通过两岸三地电影人的交流,创造一个更开放、活泼、新锐的电影评论环境,全面推动中国电影的创造。

上海国际电影节

创办于1993年的上海国际电影节,由国家广播电影电视总局和上海市人民政府主办。虽然与同为国际A类电影节的戛纳和柏林电影节相比,年轻得多,也稚嫩得多,但在成功创办后的第二年即获得了国际电影制片人协会的认证,被归类于国际A类电影节。

二、外国电影节及电影相关奖项

美国奥斯卡电影金像奖

当前世界上影响最大、历史最悠久的电影奖,由美国电影艺术与科学学院颁发。

奖项由来：1927年5月，由美国电影界知名人士梅耶等发起成立美国电影艺术与科学学院，并提议创办金像奖，以推动电影艺术的发展和鼓励优秀电影人。奖杯是一尊手握长剑、站在一盘电影胶片上的男性人体塑像，表面镀金。当时这个奖称为电影艺术与科学学院的年度奖，简称"学院奖"。

奥斯卡主要奖项有：最佳影片奖、最佳女演员和男演员奖、最佳导演奖，其他还有最佳摄影、美工、服装设计、原剧本、改编剧本、改编配乐、剪辑、视觉效果、作曲、音响奖。此外还颁发一些特别荣誉奖。1928年派拉蒙影业公司的《翼》是第一部获得学院奖的最佳影片奖的影片。

欧洲电影奖

1988年在瑞典电影大师伯格曼倡议下设立，第一次颁发欧洲奥斯卡——欧洲电影奖。该奖的宗旨是永久树立欧洲各国都遵循的电影的艺术精神，意在唤醒全球观众对欧洲艺术人文电影的信心及支持。

威尼斯国际电影节

世界上第一个国际电影节，号称"国际电影节之父"。1932年8月6日在意大利的名城威尼斯创办。主要目的在于提高电影艺术水平。大奖为"金狮奖"，次为"银狮奖"。

圣丹斯国际电影节

全世界首屈一指的独立制片电影节。圣丹斯电影节是专为没有名气的电影人和影片设立的电影节。由罗伯特·雷德福于1984年一手创办，经过这些年的积累，这个美国本土的小电影节已成为独立制片业的重要精神支柱，许多好莱坞的新锐导演都视其为执导主流商业大片的跳板。而好莱坞大制片公司要找新秀，"圣丹斯电影节"又是不容错过的人力资源库。一年一度的圣丹斯电影节每年1月18日～28日在美国犹他州的帕克城举行，为期11天。

日本东京国际电影节

始于1985年的东京国际电影节，是当今世界9大A类电影节之一。电影节定于每年10月下旬至11月上旬举行。旨在发掘新人和奖励青年导演，要求正式参赛片导演的作品不能超过三部。因而入围导演多为新生代影人。已是一个获得国际电影节联盟承认，是和戛纳、威尼斯等著名电影节齐名的亚洲最大的电影节。从1992年起改为每年举办一次。

柏林国际电影节

原名西柏林国际电影节，欧洲第一流的国际电影节之一。20世纪50年代初由阿尔弗莱德·鲍尔发起筹划。主奖有金熊奖和银熊奖，电影节每年举行一次。柏林电影节最重要的部分是有全世界范围电影参与的竞赛单元。

柏林电影节发掘了一大批电影导演，如今他们的地位已经写进了电影史。柏林国际电影节的获奖者包括赖纳·维尔纳·法斯宾德、米开朗基罗·博那罗蒂、安东尼奥尼、让吕克·戈达尔、英格玛·伯格曼等。

戛纳电影节

戛纳电影节成立于1939年夏天，为期两周，影展的活动分为了六个项目：正式竞赛、导演双周、一种注视、影评人周、法国电影新貌、会外市场展。"正式竞赛"的部分由各国电影文化界人士组成，其人选都是颇有声望的导演、演员、编剧、影评人、配乐作曲家等，由其中一名担任主席。在非竞赛的部分，主要则是提拔新人，以及让杰出的非商业影片有机会公开上演。

法国凯撒奖

法国国内电影的最高评奖，有"法国奥斯卡"之称，由法国电影艺术与技术学会和法国电视二台合作举办。它以法国著名雕塑家巴勒达西尼·凯撒命名（因凯撒奖奖座由他设计）。始于1976年，每年一届。

美国电影金球奖

金球奖始自1943年，由好莱坞外国记者协会主办，是美国影视界最重要的奖项之一。金球奖的被提名者名单通常是在圣诞节前公布，颁奖晚会则选在一月中旬举行。金球奖颁奖晚会的举办地点曾多次变动，不过近几年似乎已经固定在贝弗利山的希尔顿饭店。作为每年第一个颁发的影视奖项，金球奖被许多人看作是奥斯卡奖的风向标。

美国金草莓奖

由约翰·威尔逊在1981年设立，由"金草莓奖基金会"组织评选，与奥斯卡唱对台戏，专评好莱坞最差影片和最差演员的奖项，每年评选一次。得奖名单在每年3月24日即奥斯卡颁奖前夜公布。

美国独立精神奖

1985年成立。专门表扬低成本电影，现今已成为美国独立制片界的最高荣誉奖，不容小觑。每年三月下旬举行颁奖典礼。

Internet电影奖

参与者最多、最知名的在线电影奖项，所有获奖电影无一例外是好莱坞大制作。

捷克卡罗维法利国际电影节

创办于1946年,每年7月5日至15日,最高奖为水晶球奖。

俄罗斯莫斯科国际电影节

创办于1959年,每年7月16日至29日,最高奖为圣·乔治奖。

西班牙圣塞巴斯蒂安国际电影节

创办1953年,每年9月21日至30日,最高奖金贝壳奖。

埃及开罗国际电影节

创办于1976年,由埃及电影作家与评论家协会主办。每年11月7日至18日,最高奖为金字塔金像奖。它规定,凡是不带政治色彩的纯艺术性的故事片、纪录片、短片均可参展、参赛。

加拿大蒙特利尔世界电影节

创办于1977年,最高奖是美洲大奖,每年八月在加拿大的魁北克省蒙特利尔市举行。主办者希望从电影中看世界,所以称为"世界电影节"。

自测题(五)与答案

一、填空

1. 电影的功能有( )( )( )( )( )。
2. 类型电影的特征是( )和( )。
3. 西方成熟的电影类型有( )( )( )( )等。
4. 美国著名导演格里菲斯早期的集大成之作是( ),拍摄于1915年。
5. 法国电影中的印象派,是以( )为中心。
6. ( )是日本电影大师,为日本电影开启了走向世界之门。
7. 法国左岸派电影的代表作有( )等。
8. 《辛德勒的名单》是美国著名导演( )的代表作品。
9. 伊朗导演中,被誉为"90年代世界舞台上出现的最重要的电影导演"是( )。
10. 蒙太奇的类型可分为:( )( )( )。
11. 在世界电影史上被最早视为"意识流电影"的是瑞典著名导演( )的《野草莓》。
12. 日本著名导演( ),代表作有《东京物语》、《浮草物语》、《秋刀鱼的滋味》等。
13. ( )是我国第二代导演的代表人物。1934年,其编导影片《渔光曲》以其深刻的思想内容和强烈的艺术感染力轰动影坛,创造了当时中国影片卖座的最高纪录。

14. 著名导演谢铁骊的作品(　　)是根据左联烈士柔石的小说改编而成。

15. 1937年,著名导演袁牧之创作了(　　),这部影片成为了那个年代电影的杰出代表。

16. (　　)是我国著名导演,被尊为"中国现在电影的前驱",《小城之春》是其巅峰之作。

17. (　　)是我国第四代女导演,主要作品有《沙鸥》、《青春祭》、《北京,你早》、《云南故事》等。

18. 中国第五代导演中,较有代表性的导演有(　　)(　　)(　　)。

19. 著名导演陈凯歌的作品(　　),借助舞台与现实的人性纠葛剖析历史进程。

20. (　　)是著名导演陆川的成名作,反映了可可西里反盗猎巡山队的命运。

二、选择

1. 下列导演被誉为"最后一分钟营救"蒙太奇手法创作者的是(　　)。
   A. 英格玛·伯格曼　　B. 安东尼奥尼
   C. 大卫·格里菲斯　　D. 法斯宾德

2. 下列不属于伯格曼的作品是(　　)。
   A.《呼喊与细语》　B.《野草莓》　C.《秋天奏鸣曲》　D.《公民凯恩》

3. 下列电影派别不属于法国的是(　　)。
   A. 印象派电影　　B. 新浪潮电影　C. 左岸派电影　　D. 新现实主义电影

4. 下列电影不属于著名导演斯皮尔伯格作品的是(　　)。
   A.《夺宝奇兵》　　B.《大白鲨》　C.《拯救大兵瑞恩》D.《橄榄树下》

5. 下列电影中不属于安东尼奥尼"人类情感三部曲"的作品是(　　)。
   A.《奇遇》　　B.《夜》　　C.《红色沙漠》　D.《蚀》

6. 下列不属于我国第五代导演的是(　　)。
   A. 张石川　　B. 张艺谋　　C. 陈凯歌　　D. 田壮壮

7. 下列不属于张艺谋执导的作品是(　　)。
   A.《大红灯笼高高挂》　　B.《活着》
   C.《英雄》　　D.《孩子王》

8. 下列(　　)是根据茅盾的同名小说改编,由著名导演水华拍摄,成功地将个人命运同特定时代结合。
   A.《骆驼祥子》　　B.《万家灯火》　C.《林家铺子》　D.《小城之春》

9. 我国第三代导演代表人物郑君里,40年代末拍摄的影片(　　)是我国讽刺喜剧的杰作。
   A.《乌鸦与麻雀》　B.《早春二月》　C.《马路天使》　D.《我这一辈子》

10. 下列电影作品中,不属于著名导演谢晋执导的影片有( )。
   A.《天云山传奇》 B.《芙蓉镇》 C.《高山下的花环》 D.《阿诗玛》

三、名词解释
1. 类型电影
2. 蒙太奇

四、简答题
1. 简述安东尼奥尼主要作品。
2. 简述西部片的代表人物、代表作品、产生的背景以及美学特征。
3. 请以电影《一江春水向东流》为例,试分析早期中国电影的叙事特征。
4. 20世纪90年代以来,中国第五代导演有何转型特征?请结合两到三位导演具体进行分析。

答案:

一、填空题
1. 再现功能、表现功能、教育功能、审美功能、媒介功能
2. 重复性、可预见性
3. 西部片、歌舞片、战争片、恐怖片
4.《一个国家的诞生》
5. 德吕克
6. 黑泽明
7.《广岛之恋》
8. 斯皮尔伯格
9. 阿巴斯
10. 叙事蒙太奇、表现蒙太奇、理性蒙太奇
11. 英格玛·伯格曼
12. 小津安二郎
13. 蔡楚生
14.《早春二月》
15.《马路天使》
16. 费穆
17. 张暖忻
18. 张艺谋、陈凯歌、田壮壮
19.《霸王别姬》
20.《可可西里》

二、选择题
1. C 2. D 3. D 4. D 5. C 6. A 7. D 8. C 9. A 10. D

三、名词解释
略

四、简答题
略

第六章　戏剧、戏曲和曲艺

第一节　戏剧、戏曲概述

一、戏剧常识

戏剧

指以语言、动作、舞蹈、音乐、木偶等形式塑造舞台形象，达到叙事目的的舞台表演艺术。常见的戏剧形式有话剧、歌剧、舞剧、音乐剧、木偶戏等。广义上的戏剧也包括东方一些国家、民族的传统舞台演出形式，如中国戏曲、日本歌舞伎、印度古典戏剧等。

作为一种综合艺术，围绕演员的表演，戏剧包含着诸多艺术因素。如文学，主要指剧本；音乐，指音乐伴奏、音响效果及戏曲、歌剧中的唱腔等；美术，指舞台布景、灯光等；舞蹈，指舞剧、戏曲中的舞蹈成分，在话剧中转化为演员的动作艺术。

戏剧的分类

就其内容性质看，可分为悲剧、喜剧和正剧，这也是最基本、使用最多的分类；
就表现手段，可分为话剧、歌剧、舞剧、歌舞剧、哑剧等；
就其结构形式，可分为独幕剧、多幕剧、连台本戏等；
就演出场合看，可分为舞台剧、街头剧、广播剧、电视剧等；
按作品反映的时代，可分为现代剧、历史剧等；
按题材分，可分为儿童剧、爱情剧、神话剧、社会问题剧等。

悲剧

一种最古老也是最常见的戏剧类型。以剧中主人公与现实间不可调和的冲突及其悲惨结局为作品的基本内容，其实质是展现历史必然的要求与这个要求的实际上不可能实现之间的矛盾。悲剧的主人公一般都是人们理想、愿望的代表，为实现这个愿望，主人公不仅要与外在强大的挫折、磨难斗争，往往还要同主体内在的本质力量搏斗，但最终还是以失败、毁灭告终，从而激起观众的悲愤及崇敬，达到提高思想情操的目的。正如鲁迅所说:"悲剧就是将人生有价值的东西毁灭给人看。"

喜剧

以夸张的手法、巧妙的结构、诙谐的台词展示丑恶、落后与美好、进步事物之间的矛盾,并以滑稽可笑的艺术形式,对被否定的事物加以辛辣的讽刺。喜剧冲突一般比较轻快,往往以代表进步力量的主人公获得胜利为结局,寓庄于谐,其审美力量在于"将无价值的东西撕破给人们看"。由于表现对象、艺术手法的不同,喜剧大致可分为讽刺喜剧、幽默喜剧、欢乐喜剧、正喜剧与闹剧等。

正剧

在悲剧与喜剧之后形成的第三种戏剧体裁。"把悲剧的掌握方式和喜剧的掌握方式调解成为一个新的整体的较深刻的方式"。正剧兼有喜剧和悲剧的特点,把生活的肯定和否定方面同时作为表现对象,主人公具有明确的自觉意识,不仅为实现目的而努力付出行动,也对自身进行审视和反思,因而往往经历着内在精神世界的斗争。此类剧最著名的代表是莎士比亚的传奇剧。

话剧

中国对西方戏剧的一种特殊称谓。在欧洲,一般将发端于古希腊悲剧和喜剧的舞台演出形式称之为戏剧,20世纪初传到中国,最初称之为新剧、文明戏等,1928年戏剧家洪深提议定名为话剧。它综合文学、表演、导演、美术、音乐、舞蹈等多种艺术成分,以念白(独白、对白、旁白)为主要表现手段,直观地展现社会生活中的各种问题和矛盾。

歌剧

以音乐因素和戏剧因素为主,综合诗词、舞蹈、美术、建筑等艺术因素在内的综合性表演艺术。从广义上讲,中国的戏曲艺术也具有歌剧性质,近代正宗的西方歌剧是指16世纪产生于意大利佛罗伦萨的演唱剧,基本上属于大型音乐作品,不以戏剧情节为表现目的,如《茶花女》、《蝴蝶夫人》等。

哑剧

不用台词和演唱而用动作和表情来表达剧情的戏剧。最早在印度、埃及形成无声表演的艺术形式,后在许多国家发展为一种独立的表演艺术。哑剧表演的代表人物有英国的卓别林、法国的马尔索等。

广播剧

以语言、音乐、音响为手段,由机械录制而成的戏剧形式。广播剧以人物对话和解说为基础,充分运用音乐伴奏、音响效果来加强气氛。其特点是依靠听觉手段充分调动听众的想象力,使之直接参加艺术创造。1924年,英国广播公司播出的《危险》是世界上第一部由电台录制的广播剧。

儿童剧

适合儿童欣赏的诸多剧种(包括话剧、歌剧、舞剧、歌舞剧等)的统称。多取材于现实生活或神话传说、童话等,符合儿童的性格、情趣和心理特征。在中国,20世纪20年代演出的《小小画家》等被看作是儿童剧的发端。

独幕剧

独成一幕的短剧。剧情受时间、场景的限制,要求结构紧凑,矛盾冲突展开要迅速,但是基本情节要完整。独幕剧一般人物较少,情节线索单纯,从一个生活侧面反映社会矛盾,构成一个独立完整的戏剧故事。如莫里哀的《可笑的女才子》、契诃夫的《求婚》等都是独幕剧。

多幕剧

与独幕剧相对。欧洲17世纪以后开始分幕,一幕之内又分成若干场。一幕标志着剧情发展的一个大段落,场表示大段落中的时间间隔和场景变换。大幕启闭两次以上者称多幕剧,由于多幕剧篇幅长、容量大、人物多、剧情复杂,所以宜于反映广阔的社会生活。

戏剧结构

戏剧结构指戏剧情节的组织和安排,它使场与场之间、情节与情节之间更具连贯性、逻辑性和顺序性,是戏剧的骨架,在整个戏剧中具有重要作用。

锁闭式戏剧结构

出场人物较少,整出戏不按时间顺序展开,而是截取生活的某个横断面,只在舞台上集中表现从高潮到结局的戏剧性危机,而把过去的有关事件和人物关系用回顾式的叙述方法在剧情开展中逐步交代出来,时间、地点高度集中,基本符合"三一律"(时间、地点、情节一致)的原则。如曹禺的《雷雨》,易卜生的《玩偶之家》等。其特点是情节集中,结构紧凑;人物较少,能深刻揭示人物性格和内心精神世界;但不宜于反映丰富多彩、范围较广的社会生活。

开放式戏剧结构

亦称点线式,指戏剧故事按先后顺序从头至尾原原本本地表现出来,人物较多,剧情展开的时间较长,由每个段落的情节线索将各个段落连贯起来,情节更为曲折、完整。如莎士比亚的《罗密欧与朱丽叶》、曹禺的《北京人》等。其优点是场景转换多,场面热闹,有一定的时间长度,人物性格有一个发展过程,情节曲折,引人入胜。缺点是由于人物情节的增加，不宜于集中戏剧性，结构易松散。

人像展览式戏剧结构

介于开放式和锁闭式之间，以展览社会风貌、人物画像为主要目的。人物较多，全剧没有主要人物，而人人又都是主要人物，往往有串联人物；情节简单、进展缓慢，展示出社会一角的生活横断面，潜在的冲突比外部冲突要强烈。如老舍《茶馆》、夏衍《上海屋檐下》等。

戏剧语言

戏剧中有两种语言：一是人物的语言，即台词，包括对白、独白和旁白，是剧本塑造人物形象、描绘戏剧冲突、表现主题的主要手段；二是作家的"舞台提示"，指剧中对人物的动作、表情，对舞台灯光、音响效果的提示和要求等。戏剧语言必须适应戏剧的舞台性、表演性的要求，从而具有性格化、动作性、谐趣性、含蓄性等基本特征。

戏剧冲突

戏剧作品中，人物之间由于性格追求的目的不同而展开的矛盾斗争叫戏剧冲突，它是社会生活矛盾在戏剧艺术中集中而概括的反映。戏剧作品总是由一个冲突的提出、发展和解决而得以完成的。最早从美学上提出戏剧冲突理论的是黑格尔，随后，法国的布伦退尔又提出"没有冲突就没有戏剧"的说法，可见戏剧冲突的重要性。

幕与场

"幕"是戏剧作品和演出中较完整的段落，按剧情发展的时间地点的转换划分，因与舞台上幕布的开闭有关，故称为"幕"，一幕戏标志着剧情发展了一个大段落。

"场"是每幕中的一个片断，一幕可以分若干场，如第一幕第二场等。

有的戏剧不分幕，只分场。幕与幕、场与场之间必须相互连贯，使全剧成为统一的艺术整体。在现代剧中，幕与场的界限已不明显，时空变换显得更自由。

序幕

作为戏剧名词，指某些多幕剧置于第一幕之前的一场戏，用来介绍该剧的背景或预示全剧的主题。后来成为叙事性文艺作品的组成部分之一，也称"引子"、"楔子"，用来说明故事发生的时间、地点、缘由、社会背景等，也有的以描写环境破题。

尾声

依创作需要，在故事最后一幕结束后又另安排的一节或一场，用以交代人物的最终命运和事件发展的前景，与作品的序幕相呼应。

本色表演

戏剧、电影、电视剧术语，与"性格化表演"相对。表演时把自己的情感带到剧中，使人物具有自己的思想情感特征。一般称此类演员为本色演员。

性格化表演

指擅长体现角色性格特征的表演技巧，主张排除主观感情，完全按照剧中人物的思想感情来表演。一般称此类演员为性格化演员。

程式化

来源于中国戏曲，指不同角色的戏曲演员在舞台上的动作、招式都有相对固定的程式，常用的程式化动作还有固定的名称。戏曲的程式化来源于生活又超越生活，选取生活中的关键动作进行艺术装饰，使之与舞台上的人物形象、性格相贴切，并具有形式美的特点。戏曲程式化的范围不仅限于舞台动作，其他如化妆、服装等也都是程式化的。

虚拟性

来源于中国戏曲，表演时多不用实物或只用部分实物，而依靠某些特定的表演动作来暗示舞台上并不存在的实物或情景。利用这样虚实相生的表演方法，可以在有限的舞台上把观众带到多种多样的生活联想中去，完成反映生活的任务。程序化动作是造成戏剧虚拟性的根本原因。

间离效果

由德国戏剧家布莱希特倡导。要求戏剧演员和观众在感情上与戏中的角色保持距离，突出戏剧的假定性；使演员扮演角色时具有双重形象，既是角色又是自己本身，把自己放在角色的对面；观众观看演出时，不能被演员带到规定情境中产生幻觉，从而保持理智的思考和批判。

舞台美术

戏剧演出中除演员以外的一切造型因素的总称，俗称舞美，包括布景、灯光、化妆、服装、效果、道具等。舞台美术兼有时间艺术和空间艺术的性质，具有很强的技术性和对物质条件的依赖性，在艺术创作上属二度创造，从属于演员表演。能通过人物和景物造型塑造形象、渲染气氛，帮助演员提示人物的内心世界和剧本所表现的思想内容。一般要求舞美做到虚实结合，以一当十，写意与写实相统一。

舞台调度

也叫场面调度。通过演员与舞台景物之间的组合或在舞台上活动位置的转换，或通过一组形体动作过程，使舞台生活形体化、视觉化。舞台调度是剧本台词和舞台语言在视觉形象上的体现,是导演艺术创作的重要表现手段。

暗转

舞台艺术术语。戏剧演至某一场或某一幕中间,用渐渐转暗或关闭灯光的处理方法来表示时间的变化,或者暗中同时改换道具、布景来表示地点的变动,用以替代剧情发展的某些过程。

第四堵墙

戏剧术语。一般写实的室内景有左、后、右三面布景墙。所谓的"第四堵墙"是位于舞台台口的一道实际上并不存在的"墙"。它的作用是试图将演员与观众隔开,使演员忘记观众的存在,以更好地在舞台上逼真地反映生活。

二、中国戏曲常识

戏曲

戏曲是中国传统的戏剧形式,融合了音乐、文学、舞蹈、美术、杂技等诸多艺术因素的综合艺术形式。中国戏曲历史悠久,萌芽于具有宗教性质的原始时代歌舞,最早的演员是"巫"和"优",先秦著名"优孟衣冠"的故事可看作是中国最早的戏剧表演。戏曲在漫长的发展过程中,曾先后出现汉代百戏、唐代参军戏、宋元南戏、元代杂剧、明清传奇、清代地方戏及近现代戏曲等多种戏曲形式,逐渐形成比较完整的艺术体系,成为中华民族文化的重要组成部分。

中国戏曲剧种繁多,以歌舞演故事,集唱、念、做、打于一体,在世界戏剧史上别具一格,与古希腊悲剧、印度梵剧并称为世界三大古剧。

戏曲行当

行当是传统戏曲角色的类别。角色行当的分工是根据人物的年龄、性别和身份、职业来划分的。早期分为生、旦、净、末、丑、武行、龙套七行,现在有生、旦、净、丑四行和生、旦、净、末、丑五行两种总分法。各行中又有若干分支,如生行分老生、小生等。每个行当都有自己独特的表演形式,来表现所扮演人物的性格特点。

生

戏曲表演行当的主要类型之一,演男性人物。生行初见于宋元南戏,后除元杂剧外历代都有。按其扮演人物的年龄、身份、性格特征划分为老生、小生、武生等不同角色。

老生

扮中老年男子,性格正直刚毅。扮相因挂髯口,又称须生、胡子生。重唱功,念韵白，一般都用真声，动作庄重端庄。如京剧《空城计》中的诸葛亮。

小生

扮青年男子，扮相英俊秀美，不戴髯口；声音上唱念真假声结合，比老生更年轻、更阳刚化；动作基调是儒雅倜傥、秀逸飘动。如《群英会》中的周瑜，《连环计》中的吕布等。

武生

擅长武艺的青年男性，一般分长靠武生和短打武生两种。长靠武生以工架把子功为主，唱、念、做、打比较全面，武戏文唱；化妆既可扮俊也可勾脸；不但要求武功好，还要有大将风度，如赵云，马超等。短打武生以翻扑、腰腿功见长，动作干净利落，如武松、林冲等。

武生风格为稳、准、狠、率，以气魄神韵见长，有时兼演猴戏，如《闹天宫》中的孙悟空。

旦

戏曲表演中女性角色的统称。旦名初见于宋代歌舞，宋杂剧中已有装旦，后历代都有这行角色。按扮演人物的年龄、性格、身份和表演特点，大致可分为正旦、花旦、贴旦、闺门旦、武旦、老旦、彩旦七类。

正旦

扮中年或青年女性。因常穿青素褶子，有"苦扮相"之说，故又称青衣或青衫。性格刚烈坚贞，举止端庄文静；以唱功为主，念白一般用韵白，表演严肃稳重。如窦娥、王宝钏等。

花旦

扮演活泼明快、泼辣放荡的青年或中年女性，与正旦相对照。重做功、神采，不重唱功，多念散白；造型妩媚清丽，动作敏捷伶俐。如《杀嫂》中的潘金莲等。

贴旦

旦中的副角，意为旦之外再贴一旦，不表示性格特征。南戏和北杂剧中都有此名，如《牡丹亭》中的春香、《翡翠园》中的赵翠儿。

武旦和刀马旦

扮演长于武艺的女性形象。武旦重跌扑翻打，开打时分马上、马下、打出手（象征神仙法宝在天上飞舞的特技），如《十字坡》中的孙二娘；刀马旦重身段工架，开打时急如闪电，锐不可当，演唱与舞蹈相结合，如穆桂英、扈三娘等。

老旦

扮演老年妇女。以唱功为主,大嗓唱念(其余旦角一律用小嗓唱),兼重做功;一般扮演性格善良的正面人物,风格质朴稳重,如《杨门女将》的佘太君,《岳母刺字》中的岳母。

彩旦

扮演女性中的喜剧或闹剧人物,又作丑旦、丑婆子。常浓妆艳抹,行为乖张,以滑稽幽默、诙谐风趣见长,如《铁弓缘》的茶婆,《朱痕记》的婶娘等。

净

俗称花脸、花面。在脸上勾画脸谱,多扮演性格粗犷豪迈、身材高大的男性人物。演唱用宽音或假音,粗壮浑厚;动作大开大阖、气度恢宏,如关羽、张飞、曹操等。按人物性格及表演风格的不同,净行又分为正净(大花脸)、副净(二花脸)和武净(武二花)等。

末

传统戏曲角色行当。宋杂剧中有副末,元杂剧的正末是同正旦并重的两个主要角色,明清时,成为独立行当。常扮中年以上男性,专司引戏职能,如打头出场,唱做并重。近代多数剧种已将其并入老生行。

丑

俗称小花脸或三花脸。喜剧角色,在鼻梁眼窝间勾画脸谱,多扮演滑稽调笑式人物。不重唱功,以念白的口齿清晰流利为主。按人物身份和技术特点分为文丑和武丑两支。

龙套

也叫文堂。扮演兵卒、夫役等群众角色的统称,由于所穿均是各色的龙套衣而得名。一般以四人为堂,表示人员众多,起烘托声势的作用,在舞台演出中是不可缺少的一部分。

曲牌联套体

中国戏曲音乐结构体系的一种。将若干支曲牌按照一定章法组合成一套套的组曲,一出戏即有好几组套曲构成。其特点是句式为长短句,以曲牌为基本结构单位,有一定的句数、字数、平仄和用韵,不能抽出任何一个单独演唱。我国古典戏曲从杂剧、南戏,直到昆腔、弋阳腔,采用的都是曲牌联套体的音乐结构。

板式变化体

戏曲音乐结构体系,与曲牌联套体一起构成了中国戏曲音乐的两大结构体系。

即以一种曲调为基础,运用各种板式(节拍)变化将这一曲调进行反复演奏,来表现各种不同的表演情绪。其特点是句式以七字句或十字句为主,以一对上下句为基本结构单位,自由灵活,曲文大都质朴通俗,具有民间特色。板腔体兴起于梆子系统,由皮簧加以丰富发展,成为近代众多地方剧种所广泛采用的音乐结构形式。

折

戏曲的幕和场都叫折。一次只演出全本戏中可独立演出的一段情节,如《牡丹亭》之《闹学》《惊梦》),称之为"折子戏",几个折子戏之和为一"场"或一"台"。如果一些篇幅大的剧目一次演不完,需分连续几场,就叫"连台本戏"。

梨园

唐代唐明皇教演艺人、训练乐工的地方。后来人们习惯上称戏班、剧团为"梨园",称戏曲演员为"梨园弟子",把几代从事戏曲艺术的家庭称为"梨园世家",戏剧界称为"梨园界"。

科班出身

科班是古代培养戏曲演员的场所。过去戏曲演员有些是拜师学艺的徒弟,属于以个体为单位的家学或私学。明代以后,戏曲除官办的梨园、教坊外,出现了集体学艺的组织——科班,培育了大量艺术人才。最早的科班是由戏班建立起来的,戏班以演戏为主,科班以学戏为主,经过严格训练出师的弟子叫"科班出身"。

草台班

指长期在农村集镇流动演出的戏曲班社。得名于"草台戏",草台戏源于民间的酬神演出活动。清代地方戏兴起后,因受士大夫歧视,很多班社不能进城演出,只得在农村集镇临时搭建简陋的棚台作流动演出,被称为"草台班"。

反串

职业演员偶尔扮演与自身本工行当不同的戏为"反串",也指男扮女或女扮男的情况。

票友

指那些会唱戏但不以演戏为生的业余爱好者,是对戏曲、曲艺非职业演员以及乐师的统称。票友一般是自唱自娱,不收取报酬。有些票友艺术造诣很深,为戏曲发展作出了重大贡献,由"票友"转为专业演员即我们所说的"下海"。

四功五法

戏曲界经常说的术语。四功即唱、念、做、打四项基本功,五法指手、眼、身、步、法五种技艺。

唱功是戏曲表演中第一位的表现手法，要求字清腔纯，节奏准确，以字生腔，以情带腔，抒发人物的情感。

念功包括韵白和散白，都应具有节奏感和音乐感，出口抑扬顿挫，达到传神地表现人物个性和情感的艺术境界。

做功，即身段动作的表演，一举一动都要合乎规范，要有舞蹈的韵律，从动作规律出发达到自然和谐，注意技巧与人物身份、动作目的、情感意境的结合。

打功，也就是武功，传统武术的舞蹈化，包括"把子功"、"毯子功"两类，打功要做到技不离戏，打出情感，打出语言，而不是单纯的卖弄武功。

"五法"有几种不同的说法，一般来说，**手**指各种手势动作，**眼**指眼神表情，**身**指身段工架，**步**指各种形式的台步，**法**则总指上述几种表演技术的规程和法则。

五法与四功是密切相连的，例如唱功就要口、手、身、眼同步同时并用，缺一不可，因为戏中的唱，不能傻唱或干唱，眼神要与唱词所表现的情感统一，身、手、步也要有机地配合演员的情绪。因此四功五法的相互协调在戏曲表演中至关重要，缺一不可。

声腔

我国不同民族、不同地方的戏曲各有不同，它们之间的差别，按照演唱声腔来区分，称腔或调。现在较流行的中国四大声腔系统是指梆子腔、皮黄腔、昆腔和高腔。

行头

金、元时期起对戏具的统称。主要包括衣箱、盔头箱、杂箱和把箱四部分。

衣箱分大衣箱、二衣箱、三衣箱三个，大衣箱包括各种长短袍服，如蟒袍、官衣、坎肩等；二衣箱包括各种武装人员的装束，如箭衣、马褂、茶衣等；三衣箱即演员所穿内衣、厚底靴、龙套衣及塑形用品。

盔头箱主要是盔、帽、冠、巾四种，如帅盔、纱帽、凤冠、文生巾等。

杂箱指彩匣子、水锅和梳头桌。彩匣子是为男角色面部化妆、勾脸、卸妆所用；梳头桌是为旦角梳理大头、古装头、铁片子和绢花等饰物所设。

把箱即旗把箱，放置刀枪剑等各种兵器及文房四宝、茶酒器皿等道具。

脸谱

脸谱是中国戏曲演员脸上的绘画，用于舞台演出的化妆造型艺术，中国京剧脸谱已被公认为是中华传统文化的标识。

脸谱也叫大面或代面，据说始于歌颂北齐戴面具作战的兰陵王，兴盛于唐代歌舞戏。脸谱是美与丑的矛盾统一，其图案是程序化的，与角色的性格密切相关。红色脸象征忠义、耿直、有血性，如"三国戏"中的关羽；黑色脸既表现性格严肃、不苟言笑，如

"包公戏"里的包拯,又象征威武有力、粗鲁豪爽,如"水浒戏"里的李逵;白色脸表现奸诈多疑,如"三国戏"里的曹操。

除表示性格外,脸谱还可暗示角色的各种情况,如项羽的双眼画成"哭相"暗示他悲剧性的结局,孙悟空猴形脸暗示他本是猴子。

脸谱也有不同的流派,京剧脸谱较著名的流派有钱(金福)派、郝(寿臣)派、侯(喜瑞)派、刘(奎官)派等。

检场

为台上演员传递小道具、搬动桌椅;帮助演员在台上增减、改换服装;当剧中演员做危险动作时,起安全保护作用。检场还撒火彩,如"月亮门"、"过桥"、"连珠炮"等,以表现烈焰冲天的场景或神仙奇幻的气氛。

第二节 外国戏剧简史

一、古希腊悲喜剧

西方文明史上第一个伟大的戏剧时代,当属古希腊时代。按照希腊文的意思,悲剧原意是"山羊之歌",喜剧原意是"狂欢游行之歌",它们都源于酒神祭。悲剧一般用韵文写成,故悲剧家也被称为悲剧诗人,而喜剧多用日常语言写成,较通俗。

古希腊三大悲剧

埃斯库罗斯的《被缚的普罗米修斯》、索福克勒斯的《俄狄浦斯王》和欧里庇得斯的《美狄亚》,被称为古希腊的"三大悲剧"。

埃斯库罗斯

被称为"悲剧之父"。出生于贵族之家,他崇尚民主自由,反对君主专制,并把这些观点融入进了在他的悲剧创作中,使悲剧具有了深刻的内容和完备的形式。代表作《被缚的普罗米修斯》,表现了创造人类的神普罗米修斯,因从天庭盗火送给人间而遭受到天神宙斯的种种残忍惩罚,但他意志坚定,不畏强权,最终得以重获自由。揭示了反对暴君统治的主题。

索福克勒斯

生活于希腊历史上的全盛时期,热心民主政治。一生约创作了90多部剧本,存世的有7部。其中《俄狄浦斯王》最为著名,它反映了人的独立自主精神和无法摆脱的命运之间的冲突矛盾。

欧里庇得斯

与索福克勒斯处同一时代,对世态持怀疑态度,热衷哲学。欧里庇得斯擅长心理分析,尤其是细腻的女性心理,一生创作了92部剧作,留存下来的有18部。代表作《美狄亚》讲述了一位遭受遗弃的妇女对忘恩负义的丈夫实施惨烈报复的故事。

阿里斯托芬

古希腊"喜剧之父",生活于希腊的民主政治由繁荣走向衰退的历史时期,以喜剧创作对一些政治弊端和社会恶习进行辛辣的讽刺。一生创作了44部喜剧,主要有《骑士》《马蜂》《云》《阿卡奈人》等。《阿卡奈人》是他的得奖喜剧,反映了反对战争、维护和平的主题,通过战争与和平的对比,将那些挑起战事的自大狂嘴脸,刻画得淋漓尽致。

阿里斯托芬的喜剧想象奇特,情节曲折,善于用双关语和对比的手法凸现喜剧效果,以夸张的细节、可笑的动作来讽刺那些上至将军、下至流氓等形形色色的人物,具有强烈的现实主义精神。

米南德

古希腊后期喜剧的代表人物。代表作品《恨世者》,写一个心胸狭窄、性情孤僻的老农对世人不必要的怀疑和怨恨,不惜将妻子和继子赶出家门,和女儿与世隔绝、相依为命,后失足落井被继子所救,深受感动,最终以有情人终成眷属为喜剧结局。

米南德的喜剧,有别于阿里斯托芬尖锐锋利的讽刺风格,而是充满和煦温情和机敏睿智的喜剧趣味,这种喜剧风格对古罗马和中世界欧洲各国的喜剧创作影响很大。

亚里士多德

古希腊哲学家、自然科学家、戏剧理论家。他的《诗学》是一部伟大的戏剧理论,特别是悲剧理论著作,他分析出悲剧有六个组成部分,即"情节"、"性格"、"言词"、"理想"、"形象"和"歌曲",并强调,在六个部分中,最重要的是情节,即事件的安排。《诗学》论喜剧的部分已失传,但他认为,两者的创作过程都属于"模仿",而差别在于:喜剧总是模仿比我们今天看到的人坏的人,悲剧总是模仿比我们今天看到的人好的人。

二、英国戏剧

莎士比亚

莎士比亚的创作活动,参见外国文学部分。

莎士比亚创作了一系列著名的悲剧,以《哈姆雷特》、《奥赛罗》、《查尔王》、《麦克白》这四大悲剧为代表。不仅反映了广阔的社会背景和人生矛盾,也显示了他戏剧思想的深化和创作手法的成熟。

《哈姆雷特》

取材于古老的丹麦传说,流传到英国后,变成了一部复仇悲剧,并融入了特定时代的人文背景,具有深刻的思想意义。剧中的丹麦王子哈姆雷特满怀崇高理想,心地善良,对人抱有很大的信心和美好想象。但丑陋的现实却给他以沉重打击,在刚刚承受了失去父亲的打击后,又面临着母亲嫁给叔父克劳狄斯的尴尬处境。迷惘的时刻,父王的鬼魂告诉哈姆雷特,他是被克劳狄斯害死的,要哈姆雷特为他报仇雪恨。于是哈姆雷特就一直沉浸在复仇的痛苦之中。最终国王、王后、哈姆雷特,或死于毒剑,或死于毒酒,一切烟消云散。剧中哈姆雷特的一句台词"生存还是毁灭,这是一个值得考虑的问题"被奉为经典。

《奥赛罗》

写正直淳朴的将军奥赛罗与威尼斯贵族少女相爱结婚,因奸佞之徒搬弄是非,致使奥赛罗怀疑妻子对己不贞,愤而将其掐死。得知真相后,悔恨不已,自杀身亡。此剧在歌颂理想和爱情的同时,揭露了极端个人主义的邪恶。

《李尔王》

一部深具哲理性的悲剧。生性刚愎自用的老国王李尔王因不谙世事,误分国土而遭到了被剥夺一切、流落荒岛的厄运。两个大女儿的忘恩负义使他悔恨不已,而小女儿考妮狄娅的忠诚与挚爱,使他领悟了爱和人生的真谛。莎士比亚在揭露资本主义原始积累时期邪恶人性的同时,也肯定了人道主义关于仁爱和善良人性的思想观点。

《麦克白》

写原本善良的苏格兰英雄麦克白,在阴险狡诈的妻子的怂恿和女巫的蛊惑下,犯下了弑君篡位的罪行。但自觉罪孽深重的他日夜不得安宁,恐惧和忧患又使他不由自主地变得更加血腥,直到最后在被讨伐的战争中丧生。《麦克白》一剧具有命运悲剧与性格悲剧的双重审美特质,作品对人物的心理描写甚佳。

萧伯纳

继莎士比亚后英国最伟大的戏剧家,1925 年荣获诺贝尔文学奖,一生完成了 51 部戏剧。

《圣女贞德》是萧伯纳戏剧创作的巅峰,被认为是其最杰出的剧作之一。此剧的结尾寄寓着萧伯纳对人类历史的深深思索:人类似乎还处于一种愚昧阶段,本是推动历史前进的人却像贞德似的被当作女巫或者罪人。

萧伯纳的戏剧艺术源于易卜生主义,但有别于易卜生问题剧的悲剧色彩,他以滔滔雄辩和机智的俏皮话给戏剧着上了喜剧色彩,在玩笑之中揭示出英国的现实社会问题,走出了一条与众不同的路线。代表作如《华伦夫人的职业》、《风云人物》等。

王尔德

英国唯美主义的代表人物,以社会喜剧的创作著称于世。如《温德米尔夫人的扇子》、《认真的重要》等。其唯美主义经典剧作《莎乐美》以诗般的语言,排比铺陈的修辞手法达到了美的极致,织成华美的形象,成为一曲华彩的交响乐章。

哈洛·品特

英国荒诞派戏剧的代表人物。他的创作深受贝克特、卡夫卡等人的影响,但也显示出他独特的风格,在文艺评论界赢得了"品特式"的独特术语。2005年,荣获诺贝尔文学奖。代表作品有《房间》、《生日舞会》、《情人》等。他戏剧中的人物似乎总处在某种威胁之中,而威胁的来源又常带有不确定性和荒诞性,常以外部威胁给人物带来的灾难性悲剧而告终,同时剧情又常常荒诞可笑,被西方评论界称为"威胁喜剧"。

三、西班牙戏剧

卜·德·鲁达

西班牙人文主义戏剧发展初期的代表。开创了一条同宗教剧告别的戏剧道路,将西班牙戏剧引向繁荣,被称为民族戏剧的奠基者。代表作《橄榄》,情节简单,带有浓重的生活气息,真实地反映了农民的生活愿望和性格特征。

洛卜·德·维加

西班牙文艺复兴时期最著名的诗人和最多产的剧作家。维加一生的戏剧创作不仅数量庞大,而且题材广泛,不过其中成就最大的当是关于农民生活和农民暴动的现实题材戏剧,如《羊泉村》。

卡尔德隆

继维加之后,西班牙最著名的戏剧家。醉心于宗教剧的创作,对世界、对人生的看法往往显得与众不同,最著名的宗教剧为《世界大舞台》,其中有一句我们至今所熟知的格言,即"世界是个大舞台,我们每一个人都在其中扮演着自己的角色"。

四、法国戏剧

古典主义戏剧

从文艺复兴开始到17世纪末，法国戏剧处在古典主义时期。古典主义戏剧把古希腊、罗马时期的戏剧奉为典范，借用古代传说或古代文学艺术作品中的故事和人物来反映自己的社会思想，为此，反对戏剧上的个人倾向和自由意志；同时主张反映真实生活，强调理性，排斥情感，认为理性是评判真实和美的裁判；他们制定了一整套严格的戏剧戒条，把"三一律"奉为创作的圭臬。这一时期的剧作家有高乃依、拉辛、莫里哀等。

高乃依

法国古典主义时期重要的悲剧家。悲剧《贺拉斯》、《西拿》、《波利耶克特》等，成为古典主义戏剧的代表作。但他的剧作《熙德》却引发了一场关于古典主义戏剧规则的争论，因为他的剧作违背了"三一律"的创作要求。

莫里哀

法国古典主义时期著名的喜剧家，其伟大的创作成就是将法国喜剧提高到与悲剧同等重要的地步。具体内容参见本书外国文学部分有关"莫里哀"的相关内容。

伏尔泰

法国启蒙主义时期戏剧界的代表人物之一。善于利用古典主义风格的戏剧传递启蒙主义思想，把宗教迷信和专制统治当作攻击对象。代表作《扎伊尔》，以悲剧的形式控诉了宗教狂热所导致的恶果。其他作品如《布鲁图斯》、《凯撒之死》等。

狄德罗

法国启蒙戏剧中颇具影响力的剧作家和戏剧理论家。著有戏剧理论《关于"私生子"的谈话》和《论戏剧诗》，开创了现实主义戏剧理论的先河。

狄德罗的戏剧创作成就主要体现在《私生子》和《家长》这两部剧上，主要表现的是家庭伦理道德观念问题。

博马舍

启蒙时期法国著名的喜剧家。代表作是他著名的戏剧三部曲：《塞维利亚的理发师》、《费加罗的婚礼》、《有罪的母亲》。有人将其看成是法国资产阶级革命的先驱。

《费加罗的婚礼》标志着博马舍戏剧创作的高峰，剧中对不合理的社会现实多有抨击，既洋溢着"第三等级"欢乐的笑声，又表现了贵族阶级行将败落的趋势。

雨果

法国浪漫主义戏剧的代表人物。继承和发扬了法国大革命以来资产阶级的进步思想,具有民主理想和人道情怀。在戏剧理论上,他反对古典主义戏剧的"三一律",他的《克伦威尔序》成为浪漫主义戏剧理论的重要文献,开创了浪漫主义的戏剧道路。代表作有《欧那尼》、《逍遥王》、《吕伊·布拉斯》等。

《欧那尼》的首演意味着法国浪漫主义戏剧的确立。它完全否定了"三一律"的戏剧观念,在戏剧发生的时间、地点上,都不拘一格,大大拓展了戏剧的表现空间;剧中人物既体现着作家的审美理想,又不乏鲜明的个性,如剧中作为强盗的欧那尼,就体现了自己的生命尊严和道义色彩。

小仲马

法国浪漫主义戏剧的代表剧作家。其著名剧作《茶花女》,讲述了交际花玛格丽特与年轻人阿芒的纯真爱情,被认为是法国式浪漫主义的延续。小仲马的剧作多取材于现实生活,反映的多是当时的社会问题。

存在主义戏剧

产生于20世纪50年代的法国,作为一种现代主义的戏剧流派,具有如下特征:强调戏剧内容的思想性和哲理性,力图使戏剧对社会政治具有批判性;强调塑造特定情境下的典型人物,表现人在道德和生命冲突中,在极端情境下的自我选择;遵循现实主义的戏剧结构原则,大部分戏剧情节比较生动、丰富,充满了尖锐的戏剧冲突。代表剧作家有萨特、加缪等。

萨特

萨特一生创作了11部剧作,代表作《苍蝇》、《密室》等。《密室》写的是在一个酷似地狱的房间内,关闭着三个犯人,他们都有着自私的本性,为达到自己的目的,不惜牺牲另外两个人的利益。结果,三个人谁也不能实现自己的目的。剧中人物的对话"咱们之中,每一个人对其他两个人都是刽子手","他人即地狱"成为该剧的主题,也是萨特存在主义哲学的名言。

加缪

加缪认为存在主义哲学的核心命题是荒谬,代表作主要有《西西弗的神话》、《误会》、《正义者》等。在某种意义上,他又是荒诞派戏剧的先行者。

荒诞派戏剧

20世纪50年代在法国出现,后来蔓延到欧洲和美洲。摒弃传统戏剧创作手法,从内容到形式都具有鲜明特色,借助舞台场景和人物形象表现存在的荒诞性;故事情节简化,甚至省略,以特殊的戏剧样式展示着人们精神深处的荒诞与虚伪,象征着这个世界的异化。代表剧作家有法国的尤奈斯库、贝克特,英国的品特,美国的阿尔比等。

贝克特

荒诞派戏剧的代表人物,爱尔兰人,但长期居住在法国。剧作主要有《等待戈多》、《结局》、《最后一盘录音带》等。《等待戈多》中荒诞的情节:两个流浪汉坐在荒野的一棵枯树旁等待一个连他们都不清楚的一个名叫"戈多"的人,但他们也不知道等待的意义究竟何在?剧作探讨了一个静态的意境,展现了人类社会的现代生活境况,一种周而复始的无奈让人感到窒息,想逃又无处遁形。

尤奈斯库

生于罗马尼亚,后定居法国,荒诞派的代表剧作家。代表作品有《秃头歌女》、《椅子》、《犀牛》等。《秃头歌女》剧本上没有戏剧情节,剧中人物只是在周而复始地重复已说过的台词,荒诞不经,语无伦次,展示了语言的悲剧。《椅子》写一对老夫妇临终有重要的话要说,却被前来的亲戚朋友挤占了地方,不得已跳海,而宣讲他们临终遗言的演说家却又是一个只能呀呀乱叫的聋哑人。剧作表现了语言是不能用于思想交流的,生活着的人们始终是隔膜的。

五、德国戏剧

浪漫主义戏剧

产生于18世纪末19世纪初,波及整个欧洲的戏剧流派。浪漫主义戏剧反对古典主义的既定规则,崇尚主观,追求自然天性,强调艺术家的激情、个性、想象和灵感;剧作家喜欢运用强烈的对比手法,展现个人的内心情感,抒发自我对社会人生的价值判断;题材多是表现忠贞不渝的爱情,寄托剧作家的美好愿望。代表人物有德国的歌德、席勒、莱辛,法国的雨果、小仲马等。

莱辛

德国民族主义戏剧的奠基者。著有艺术理论著作《拉奥孔》、《汉堡剧评》等。反对古典主义戏剧主张,特别强调戏剧创作对社会人生的教育作用。剧本《爱米丽雅·迦洛蒂》是莱辛最具代表性的悲剧,剧中人物爱米丽雅是纯洁、美丽的化身,但当她的美貌成为淫邪之人的目标,并给无辜的人带来灾难时,她情愿以自己的毁灭换取内心的平静。

歌德

德国著名诗人和剧作家。标志着歌德创作顶峰的作品是他的长篇诗剧《浮士德》，分上、下两部，共计12000行，是他历经60余载不断探索的结晶。取材于16世纪关于浮士德博士的传说，歌德运用自己的智慧，极大丰富了这一传说的哲学内涵，写成了为历来戏剧研究者道不尽的历史巨作。

席勒

德国18世纪著名诗人和剧作家。认为可以通过戏剧达到社会教育的作用，批判黑暗的封建统治，歌颂年轻一代为追求理想的叛逆精神。代表作有《强盗》、《阴谋与爱情》等。

六、俄国戏剧

普希金

俄国伟大诗人，同时也是著名的小说家、戏剧家。著有历史悲剧《鲍里斯·戈都诺夫》，力求克服古典主义的教条，努力揭示人物的感情和心理活动。

果戈里

19世纪俄国著名的剧作家。戏剧观念深受普希金的影响，致力于现实主义戏剧的创作，主张戏剧要反映真实生活，反映时代的重要问题，并对现实生活形成评判。代表作有讽刺喜剧《钦差大臣》。

契诃夫

俄国历史上最伟大的剧作家之一。将现实主义戏剧的创作艺术提高到一个新的历史高度，善于在平凡的现实生活中发现存在于人类精神领域的戏剧性，创作了许多具有持久艺术魅力的不朽剧作。代表作品有《伊凡诺夫》、《万尼亚舅舅》、《三姐妹》、《樱桃园》等。

斯坦尼斯拉夫斯基

俄国著名导演、演员、戏剧理论家和教育家。最大的贡献是创立了斯坦尼斯拉夫斯基演剧体系，它是一个包括导演、表演和戏剧教学理论和方法的演剧体系，一个现实主义的导、表演体系。他写有《我的艺术生活》、《演员的自我修养》等专著。强调现实主义原则，主张演员要沉浸在自己所扮演角色的情感之中。他的理论对20世纪世界现实主义戏剧运动产生了很大的影响。

七、美国戏剧

尤金·奥尼尔

被誉为美国戏剧之父。1936年获得诺贝尔文学奖。戏剧创作不拘一格，将现实主义、表现主义、象征主义和意识流等融合起来,形成了自己的艺术特色,是一位最能体现现代人心灵痛苦的剧作家。代表作《天边外》、《琼斯皇》、《悲悼》、《进入黑夜的漫长路程》。

田纳西·威廉斯

继奥尼尔之后美国最杰出的剧作家。擅长描写美国南方的生活,以塑造女性形象为主,表现男女两性之间的冲突。代表剧作有《玻璃动物园》、《欲望号街车》等。力求通过剖析处于社会底层人物的精神痛苦来反映当代人的病态心理。

阿瑟·米勒

美国"二战"后的著名剧作家。其剧作多是关心社会现实和弱势群体的社会问题剧。代表作有《推销员之死》、《炼狱》、《桥头眺望》等。其中《推销员之死》融合了现实主义和表现主义的表现手法,着重探讨个人的生活地位和处境,主人公罗曼的最终死亡,展示了一个家庭的悲剧,也是一个美国梦破灭的故事。此剧代表了美国反映社会现实戏剧的创作高峰。

第三节 中国戏曲简史

1. 中国戏曲起源

目前,学术界较统一的观点是认为戏曲源于原始歌舞,是一种综合性艺术。《吕氏春秋·古乐》中记载的"葛天氏之乐"代表的就是一种诗歌、音乐、舞蹈三位一体的综合性原始艺术形态。

2. 战国滑稽戏

西周末年,出现了专供帝王娱乐之用的职业艺人——"优",也称"倡优"、"俳优",以滑稽调笑为主,能歌善舞,擅长模仿,可达到讽刺劝谏之效。《史记·滑稽列传》中记载的著名的"优孟衣冠"的故事,被认为是中国最早的戏曲表演。

3. 汉代"角抵戏"

汉代民间出现了类似杂技演出性质的"百戏",包括走索、吞火、武术等,其中具有表演成分的"角抵戏"逐渐传入宫廷。"角抵戏"在角力的同时又角技艺,是一种集中了音乐、舞蹈、杂技、武术等各种技艺的综合表演。较著名的"角抵戏"是《东海黄公》。

4. 隋唐"歌舞戏"

由南北朝到隋唐,随着宫廷歌舞的发展,一种用歌舞表现一定故事情节的"歌舞戏"产生了,具有更为浓郁的表演成分,如《代面》、《钵头》、《踏摇娘》等。

5. 唐代参军戏

参军戏由先秦俳优表演发展而来。内容以滑稽调笑为主。一般是两个角色,扮演被戏弄的人为"参军",扮演戏弄人的一方叫"苍鹘"。至晚唐,参军戏发展为多人演出,戏剧情节也比较复杂。参军戏对宋金杂剧的形成有着直接影响。

6. 宋杂剧

北宋时期,随着商品经济的发达,出现了供各种艺术形式表演的娱乐场所——"勾栏"、"瓦舍"。同时民间歌舞、说唱、滑稽表演、小说、讲史等各种技艺有了较大发展,综合性趋势加强,因此在唐代参军戏的基础上,"宋杂剧"出现了。

7. 宋元南戏

指北宋末年至元末明初在中国南方流行的戏曲艺术。又称南曲戏文、温州杂剧、永嘉杂剧等。

宋元南戏可分为两个发展阶段:一是早期南戏,主要是宋人作品,以《张协状元》为代表,另外存世的作品有《小孙屠》、《宦门子弟错立身》等;二是后期作品,以《琵琶记》和"荆、刘、拜、杀"(《荆钗记》《刘知远白兔记》《拜月亭记》《杀狗记》)四大南戏为代表。

《张协状元》是我国目前发现最早的一部完整的戏曲剧本。这出戏反映了当时书生"富贵变泰"的普遍现象。

《琵琶记》是元代文人高明根据早期南戏《赵贞女蔡二郎》改编而成的,代表了南戏的最高艺术成就。

8. 元杂剧

亦称北杂剧,是在宋杂剧、金院本基础上发展起来的,以北方流行曲调进行演唱的戏曲艺术,标志着中国戏曲的成熟。

在元杂剧兴盛的时期,产生了许多优秀的剧作家和大量杰出的杂剧作品。从金末前后到元成宗大德年间,元杂剧的创作中心在大都,集中了许多著名的作家,如关汉卿、王实甫、马致远、白朴、郑廷玉、高文秀、石君宝等,作品以公案戏、爱情婚姻戏、风尘戏为主,还出现了不少历史剧、水浒戏和历史演义式作品,形成了中国古代戏剧文学创作上的繁荣昌盛局面。元代后期,随着经济中心的转移,杂剧创作中心也由北方转向了南方的杭州,这一时期的作家作品成就远不如前期,比较突出的有郑光祖、乔吉甫、宫天挺、秦简夫等,作品更多地着眼于对当时社会矛盾的解决。

9. 明清杂剧与传奇

杂剧入明后仍在继续发展。明代初期,一些王室贵族作家的创作与戏曲理论使杂剧趋于宫廷化,多是些歌功颂德、宣传教化、提倡节义或神仙道化剧;嘉靖后期至明末,社会经济的发展为杂剧注入了新鲜血液,在形式上也有一些突破,杂剧逐渐成为文人案头剧,其体制已离开了杂剧的规范,其中以徐渭的《四声猿》成就最高。

但纵观明清剧坛,明杂剧的成就远不如元杂剧,而占据主流地位的戏剧形式则是由南戏发展起来的传奇剧。

明清传奇发展的四个阶段:

明代前中期,这一时期的传奇创作不太景气。明中叶又出现了骈俪之风,内容多顺应朝廷宣扬忠孝节义的封建道德思想,如《五伦全备记》、《香囊记》等,大多充满了说教性质。

明后期,传奇创作可谓盛极一时,著名作家有李开先、梁辰鱼、沈璟、汤显祖、孟称舜等,创作了大量脍炙人口的名篇佳作,在思想和艺术上都取得了巨大成就。这一时期产生了多个戏曲流派,其中最著名的是吴江派和临川派。

明末清初的社会剧变促进了传奇的发展,以李玉为代表的苏州作家群用传奇创作反映政治斗争,如《清忠谱》、《千忠戮》等,展现了这一时期的历史风貌。

清朝后期出现了清传奇的高峰,以"南洪北孔"(洪升和孔尚任)为代表,代表作分别是《长生殿》和《桃花扇》。

明清著名戏曲大师

沈璟 吴江派的领袖,与以汤显祖为代表的临川派在戏曲理论上存在分歧,史上有"沈汤之争"。沈璟主张戏曲要"合律依腔",合乎本色。他自己的作品多描写生死友谊、豪侠行径、书生际遇等,思想上多宣扬封建伦理纲常,充满说教气息。

汤显祖 临川派的领袖人物,也是明代成就最高的传奇作家。

洪升 浙江钱塘人。出身官宦世家,师从当时名士,为人孤傲疏狂,故仕途不顺。其历经十余年创作的剧作《长生殿》一时名噪京师。

洪升剧作共12种,现存《长生殿》传奇和《四婵娟》杂剧。《四婵娟》以古代四位才女谢道韫、卫夫人、李清照、管仲姬的故事,对四位才女的才情和家庭生活做了生动细腻的描绘,风格清新疏淡。

孔尚任 山东曲阜人,孔子第64代孙。孔尚任37岁时,康熙南巡,回京路经曲阜祭祀孔子,孔尚任被举荐在御前讲经,受赏识被任命为国子监博士,从此踏上仕途。他创作的《桃花扇》一问世便引起各方追捧。

第四节 中国戏曲种类

京剧

又称"皮黄"、"西皮"、"二黄"等,是我国流行最广、最有代表性的戏曲剧种,素有"国剧"之称。京剧的形成以乾隆55年"四大徽班"进京为标志,由此形成了以西皮、二黄两种腔调为主的板腔体唱腔系统,确立了以胡琴(又称"京胡")为主奏乐器,伴以管弦乐器和锣鼓的音乐系统,使唱念做打表演体系逐步完善。在表演角色上,早期分生、旦、净、末、丑、武行、龙套七行,现在主要分为生、旦、净、丑四大类,每个行当都有自己独特的表演程序。

京剧代表人物

"前三鼎甲"和"后三鼎甲":京剧老生的创始人程长庚、余三胜、张二奎被称为"前三鼎甲",后来的谭鑫培、汪桂芬、孙菊仙被称为"后三鼎甲"。

四大花旦:梅兰芳、尚小云、程砚秋、荀慧生。

前四大须生:余叔岩、言菊朋、高庆奎、马连良。

后四大须生:马连良、谭富英、杨宝森、奚啸伯。

"南麒北马":"北马"指马连良,"南麒"指"麒麟童"——周信芳,他长期在南方演出,形成了自己的"海派"风格。

昆剧

我国古老剧种,又称"昆腔"、"昆曲",曲调清新婉转,念白具有吴侬软语的特点,被尊为"百戏之祖"。明嘉靖年间魏良辅对昆山腔进行了彻底改造,创造了"水磨腔"的唱腔系统,作家梁辰鱼以此写了传奇《浣纱记》,使昆山腔在剧曲中得到运用,从此文人雅士便争相为昆山腔写传奇剧本。从明中叶到清中叶,昆山腔独占戏曲界鳌头达200多年,成为宫廷剧种。直到"四大徽班"进京,昆曲才受到了冲击,到了清代乾隆后期,昆曲的演出基本转变为"折子戏"的形式,它在我国北方失去了主要优势,但在南方还得以保存。

评剧

流行于我国北方的一种地方戏,尤其是华北、东北一带。它在唐山民歌、莲花落等民间音乐的基础上,吸收东北二人转、京剧、河北梆子等戏曲和音乐成分,形成了抒情性强,曲风流畅自然、乡土味浓厚的独特特点。著名评剧演员有白玉霜、爱莲君、刘翠霞、喜彩莲四大流派,主要作品有《花为媒》、《杨三姐告状》、《桃花庵》等。

越剧

20世纪初期兴起的很有影响力的剧种，流行于我国浙江、上海等地。发源于浙江一带流行的民间说唱艺术"落地唱书"，曲风清幽婉丽、细腻优美，是我国最有影响力的戏曲剧种之一。著名的越剧演员有被称为越剧四大名旦的"三花一娟"，即施银花、赵瑞花、王杏花、姚水娟。优秀作品有《梁山伯与祝英台》、《龙凤锁》、《碧玉簪》等。

黄梅戏

流行于安徽等地的地方剧种，旧称"黄梅调"、"采茶戏"。唱腔淳朴流畅、明快婉转，长于抒情。20世纪50年代，由于国家的扶植，出现了严凤英、王少舫等著名演员，整编了一些经典黄梅戏剧目，如《天仙配》、《女驸马》、《牛郎织女》、《夫妻观灯》、《打猪草》等。

川剧

流行于四川、云南、贵州等地的地方剧种。唱腔高亢激越，表演诙谐幽默，还有不少精彩的特技表演，像变脸。

河北梆子

又称"京梆子"，流行于我国河北、北京、山东及东北等地，约有一二百年的历史。舞台语言为北京口音，唱腔系统属板腔体，主奏乐器为板胡，演唱时高亢激昂。著名演员有田际云、郭宝臣、侯俊山等，剧目比较有名的如《蝴蝶杯》、《杜十娘》等。

豫剧

又称"河南梆子"，为河南省的主要地方戏曲剧种，流行于河南、河北、山东、山西、新疆、西藏等地。声腔属梆子腔，唱腔属板腔体，吐字清晰，行腔酣畅，节奏鲜明，唱词通俗易懂，极具口语化。著名豫剧演员有常香玉、陈素贞、崔兰田等，豫剧作品《花木兰》、《穆桂英挂帅》是家喻户晓的名作。

秦腔

又称"梆子"、"西秦腔"，历史悠久，属于陕西省的地方戏曲剧种。唱腔深沉浑厚、悲壮高昂，同时又兼有缠绵悱恻、细腻柔和的特点。属板式变化体，声腔分"苦音"和"欢音"两种，表演富有夸张性。著名演员有高希中、萧若兰等。

沪剧

旧称"花鼓戏"、"申曲"等，是上海市的地方剧种。唱腔细腻柔和，曲调优美，富有江南气息，唱腔分板腔体和曲牌体两类；伴奏乐器包括二胡、三弦、笛、扬琴、箫以及西洋乐器。著名演员有杨目英、茅善玉、解洪元等，代表剧目有《罗汉钱》、《星星之火》等。

淮剧

又称"江北小戏",俗称"三伙子",是江苏省的地方剧种之一,起源于江苏民间小戏"香火戏",又吸收徽剧的艺术成分发展而来。著名演员有筱文艳、何叫天、马秀英、武筱凤等,代表剧目有《白蛇传》、《海港的早晨》等。

赣剧

旧称"江西班",属江西省的地方剧种。声腔分高腔、昆腔和弹腔三类。著名演员有严有源、潘凤霞、陈桂英、祝月仙等。

滇剧

云南省的地方剧种,流行于云南、四川和贵州等地。善于通过表现人物间的矛盾、思想感情的变化来刻画人物形象,语言生动、通俗流畅,具有民间歌谣的性质。声腔结构是板式变化体,包括丝弦腔、襄阳腔、胡琴腔三种声腔,以丝弦腔为主。

湘剧

又称"长沙湘戏",为湖南省的主要地方剧种。声腔包括高腔、昆腔、乱弹等多种声腔系统,不同的声腔有不同的伴奏乐器。表演联系现实生活,能够塑造不同的人物形象,各个角色行当都有自身的表演风格。现保存有《金印记》、《拜月记》等整套高腔戏。

潮剧

又称"潮州戏",是广东省的戏曲剧种,流行于广东、福建、香港、台湾及东南亚一带。历史悠久,属元明南戏的一支,在明代称为"潮腔"。唱腔系统有一人主唱、众人帮腔的"帮腔"形式,伴奏乐器分文场和武场,表演清雅幽静、机巧灵活。著名演员有谢大月、杨其国、陈华等。

黔剧

又称"文琴戏",是贵州省的地方戏曲剧种之一。黔剧是在建国后在"贵州扬琴"曲艺的基础上发展形成的。唱腔婉转,唱词以韵文为主,语言质朴;表演技艺上继承了贵州扬琴的形式,又融合了京剧、川剧、越剧等剧种的成分,以演唱文戏为主。

湖南花鼓戏

湖南省的地方剧种之一,源于当地的民歌、山歌和哼歌,至今已有200多年的历史。花鼓戏的曲调约有300多支,基本为曲牌连缀结构体,腔调粗犷爽朗。表演风格明快活泼,地方色彩浓厚。著名演员有廖春生、王佑生、张树生等,代表剧目有《刘海砍樵》等。

目连戏

又称"太平戏",我国古老的民间戏曲剧种,流行于安徽、江苏南京等地。约从东汉时开始兴起。唱腔正统丰富,以高腔为主。目连戏主要扮演目连入冥间救母的故事,属于表现人、神、鬼的宗教戏,一场演出长达好几天,表演讲究排场。

据说,全国各地的地方剧种多达 360 种之多,以上只是列举了一些重要的地方戏种。

第五节 中外戏剧戏曲评奖

文华奖

1991 年中国文化部设立,与"群星奖"同为全国性的社会文化艺术政府奖。用于奖励专业舞台表演艺术,包括优秀的戏曲、话剧、歌剧、杂技、曲艺等节目,是目前最高的政府奖。奖项包括文化大奖和文化新剧目奖,单项奖有表演、导演、编剧、舞台美术等。评奖活动最初为一年一届,1998 年改为两年一届,2004 起改为三年一届,与"中国艺术节奖"结合,在艺术节期间评选。

梅花奖

全称"中国戏剧梅花奖",是中国戏剧表演艺术的最高奖项。始创于 1983 年,由中国戏剧家协会主办,每年一评,2005 年改为两年一评,2007 年更名为"中国戏剧奖·梅花表演奖"。奖项设置:梅花表演奖"一度梅",参评者限龄为 45 岁以下的中青年戏剧演员;"二度梅",已获梅花奖且年龄未超过 55 岁的演员,可再次参评;"三度梅",即梅花大奖,已获"二度梅"且年龄不超过 65 岁的演员。

曹禺戏剧奖

前身为全国优秀剧本创作奖。1980 年创立,由中国戏剧家协会主办,后与中国文联合办。内设"剧本奖"、"剧目奖"、"评论奖"和"小品小戏奖"。

中国戏剧文学奖

与曹禺戏剧奖、中国戏剧梅花奖并称三大戏剧大奖。也是中国戏剧文学学会常设的唯一大奖,旨在表彰近五年来在电影节、戏剧界的评论、导演、表演、理论上成就突出的知名人士。在海内外享有极高声誉,素有"中国戏剧界诺贝尔"之称。

第六节　曲艺与杂技

曲艺

曲艺是中华民族各种说唱艺术的统称,它是由民间口头文学和歌唱艺术经过长期发展演变形成的一种独特的艺术形式。曲艺主要是通过说、唱,或似说似唱,或又说又唱来达到叙事、抒情的目的。它的语言要求必须适宜说唱,一定要生动活泼,洗练精美并易于上口。

曲艺以说唱为主要表现手段,演出地点不受舞台的限制,同时也不受角色的限制(即"一人多角",一个曲艺演员可以模仿多种人物)。

曲艺的分类

据调查统计,我国仍活跃在民间的曲艺品种有400个左右,流布于全国各地。说的如相声、评书、评话;唱的如京韵大鼓、单弦牌子曲、扬州清曲、东北大鼓、温州大鼓、胶东大鼓、湖北大鼓等等鼓曲;似说似唱的(亦称韵诵体)如山东快书、快板书、锣鼓书、萍乡春锣、四川金钱板等;又说又唱的(既有无伴奏的说,又有有音乐伴奏的唱)如山东琴书、徐州琴书、恩施扬琴、武乡琴书、安徽琴书、贵州琴书、云南扬琴等;又说又唱又舞的走唱如二人转、十不闲莲花落、宁波走书、凤阳花鼓、车灯、商花鼓等。总体上可以归纳为评书、相声、快板、鼓曲、说唱大书等五大类。

评书

是我国劳动人民创造的一种口头文学,北方语系通称评书,南方多称"评话",也有称"评词"。评书一般都是长篇大书,演说的内容多为历史朝代更迭、英雄征战以及侠义故事。我国著名的评书艺术家有袁阔成、单田芳、田连元、孙敬修、刘兰芳等。

快板

"快板"这一名称出现较晚,早年叫做"数来宝",也叫"顺口溜"、"流口辙"、"练子嘴",是从宋代贫民演唱的"莲花落"演变发展成的。演出时用竹板、节子板、铜板(鸳鸯板)击打伴奏。

鼓曲

鼓曲是曲艺中数以百计唱故事的曲种的总称,它的音乐性较强,以演唱曲词为主。鼓曲可分成弹词、大鼓、渔鼓和道情、牌子曲、琴书、杂曲、走唱等。北方的西河大鼓、南方的评弹(著名的如苏州评弹),都是说唱艺术。

相声

相声是以语言为主要表演手段的一种曲艺艺术,最初流行于北京和天津地区,后逐渐遍布大江南北。相声具有喜剧性的特点,能够寓庄于谐,运用轻松诙谐的形式表现严肃的主题,是一门幽默多变、含蓄精炼、明快犀利的艺术。

相声演员讲求"说"、"学"、"逗"、"唱"四大基本功。"说"是指讲故事以及说话的能力,"学"是指模仿各种人物、方言、声音以及其他一切可以模仿的现象,"逗"是指制造笑料、引人发笑的能力,"唱"是指演唱"太平歌词"。

马三立

是深受人民喜爱的人民艺术家,相声界的泰斗。长期的说相声生涯,使得马老形成了内紧外松、有条不紊、表演细腻、含蓄隽永的独特风格。马老的艺术功底扎实厚重,有口皆碑。他的单口相声尤其著名,最有名的段子是《逗你玩》。

侯宝林

当代著名相声大师。侯宝林善于模仿各种方言、戏剧表演。他的相声,注重知识性、趣味性和评论性。语言清晰,动作自然,神态洒脱,寓庄于谐,化雅为俗,具有独特的艺术魅力。代表作有《北京话》《关公战秦琼》《改行》等。

杂技

杂技亦作"杂伎",它包括蹬技、手技、顶技、踩技、口技、车技、武术、爬竿、走索以及各种民间杂耍等,现在通常也把戏法、魔术、马戏、驯兽等表演项目包含在内。这些杂技的共同特点是以健美有力的形体动作和灵巧迅速的手法表演为主,呈现出各种难度很高的技术,表现人类的智慧、勇敢和坚强毅力。

杂技艺术在中国已经有2000多年的历史。杂技在汉代称为"百戏",隋唐时叫"散乐",唐宋以后为了区别于其他歌舞、杂剧,才称为杂技。

魔术

又称为"幻术"或者"戏法",是一门集知识性、科学性、趣味性于一体的艺术门类。魔术演出者通常是以敏捷迅速的动作、技艺或是通过某些特殊的道具,将表演的真相掩盖,从而呈现出在视觉上令观众感到匪夷所思的现象。魔术表演是一门综合艺术,不同的项目有着不同的设计原理,有的是利用化学原理,有的利用物理原理,同时还要利用观众的观看心理等等。

马戏

又称戏马,是指训练马等各种动物来进行表演的节目。马戏,在我国有着悠久的历史,西汉即有了关于马戏的记载。现在的马戏表演更是拓展了各种各样的表演活动,除了演员在马上表演各种技艺之外,还训练其他动物做各种动作表演,例如驯狗、驯猴、驯虎、驯骆驼、驯羊、驯熊猫等,经典表演项目有"钻火圈"、"走钢丝"、"骑车"等等。

滑稽

曲艺的一种,流行于上海、杭州、苏州等地,和北方相声相近,通常是以小丑为主角的喜剧表演,是杂技、马戏中重要组成部分。滑稽演出多种多样,有以技术表演为主的"武滑稽",也有以刻画人物为主的"文滑稽"。在一场杂技、马戏节目中,出现得较多的是串场滑稽。

自测题(六)与答案

一、填空题

1. 人们习惯称戏班、剧团为(   ),称戏曲演员为(   )。
2. 戏曲的常见术语"四功五法"是一般是指(   )四功和(   )五法。
3. 被恩格斯成为"喜剧之父"的希腊喜剧作家是(   )。
4. 17世纪,为法国喜剧带来崇高荣誉的剧作家是(   )。
5. "世界是个大舞台,我们每一个人都在其中扮演着自己的角色",首先在自己的剧作中揭示这一主题的剧作家是(   )。
6. 中国唐代参军戏中,扮演戏弄人的演员被称作(   ),而受戏弄的官员称为(   )。
7. 清代剧作家(   )创作了《浣纱记》,以自己的传奇创作给改良后的昆曲以巨大支持。
8. 标志着歌德创作顶峰的作品为长篇诗剧(   )。
9. 现实主义的导、表演体系——斯式体系,是由(   )导演斯坦尼斯拉夫斯基创立的。
10. 戏剧《莎乐美》是英国剧作家(   )创作的一部唯美主义悲剧。
11. 我国京剧史上有"四大花旦"之称的京剧演员是梅兰芳、(   )、程砚秋、(   )。
12. 戏曲表演主要角色行当有(   )。
13. (   )是戏剧的一种类型,介于悲剧和喜剧之间,也叫悲喜剧。
14. 戏曲《空城计》中的诸葛亮属于(   )行当。
15. 中国戏曲音乐的两大结构体系是(   )和(   )。
16. 西方以音乐和戏剧因素为主,但不以戏剧情节为表现目的的戏剧种类是(   )。
17. 被称为古希腊"悲剧之父"的是(   )。

18. 讲究说学逗唱,以语言为主要表演手段的曲艺艺术称之为（　　）。

19. 杂技艺术在中国有着悠久的历史,它在汉代时被称为（　　）,隋唐时叫做（　　）。

20. 素有"中国戏剧界诺贝尔"之称的戏剧奖项是（　　）。

二、选择题

1. 《温莎的风流娘们》是莎士比亚创作的著名的（　　）。
   A. 悲剧　　　B. 喜剧　　　C. 历史剧　　　D. 音乐剧

2. 答尔丢夫是莫里哀的喜剧作品（　　）中的人物形象。
   A.《伪君子》　B.《悭吝人》　C.《恨世者》　D.《可笑的女才子》

3. 法国剧作家（　　）根据中国古典戏曲《赵氏孤儿》创作了《中国孤儿》。
   A. 狄德罗　　B. 博马舍　　C. 卢梭　　　D. 伏尔泰

4. 戏剧《万尼亚舅舅》是（　　）创作的一出为偶像而牺牲的悲剧。
   A. 托尔斯泰　B. 果戈里　　C. 契诃夫　　D. 高尔基

5. "他人即地狱"这句话出自萨特的剧作（　　）。
   A.《苍蝇》　　B.《肮脏的手》　C.《密室》　　D.《死无葬身之地》

6. 下列不属于"元曲四大家"的作家是（　　）。
   A. 关汉卿　　B. 王实甫　　C. 郑光祖　　D. 白朴

7. 下列作品中最具悲剧意识的是（　　）,它突破了中国传统的大团圆结局。
   A.《长生殿》　B.《梧桐雨》　C.《桃花扇》　D.《莺莺传》

8. 中国四大声腔系统是不包括（　　）。
   A. 梆子腔　　B. 弋阳腔　　C. 昆腔　　　D. 高腔

9. 戏剧《杨三姐告状》属于（　　）。
   A. 评剧　　　B. 昆剧　　　C. 越剧　　　D. 黄梅戏

10. 京剧历史上享有"前三鼎甲"美誉的京剧老生是（　　）。
    A. 孙菊仙　　B. 汪桂芬　　C. 张二奎　　D. 谭鑫培

三、名词解释

1. 曲牌联套体
2. 程式化
3. 间离效果

四、简答题

1. 什么是戏剧冲突?
2. 阐释一下"三一律"的具体创作要求。
3. 如何区分"幕"与"场"?

答案:

一、填空题

1. 梨园　梨园弟子
2. 唱、念、做、打　手、眼、身、法、步
3. 阿里斯
4. 莫里哀
5. 西班牙的卡尔德隆
6. 苍鹘　参军
7. 梁辰鱼
8. 浮士德
9. 俄国
10. 王尔德
11. 尚小云、荀慧生
12. 生、旦、净、末、丑
13. 正剧
14. 老生
15. 曲牌联套体　板式变化体
16. 歌剧
17. 埃斯库罗斯
18. 相声
19. 白戏　散乐
20. 中国戏剧文学奖

二、选择题

1. B　2. A　3. D　4. C　5. C　6. B　7. C　8. B　9. A　10. C

三、名词解释

略

四、简答题

略

第七章 音乐、舞蹈

第一节 音 乐

一、音乐通论

音乐基本要素

音乐的基本要素是指构成音乐的各种元素,包括音的高低、音的长短、音的强弱和音色。由这些基本要素相互结合,形成音乐的常用的"形式要素"。例如节奏、旋律、和声、以及力度、速度、调式、曲式等。音乐的最基本要素是节奏和旋律。现简述如下:

1. **节奏**:音乐的节奏是指音乐运动中音的长短和强弱。音乐的节奏常被比喻为音乐的骨架。

2. **和声**:和声包括"和弦"及"和声进行"。和弦通常是由三个或三个以上的乐音按一定的法则纵向(同时)重叠而形成的音响组合。和弦的横向组织就是和声进行。和声有明显的浓、淡、厚、薄的色彩作用,还有构成分句、分乐段和终止乐曲的作用。

3. **力度**:音乐中音的强弱程度。

4. **速度**:音乐进行的快慢。

5. **调式**:音乐中使用的音按一定的关系连接起来,这些音以一个音为中心(主音)构成一个体系,就叫调式。如大调式、小调式、我国的五声调式等。调式中的各音,从主音开始自低到高排列起来即构成音阶。

6. **曲式**:曲调在发展过程中形成各种段落,根据这些段落形成规律性,而找出其具有共性的格式便是曲式。

7. **旋律**:声音经过艺术构思而形成的若干乐音有组织、有节奏的和谐运动。旋律是乐曲的基础,乐曲的思想感情都是通过它表现出来的。

8. **复调与主调**:主调音乐是与复调音乐相对应的概念。主调音乐是由一条旋律线(主旋律)加和声衬托性声部构成的。复调音乐是由若干(两条或两条以上)各自具有独立性(或相对独立)的旋律线,有机地结合在一起(同时结合或相继结合)出现,协调地流动、展开所构成的多声部音乐。

音乐的功能

1. 认识功能

音乐是一种声音符号,表达人的所思所想。人们可以通过音乐,借助联想去认知自然现象或者某一生活场景。

2. 教育功能

音乐是有内涵的,其中隐含了作者的生活体验、思想情怀。音乐可以通过优美的旋律来感染听者,是进行美育的方式之一。

3. 审美功能

音乐的声波介于噪声和频率不变的纯音之间,从效果上讲它可以带给人美的享受。

4. 实用功能

音乐是社会行为的一种形式,通过音乐人们可以互相交流情感和生活体验,在歌曲中这种作用表现得最为突出。

二、中国音乐

(一)中国民族音乐常识

1. 民间歌曲类型

汉族民歌从音乐特点上区分,可分为号子、山歌与小调三种类别。

号子

号子也称劳动号子、哨子,是一种伴随着劳动而歌唱的民间歌曲。号子的歌唱方式,主要是"领、合"式,流传于中国各地。劳动号子曲调高亢激奋,节奏沉稳有力,调式调性变化频繁。

山歌

通常在户外旷野演唱。风格坦率直露、热情奔放,常伴有丰富的装饰音和拖腔,例如信天游。

小调

小调又称"小曲"、"时调"等。按照内容的不同,可以将小调分为抒情歌、诙谐歌、儿歌和风俗歌四类。小调的节奏规整,节奏丰富多变,歌唱形式以独唱为多,其次为对唱和一领众和等。与号子和山歌相比，小调的音乐具有叙事与抒情相结合的特点，例如《回娘家》、《走西口》等。

藏族的箭歌

流行于西藏东南部，是猎手们夸耀自己箭术所用的歌谣，演唱时常伴有舞蹈动作，代表作品有《北京的金山上》。

蒙古族的长调

蒙古族民歌分"长调民歌"和"短调民歌"。"长调"有许多无意义的谐音字拉长唱腔，有草原空阔的风格。蒙古族最有特色的乐器是马头琴，是一种拉弦乐器，由于琴柱上一般都雕刻一个马头装饰，所以由此命名。

苗族飞歌

是苗族歌曲的一种，流行于贵州台江、剑河、凯里等一带。飞歌的音调高亢嘹亮，豪迈奔放、明快，唱时声振山谷，有强烈的感染力。飞歌，多用在喜庆、迎送等大众场合，见物即兴，现编现唱。歌词以颂扬、感谢、鼓动这类内容为主，过苗年、划龙舟等节日喜庆活动，一般要唱飞歌。

朝鲜族的抒情谣

朝鲜族的民歌，有农谣、抒情谣、风俗谣、童谣、长歌等5种体裁。其中，抒情谣流传广、数量多、题材广泛。《道拉基》是一首流传甚广的朝鲜族抒情谣。"道拉基"即桔梗，是朝鲜族人民爱吃的一种野菜。该民歌属于生活歌类，曲调轻快。《阿里郎》是爱情类抒情谣，曲调带有哀怨的情绪。

2. 说唱音乐

单弦

原为八角鼓中的一种演唱形式，以一人操三弦自弹自唱而得名。八角鼓是满族的一种小型打击乐器，鼓面蒙蟒皮，鼓壁为八面，七面有孔，每孔系有两个铜镲片，以手指弹鼓或摇动鼓身使铜片相撞而发出声音。演唱时，演员手持八角鼓，故又称之为"唱八角鼓的"。

大鼓

大鼓与鼓书是中国曲艺曲种分类中一个类别的两种称谓。大鼓的文学脚本称为鼓词，基本为七言或十言的上下句体。作品(即曲目)有短篇、中篇、长篇之分。短篇只唱不说，中长篇则有唱有说。人们往往称唱短篇为唱大鼓，唱中、长篇为唱大鼓书。大鼓的唱腔音乐结构为板腔体，唱腔曲调多源于流行地的民间音乐及地方小调，并用当地方言语音演唱，以京韵大鼓为代表。音乐唱腔是区别大鼓曲种的主要标志。

评弹

又称苏州评弹、说书或南词，是一门古老、优美的说唱艺术。评弹用苏州方言演唱，是苏州的评话和弹词的统称。评话又称说大书，以讲历代军国大事为主，其演员多为一人，演出时讲究说表、口技、手面和眼神等，一般具有较大幅度的动作。弹词又称说小书，大多演唱传奇及野史中的悲欢离合故事，其演员由单档发展为双档、三档（男女兼有），以说、噱、弹、唱为主要艺术手段，吟唱时常用弦子、琵琶伴奏。

琴书

曲艺中的琴书，因演唱时用扬琴为主要伴奏乐器而得名，琴书种类很多，有北京琴书、翼城琴书、武乡琴书、徐州琴书、安徽琴书、山东琴书、贵州琴书、四川琴书、云南琴书等。各种琴书起源不一，大多是由当地民歌、小调发展而成。

3. 民间器乐的主要类型

江南丝竹

江南丝竹是流行于江苏南部、浙江西部、上海地区的丝竹音乐的统称。因乐队主要由二胡、扬琴、琵琶、三弦、秦琴、笛、箫等丝竹类乐器组成。在这些地区的城市和农村都很流行丝竹乐，但风格完全不同。城市丝竹乐风格典雅华丽，加花较多，流传很广；而农村则常用锣鼓，气氛热烈，风格简朴。传统乐曲有《中花六板》、《三六》、《行街》、《四合》和《云庆》等。

山东鼓吹

鼓吹乐是以打击乐器、吹奏乐器等合奏形式为主的音乐，在中国音乐史上曾是重要的乐种。其初常用鼓、角、箫（排箫）、笳等乐器，曲目中亦常有歌词，可供歌唱，代表性乐曲有《开门》等。

广东音乐

广东音乐主要流传于珠江三角洲，常规器乐有粤胡、秦琴、琵琶、扬琴等。初期仅有二弦、提琴、三弦、月琴、横箫，俗称"五架头"。其演出场合较广泛，或为戏曲演出的垫场，或在茶楼、酒肆由流浪艺人表演，或为婚丧喜庆助兴，或为百姓自娱。大批粤乐家自编自创，已积累了数百首曲目，如《旱天雷》、《雨打芭蕉》、《步步高》等

十番锣鼓

创于京师而盛于江浙的民间吹打乐种，主要流行于江苏省南部地区，以苏州、无锡为中心。十番锣鼓的演奏主要用于宗教的超度与民间各种风俗礼仪活动。根据其所用乐器的不同，可分为"清锣鼓"和"丝竹锣鼓"两大类。较流行的曲目有《划龙船》、《小桃红》、《万家欢》、《喜遇元宵》等。

4. 文人音乐的体裁

古琴

古琴,亦称瑶琴、玉琴、七弦琴,为中国最古老的弹拨乐器之一。它集中体现了我国古代文人的崇高审美追求和道家的"物我两忘"、"大音希声"的境界。代表性演奏曲目有《平沙落雁》、《梅花三弄》、《广陵散》等。

词调音乐

唐末宋初,我国文人创作了"曲子词",是文人间彼此唱和的作品,经过历史的涤荡,现在的词调音乐大部分只余词而失去了当时的配乐。

(二)中国音乐名家名作

1. 中国传统音乐作品

(包括民间歌曲、古典歌曲、民族器乐独奏曲三种形式)

《小白菜》

河北民歌《小白菜》讲述了一个失去母亲的小女孩的悲惨生活,以"清末四大奇案"之杨乃武案中的女主角毕秀姑的遭遇为背景。曲调采用哭腔演唱,以它为母体衍生出许多著名的民歌,如《沂蒙山好风光》,另外《白毛女》中喜儿所唱的《北风吹》也是根据这首歌改编的。

《绣荷包》

国内同名曲调很多,但个中以山西的最为有名,歌词以一个少女为情人绣荷包并赠送给他的心理活动,抒发了少女对情人的思恋和对幸福生活的憧憬等。

《蓝花花》

陕北传统民歌。以纯朴生动、犀利有力的语言,热情歌颂了一位封建时代的叛逆女性——蓝花花。民歌以优美流畅、开阔有力的信天游曲调咏唱。

《走西口》

流传于山西、陕西、蒙古一带。《走西口》道出了一对新婚夫妇生离死别的悲苦与近代山西人出外谋生的艰辛,它的背后有着深刻的社会、历史、自然、地理原因。

《康定情歌》

《康定情歌》,又名《跑马溜溜的山上》,流传于西南地区,是上个世纪30年代诞生于四川康定的一首民歌,由当地的群众自发编创并于40年代逐渐流传开来。

《小河淌水》

《小河淌水》是云南大理白族自治州弥渡的民歌。歌词质朴自然，富于想象。全曲是羽调式，五个乐句，速度稍慢，用从容舒展、比较自由的节奏和回环起伏、清新优美而具有云南地方特色的旋律，描绘了一个充满诗情画意的深远意境。

《茉莉花》

《茉莉花》自古以来流行全国，有各种各样的变种，但以流行于江南一带的一首传播最广，最具代表性。它旋律委婉，感情细腻，通过赞美茉莉花，含蓄地表现了男女间淳朴柔美的感情。它是我国民间乐曲的代表，在国际上也享有声誉，曾被意大利作曲家普契尼用在歌剧《图兰朵》中。

《嘎达梅林》

蒙古长篇叙事歌，讲述了蒙古民族英雄嘎达梅林率领人民反抗封建制度的历史。既表现了广大群众对英雄崇敬爱戴的感情，也突出了英雄高大的形象。

《阳关三叠》

又名《阳关曲》、《渭城曲》，是根据唐代诗人王维的七言绝句《送元二使安西》谱写的一首琴歌。

《扬州慢》

《扬州慢》乃姜夔自作调，以"淮左名都"之昔日繁华对比今日"尽荠麦青青"之荒凉，以"废池乔木，犹厌言兵"极写伤乱之感。最后三句以"暮色、军角、空城"，描绘眼前凄凉。词人多次化用杜牧歌咏扬州昔日景物的诗句，构成风月繁华与萧条颓废的意象对比。

《满江红》

曲词传说是由北宋名将岳飞所写，20世纪20年代由杨荫浏先生将岳飞的词同元代古曲予以配唱，词曲十分贴切契合，取得了良好的艺术效果。

《梅花三弄》

《梅花三弄》是中国著名十大古曲之一，又名《梅花引》、《玉妃引》，体现了梅花洁白，傲雪凌霜的高尚品性，是中国传统艺术中表现梅花的佳作。此曲结构上采用循环再现的手法，重复整段主题三次，每次重复都采用泛音奏法，故称为《三弄》。

《广陵散》

《广陵散》，又名《广陵止息》，是古代一首大型琴曲。它是我国著名十大古曲之一，流传于广陵一代（安徽境内）。

《百鸟朝凤》

这首曲子原是流行于山东、河南、河北等地的民间乐曲,后经加工改编成唢呐独奏曲,它以热情欢快的旋律与百鸟和鸣之声,表现了生气勃勃的大自然景象。

《二泉映月》

作者华彦钧以"二泉映月"为乐曲命名,不仅将人引入夜阑人静、泉清月冷的意境,听毕全曲,更犹如见其人——一个刚直顽强的盲艺人在向人们倾吐他坎坷的一生。作品显示了中国二胡艺术的独特魅力,获得了"20世纪华人音乐经典作品奖"。

《十面埋伏》

《十面埋伏》是一首历史题材的大型琵琶曲,是中国十大古典名曲之一,又名《淮阳平楚》。本曲现存乐谱最早见于1818年华秋萍编的《琵琶行》。乐曲描写的是公元前202年楚汉战争垓下决战时,汉军用十面埋伏的阵法击败楚军,项羽自刎于乌江,刘邦取得胜利的情景。

《春江花月夜》

春江花月夜原是一首琵琶独奏曲,原名《夕阳箫鼓》(亦名《浔阳琵琶》、《浔阳夜月》、《浔阳曲》)。大约在1925年,此曲首次被改编成民族管弦乐曲。乐曲通过委婉质朴的旋律,流畅多变的节奏,巧妙细腻的配器,丝丝入扣的演奏,形象地描绘了月夜春江的迷人景色。

2. 中国现当代重要音乐作品

《教我如何不想他》

这是一首独唱曲,由刘半农作词,赵元任作曲。

歌曲反映了"五四"时代的青年在挣脱封建礼教的束缚、追求个性解放的潮流中,对执着而纯正的爱情的热情歌唱,当时被传诵一时。

《毕业歌》

故事片《桃李劫》主题歌。陈瑜(田汉)作词,聂耳作曲。

歌曲向青年学生们指出祖国面临的严峻形势,并发出"同学们,大家起来,担负起天下的兴亡"这样满怀激情的号召。影片上映后,这首歌立即在社会上广泛流传,许多青年学生受其影响走上了革命道路,在当时影响很大。

《义勇军进行曲》

《义勇军进行曲》原是聂耳于1935年为影片《风云儿女》所作的主题歌,歌词由田汉创作,1982年正式成为中华人民共和国国歌。

《铁蹄下的歌女》

词作者许幸之,曲作者聂耳。歌曲作于 1935 年,是影片《风云儿女》的插曲。

曲作者聂耳以深厚的无产阶级感情,为一个被社会所损害、被人们所轻视的歌女,向黑暗的旧社会发出了沉重的控诉。

《大刀进行曲》

麦新词曲,于 1937 年 7 月作于上海。

歌曲发表后迅速传遍全国,为鼓舞军民抗战斗志发挥了巨大作用,是抗日救亡歌曲中的一首代表作。全曲采用自由乐段结构,首尾呼应。在演唱"大刀向鬼子们的头上砍去"时,音调更高昂,气势更豪壮,之后发出的"杀"声,如炸雷一般,增强了歌曲强烈的战斗气氛。

《在太行山上》

这是一首合唱曲,由桂涛声作词,冼星海作曲。创作于 1938 年,歌词描绘了太行山中游击健儿紧张的战斗生活和勇敢顽强、乐观开朗的性格。歌曲旋律兼有抒情性和进行曲风格,是现实的战斗性与革命浪漫主义的有机结合。

《南泥湾》

贺敬之作词,马可作曲,1943 年作于延安。1943 年春节,延安鲁迅艺术学校的秧歌队来到南泥湾,向三五九旅的英雄们献上新编的秧歌舞《挑花篮》,《南泥湾》便是其中的插曲。歌曲旋律优美,意在歌唱南泥湾由荒凉变成"江南",并热情歌颂了开荒生产建立功勋的八路军战士。

《歌唱祖国》

王莘词曲,创作于 1950 年。这首歌问世以后便传遍我国的大江南北,以其豪迈的音乐、铿锵的节奏、饱满的感情,表现了新中国建立之初生机勃勃、蒸蒸日上的景象和人民充满激情的精神。

《我的祖国》

《我的祖国》是电影《上甘岭》的主题歌,作于 1956 年夏。乔羽作词,刘炽作曲。影片《上甘岭》反映了抗美援朝战争。

《红星照我去战斗》

邬大为作词,傅庚辰作曲,是电影《闪闪的红星》的插曲。这首歌采用了江西山歌的音调,充满了浓郁的乡土气息。在电影中,其婉转起伏的曲调与主人公潘冬子坐竹筏顺流而下的情景相互配合的天衣无缝,是"文革"中少见的优秀曲目。

《祝酒歌》

《祝酒歌》施光南作曲,韩伟作词,创作于中国人民结束十年浩劫后的最初年代。整首歌曲清新明快,以跳跃的节奏、抒情的气质见长。

《我爱你,中国》

由瞿琮作词,郑秋枫作曲,是电影《海外赤子》的插曲。全曲分为三个部分,开始是节奏分明的引子,中间则节奏平稳,逐层推进,尾声的"啊"一词将乐曲推向高潮,一腔爱国之情也顿时倾泻而出。

《黄河大合唱》

光未然作词,冼星海作曲。《黄河大合唱》是冼星海最重要的和影响最大的一部代表作。这部作品以黄河为背景,热情歌颂中华民族源远流长的光荣历史和中国人民坚强不屈的斗争精神,痛诉侵略者的残暴和人民遭受的深重灾难,广阔地展现了抗日战争的壮丽图景。

《长征组歌》

1965年,为纪念红军长征胜利30周年,曾参加过长征的肖华回顾他在长征中的真实经历,历时半年,完成了12首形象鲜明、感情真挚的史诗。随后,晨耕、遇秋等作曲家选择其中的10首谱成了组歌,分别描绘了10个环环相扣的战斗生活场面,并巧妙地把各地区的民间曲调与红军传统歌曲的曲调融合在一起,最终汇成了一部主题鲜明、内容丰富、形式新颖、风格独特的大型声乐套曲——《长征组歌》。

《白毛女》

《白毛女》是由延安鲁迅艺术学院集体创作而成的一部歌剧,由贺敬之、丁毅执笔。歌剧主要根据1940年流传在晋察冀边区一带"白毛仙姑"的民间故事加工改编而成的。

《刘三姐》

柳州市《刘三姐》剧本创作组集体创作的歌剧,1960年首演。剧本根据传说中的壮族姑娘刘三姐通过精彩对歌与当地地主作斗争的民间故事改编而成。全剧情节以"对歌"为中心,曲调皆以当地民间歌曲为创作基础。歌剧中浓郁的民族色彩和当地风情使之成为了我国歌剧舞台的经典之一。

《江姐》

1964年,中国人民解放军空军政治部文工团将《红岩》中有关江姐的故事搬上歌剧舞台,这便是歌剧《江姐》。此剧由阎肃编剧,羊鸣、姜春阳、金砂作曲。

全剧以四川民歌的音乐为主要素材,广泛借鉴川剧、越剧、四川清音、京剧等的创作手法。剧中的著名唱段《红梅赞》《绣红旗》等，琅琅上口，过耳不忘。

钢琴曲《牧童短笛》

这是一首驰名世界的优秀钢琴作品。它以清新、流畅的线条，呼应、对答式的二声部复调旋律成功地模仿出了中国民间乐器——笛子的特色，从而向听众展示了一幅传统的中国水墨画，仿佛使人们看到了江南水乡一个骑在牛背上的牧童，正在悠然自得地吹着牧笛。1934年，欧洲著名作曲家、钢琴家亚历山大·齐尔品来我国征集"中国风味的钢琴作品"时，曾举办了"中国钢琴作品比赛"。当时正在上海国立音专求学的贺绿汀以《牧童短笛》应征，荣获头奖。此后齐尔品把这首钢琴曲带到欧洲亲自演奏，并在日本出版。从此，这首钢琴曲闻名国内外，成为各国钢琴家们的常备曲目之一。

小提琴协奏曲《梁山伯与祝英台》

梁祝小提琴协奏曲是陈钢与何占豪就读于上海音乐学院时的作品，作于1958年冬，次年5月于上海首演时获得好评。首演由俞丽拿担任小提琴独奏。

《草原小姐妹》

琵琶协奏曲《草原小姐妹》，由作曲家吴祖强、王燕樵、刘德海三人合力创作而成。该曲将我国传统民族乐器琵琶作为主奏乐器，与西洋管弦乐队结合，表现了蒙族孩子龙梅和玉荣在暴风雪中保护羊群的动人故事，歌颂了祖国年轻一代的革命精神，1977年初春正式公演。整部乐曲具有浓郁的内蒙民间音乐色彩。

三、外国音乐

(一)西方音乐的主要体裁

歌剧

综合音乐、诗歌、舞蹈等艺术而以歌唱为主的一种戏剧形式。产生于16世纪末意大利的佛罗伦萨。

歌剧中重要的声乐样式有朗诵调、咏叹调、小咏叹调、宣叙调、重唱、合唱等。其中宣叙调用来叙述事件、对话和发展剧情；咏叹调一般旋律比较优美，主要用来抒发主人公内心的感情。

音乐剧

音乐剧是由喜歌剧及轻歌剧演变而成的，早期称作"音乐喜剧"，后来简称为"音乐剧"，是19世纪末起源于英国的一种歌剧体裁，由对白和歌唱相结合而演出的戏剧形式。音乐剧熔戏剧、音乐、歌舞等于一炉,富于幽默情趣和喜剧色彩。音乐剧在世界各地都有,但演出最频密的地方是美国纽约市的百老汇和英国的伦敦西区。因此百老汇音乐剧这个称谓可以指在百老汇地区上演的音乐剧,又可以泛指所有近似百老汇风格的音乐剧。著名的音乐剧有《奥克拉荷马》、《音乐之声》、《西区故事》、《悲惨世界》、《猫》以及《歌剧魅影》等。

音乐剧和歌剧的区别

音乐剧经常运用一些不同类型的流行音乐以及流行音乐的乐器编制;在音乐剧里面容许出现没有音乐伴奏的对白;音乐剧里面亦没有运用歌剧的一些传统,例如没有了宣叙调和咏叹调的区分,歌唱的方法也不一定是美声唱法。不过音乐剧和歌剧的具体区分界线仍然有不少争议。

清唱剧

清唱剧的结构与歌剧的组成大致相同,有抒情调、独唱二重唱、朗诵调、合唱、序曲和其他器乐曲,也有故事情节和角色的分配。不同之处在于:清唱剧中演员不化装、不表演、只歌唱,无舞台布景、灯光、道具,演唱者一直在台上,没有出入场和其他戏剧化的动作,整场演出自始至终不分幕,而只有章节之分,专有一名叙述者,叙说情节。此外,清唱剧中的合唱比歌剧多。许兹、亨德尔、巴赫、海顿、门德尔松、舒曼等都曾留下此类名作。

康塔塔

康塔塔是在17世纪前后与歌剧、清唱剧同时出现的音乐体裁。它是多乐章的大型声乐套曲。巴洛克时期最伟大的康塔塔作者是德国的巴赫,他一共写了200多首教堂康塔塔和一些世俗康塔塔。

艺术歌曲

艺术歌曲是18世纪末、19世纪初在欧洲盛行的一种抒情歌曲的通称。其特点是歌词多采用著名诗歌,像德国作曲家舒伯特,他所作的艺术歌曲有600余首,采用的就是歌德、席勒、海涅、米勒等人的诗为歌词。

艺术歌曲的特色:它是诗与音乐的结合,采用钢琴伴奏,侧重表现人的内心世界,曲调表现力强。许多艺术歌曲现已成为声乐教材或音乐会保留曲目。

交响乐

交响乐又称交响曲。人们常把它比喻为"音乐王国的神圣殿堂"。

交响音乐不是一种特定的体裁名称,而是一类器乐体裁的总称。这类体裁的共同特征是:一是由大型的管弦乐队演奏;二是音乐内涵深刻,具有戏剧性、史诗性、悲剧性、英雄性,或者音乐格调庄重,具有叙事性、描写性、抒情性、风俗性等;三是有较严谨的结构和丰富的表现手段。

经典交响曲结构如下:第一乐章奏鸣曲式,快板;第二乐章复三部曲式或变奏曲,慢板;第三乐章小步舞曲或者谐谑曲,中、快板;第四乐章奏鸣曲或回旋曲式,快板。

奏鸣曲

奏鸣曲是一种多乐章的器乐套曲,一般由三、四个相互形成对比的乐章构成,多用钢琴独奏或一件乐器与钢琴合奏(如小提琴与钢琴合奏的小提琴奏鸣曲,长笛与钢琴合奏的长笛奏鸣曲等)的器乐演出形式。

19世纪浪漫主义时期,舒伯特、肖邦、舒曼、李斯特、勃拉姆斯等作曲家对奏鸣曲都作出了重要贡献。

协奏曲

16世纪时指意大利的一种有乐器伴奏的合唱曲。17世纪后半期起,指一件或几件独奏乐器与管弦乐队竞奏的器乐套曲。巴洛克时期形成的由几件独奏乐器作为一组与乐队竞奏的音乐形式被称为大协奏曲。

古典乐派时期形成的由小提琴、钢琴、大提琴等其中一件乐器与乐队竞奏的协奏曲称"独奏协奏曲"。意大利作曲家托莱里和科莱里是大协奏曲的创始者,亨德尔、巴赫、海顿、莫扎特、贝多芬以及浪漫乐派的许多作曲家则作有大量的独奏协奏曲作品。

室内乐

原意是指在房间内演奏的"家庭式"的音乐,后引申为在比较小的场所演奏的音乐。在14世纪的欧洲音乐中,室内乐是和演唱、演奏形式正规、声音宏大的宗教音乐相对而言的,到后来则是和交响音乐、歌剧、舞剧音乐相对而言。大约到18世纪时,室内乐的概念多半和家庭生活中娱乐性的音乐有关。

室内乐重奏曲可以是为同一种类乐器写的,也可以为不同种类乐器而写,弦乐四重奏是其最重要和最有代表性的重奏形式。

交响诗

交响诗是一种单乐章的标题交响音乐,脱胎于19世纪的音乐会序曲,强调诗意和哲理的表现。交响诗的形式不拘一格,常根据奏鸣曲式的原则自由发挥。交响诗的名称为李斯特所创,他将标题交响音乐和诗联系起来,称之为交响诗。

19世纪和20世纪的欧洲许多著名作曲家都写过交响诗,东欧和北欧各民族作曲家的交响诗常寄寓着爱国主义思想,如斯美塔纳的《我的祖国》等。

组曲

组曲是由几个具有相对独立性的乐章,在统一艺术构思下排列、组合而成的器乐套曲。早期组曲是最古老的器乐套曲形式,早在 14 世纪,舞会里即盛行一慢一快的对比性舞曲的组合。组曲作为音乐体裁的名称,最早见于 1557 年,但其结构形式长期变化不定。弗罗贝格的舞曲排列的次序,被公认为古典组曲形式的楷模。德国组曲的代表人物是巴赫,他的《英国组曲》及《法国组曲》最为著名。

序曲

序曲是指歌剧、清唱剧、舞剧以及其他戏剧作品和声乐、器乐套曲的开始曲。17 世纪早期歌剧的序曲是一种简短的开场音乐,没有固定的形式,与剧情音乐也没有确定的关联。

18 世纪后半叶,德国作曲家格鲁克认为歌剧序曲必须起着暗示剧情和引导听众进入戏剧的作用,这也是格鲁克从事歌剧改革的目标之一。于是其后的多数歌剧序曲都采纳了格鲁克的这一原则,如莫扎特的《唐璜》和《女人心》序曲等。

19 世纪浪漫派作曲家,把序曲发展为一种独立的标题性管弦乐曲,世称音乐会序曲,如门德尔松的《赫布里底群岛》,柏辽兹的《罗马狂欢节》等,都是交响诗的先驱。

狂想曲

大多数"狂想曲"是以缓慢的民歌曲调为基础进行变奏,又与宣叙调式的段落和快速的民间舞曲段落相对比。其音乐富于民族特色,叙事性段落体现了斯拉夫民族的性格,如李斯特的《匈牙利狂想曲第二首》、拉威尔的管弦乐《西班牙狂想曲》等。

即兴曲

19 世纪的一种抒情性乐曲。英文名称的原意为即兴创作的乐曲,后发展为器乐短曲曲名。即兴曲在形式上相当自由,但也不是毫无规则的发展,有着明显的完整性和统一性。

小夜曲

作为一种音乐体裁,小夜曲是用于向心爱的人表达情意的歌曲。它起源于欧洲中世纪骑士文学,流传于西班牙、意大利等欧洲国家。最初,小夜曲由青年男子夜晚对着情人的窗口歌唱,倾诉爱情,常用吉他或曼陀铃伴奏,旋律优美、委婉、缠绵。随着时代的发展,其形式也有所发展。其中,以舒伯特、托西尼作曲的小夜曲最为著名。

谐谑曲

谐谑曲又称诙谐曲,是一种三拍子器乐曲。其主要特点是速度轻快,节奏活跃而明确,常出现突发的强弱对比,带有舞曲性与戏剧性的特征。它常在交响曲等套曲中作为第三乐章出现,以取代宫廷风格的小步舞曲。

前奏曲

前奏曲是一种自由结构的短曲,常放在具有严谨结构的乐曲或套曲之前作为序引。19世纪以后的前奏曲多无引子的功能,而是成为了独立的具有即兴特点的中小型器乐曲,并常汇编成曲集,如肖邦所作《前奏曲二十四首》中的乐曲。戏剧音乐中的开场音乐或幕间音乐,有时亦称为前奏曲,如《茶花女前奏曲》等。前奏曲有时也与序曲同义。

(二)外国音乐名家名作

巴赫

约翰·塞巴斯蒂安·巴赫,德国作曲家,是将西欧不同民族的音乐风格浑然融为一体的开山大师。他萃集意大利、法国和德国传统音乐中的精华,曲尽其妙,珠联璧合,天衣无缝,对后来将近300年整个德国音乐文化及至世界音乐文化产生了深远的影响。

巴赫的作品深沉、悲壮、广阔,充满了18世纪上半叶德国现实生活的气息。他谱写了许多充满戏剧性因素的大型声乐作品,其中《马太受难曲》、《b小调弥撒》是最有影响的作品。

亨德尔

德国作曲家,其创作十分广泛,歌剧、清唱剧等都是他具有代表性的作品,其创作后期,主要以清唱剧为主。亨德尔的清唱剧质朴感人,从《扫罗》、《以色列人在埃及》到《参孙》,高度的艺术性和虔诚的宗教信仰在他的作品中和谐完美地融入到了一个个音符之中。

海顿

奥地利作曲家,古典主义音乐代表人物之一。

海顿在音乐史上占有重要地位,首先因为他是一位交响曲作曲家。海顿开创了交响曲的新的主调音乐风格,并使复调手法在功能和声的基础上继续发展,这些都直接启发了贝多芬。同时海顿还确立了乐队的双管编制和近代配器法原则,奠定了近代交响乐队的基础。所以有人称他为"交响曲之父"。

莫扎特

奥地利作曲家,欧洲维也纳古典乐派的代表人物之一,作为古典主义音乐的典范,他对欧洲音乐的发展起了巨大的作用。莫扎特是钢琴协奏曲的奠基人,他对欧洲器乐协奏曲的发展同样作出了杰出的贡献。

歌剧是莫扎特创作的主流,他与格鲁克、瓦格纳和威尔第同为欧洲歌剧史上四大巨子。又与海顿、贝多芬一起为欧洲交响乐写下了光辉的一页。另外,他的《安魂曲》也成为宗教音乐中难能可贵的一部杰作。

贝多芬

德国作曲家、钢琴家。贝多芬是一位颇具创造性的作曲家,他扩大了管弦乐队的规模,增加了交响曲的长度,拓展了交响曲的表现领域。同时他还以自己的创作和表演证明了钢琴具有极其广泛的用途,为钢琴成为第一流的乐器做出了贡献。

贝多芬代表了音乐从古典式向浪漫式的转变。他的作品给许多富有浪漫色彩的乐曲带来启迪。他最重要的成就在于交响乐、奏鸣曲、协奏曲以及室内乐等古典音乐体裁。他音乐的最大特点是英雄主义气质,富有深刻的内在张力,他将古典主义发展至极致,对许多后来的作曲家都有很大的影响,其中包括各种风格不同的人,如勃拉姆斯、瓦格纳、舒伯特和柴柯夫斯基等。

舒伯特

奥地利作曲家,他是浪漫主义的代表,是浪漫主义艺术歌曲的开创者,在音乐史上被誉为"歌曲之王"。其最有代表性的歌曲有《魔王》、《野玫瑰》、《圣母颂》、《小夜曲》等。另有18部歌剧、歌唱剧和配剧音乐,10部交响曲,19首弦乐四重奏,22首钢琴奏鸣曲,4首小提琴奏鸣曲以及许多其他作品。其中,最被人所津津乐道的则是他那首最著名的"未完成"的第八交响曲,虽然只有2个章节,却无人能够续写,堪称绝唱。

门德尔松

德国著名的作曲家。他首创了高雅纯净、形式短小的钢琴曲《无词歌》;他对标题交响乐作出了重要贡献,创作了著名的《意大利交响曲》;他创作的《E小调小提琴协奏曲》具有华丽的技巧与甜美的旋律,表现出生活中明朗的一面,是举世公认的精品。

在音乐的启蒙运动上,门德尔松使巴赫的《马太受难乐》重放光芒,从此人们开始重新认识巴赫;在音乐教育上,门德尔松创办了德国第一所音乐学院——莱比锡音乐学院,为后来德国音乐教育事业的发展打下了坚实的基础。

舒曼

德国著名作曲家、音乐评论家。他是浪漫主义音乐成熟时期的代表之一,他生性感情敏感,并且有民主主义思想。其代表作有钢琴名曲《蝴蝶》、《狂欢节》、《幻想曲集》等,著名的歌曲集有《桃金娘》、《诗人之恋》等。这些乐曲促进了浪漫主义音乐风格的发展。

柏辽兹

法国作曲家,法国浪漫乐派的主要代表人物。在柏辽兹的音乐遗产中占首要地位的是交响乐。他写了四部交响曲,其他管弦乐作品也不少。理论方面,他的《管弦乐配器法》很有影响,被世人推崇为近代作曲技术理论的典范。

柏辽兹一生致力于标题音乐创作,并创造了"固定乐思"的创作手法。代表作有《幻想交响曲》,管弦乐《罗马狂欢节序曲》、《李尔王序曲》,歌剧《特洛伊人》,传奇剧《浮士德的沉沦》等。

李斯特

匈牙利作曲家、钢琴家、指挥家和音乐活动家,19世纪浪漫主义音乐的主要代表人物之一,创造了交响诗的形式。作为那个时代最杰出的钢琴家,他对键盘音乐的发展作出了重大贡献,在他的后期作品中最早使用了20世纪才普遍采用的和声语言。作为现代钢琴技术的创造者之一,他的钢琴曲已列入世界古典钢琴曲的文献宝库。他最重要的作品是《浮士德交响曲》、《但丁交响曲》、《匈牙利狂想曲》、交响诗《前奏曲》、《马捷帕》、《B小调钢琴奏鸣曲》、《旅行岁月》等。

肖邦

波兰作曲家和钢琴家,他是历史上最具影响力和最受欢迎的钢琴作曲家之一,是波兰音乐史上最重要的人物之一,是欧洲19世纪浪漫主义音乐的代表人物。

肖邦一生的创作大多是钢琴曲,被誉为"钢琴诗人"。代表钢琴曲有《波兰舞曲》、《葬礼进行曲》、《圆舞曲》等。

瓦格纳

德国作曲家、剧作家、指挥家、哲学家。他具有宏伟的气魄和巨大的改革精神,改革歌剧、倡导"乐剧",强调戏剧第一,音乐第二,从而奠定了自己在音乐史上的地位。他创作的主要领域是歌剧,代表作有《尼伯龙根的指环》、《特里斯坦与伊索尔德》、《漂泊的荷兰人》等,另外还有管弦乐曲《浮士德序曲》等。

布拉姆斯

布拉姆斯是德国音乐史上最后一个有重大影响的古典作曲家,被视为19世纪浪漫主义音乐时期的复古者。他是创作与演奏并重的作曲家。他从深刻的人道主义和热烈的爱国主义精神出发,着力表现时代精神风貌和斗争生活,作品成为继贝多芬之后西欧交响音乐的杰出典范。重要作品还有《D大调小提琴协奏曲》,管弦乐《学院典礼序曲》等优秀曲目。

威尔第

19世纪意大利歌剧复兴时期最具代表性的歌剧作曲家。威尔第一生共创作了26部歌剧。1842年,因歌剧《纳布科》的成功,使他一跃成为意大利第一流的作曲家。当时的意大利正处于摆脱奥地利统治的革命浪潮之中,威尔第以自己的歌剧作品《伦巴底人》、《厄尔南尼》等革命歌曲鼓励人民起来斗争,因而被称作"意大利革命的音乐大师"。19世纪50年代是威尔第创作的高峰时期,他先后写出了《弄臣》、《游吟诗人》、《茶花女》、《假面舞会》等7部歌剧,奠定了其歌剧大师的地位。

柴可夫斯基

俄罗斯浪漫乐派作曲家,也是俄罗斯民族乐派的代表人物。就体裁而论,柴科夫斯基是一位涉及范围广泛的作曲大师。他在交响曲、歌剧、舞剧、协奏曲、音乐会序曲、室内乐以及声乐浪漫曲等方面都留下了大量名作。他一生写的3部舞剧音乐《天鹅湖》、《睡美人》和《胡桃夹子》,都已成为世界舞剧艺术中影响巨大的作品。

理查德·施特劳斯

理查德·施特劳斯是德国浪漫派晚期的一位伟大的作曲家,同时又是交响诗及标题音乐领域中最伟大的作曲家。他的创作以1900年为界分两个时期:1900年以前创作了大量交响诗,从内容上看分为哲理性交响诗和叙事性交响诗两类,前者以《死与净化》和《查拉图斯特拉如是说》最为有名,后者以《唐璜》和《堂吉诃德》最为有名;1900年后他将主要的创作精力放在了歌剧上,代表作有《莎乐美》。

德彪西

法国作曲家,音乐评论家。在30余年的创作生涯里,他形成了一种被称为"印象主义"的音乐风格,对欧美各国的音乐产生了深远影响。作品有管弦乐曲《夜曲》、《大海》,钢琴曲《欢乐岛》等。

勋伯格

美籍奥地利作曲家、音乐教育家和音乐理论家,是20世纪著名的现代音乐作曲家之一,"表现主义"乐派的主要代表人物。

勋伯格除写有大量音乐作品外,还有不少音乐理论著作,其中有《和声学教程》、《和声的结构与功能》和《风格与思想》等等。

肖斯塔科维奇

苏联最重要的作曲家之一,也是当代世界著名的作曲家之一。1937年他演奏的作品《D小调第五交响曲》(作品第47号),标志着其创作进入了成熟时期。这一时期,他除了创作交响乐和室内乐作品外,还为一些电影配乐。

战后，肖斯塔科维奇创作了与自己的人民心心相印的新作——为保卫和平、反对战争而作的《第十交响曲》，清唱剧《森林之歌》和电影音乐《易北河会师》等，在苏联和世界许多国家和人民中间流传。

第二节 舞 蹈

一、舞蹈类别

舞蹈的定义

舞蹈是一种人体动作的艺术。它以舞蹈动作为主要艺术表现手段，着重表现语言文字或其他艺术表现手段所难以表现的人们的内在的深层精神世界，创造出可被人感知的生动的舞蹈形象，以表达舞蹈创作者的审美情感、审美理想，反映生活的审美属性。根据舞蹈的不同风格特点，可将其分为古典舞蹈、民间舞蹈、现代舞蹈、当代舞蹈和芭蕾舞。

古典舞蹈

在民族民间舞蹈基础上，经过历代专业工作者提炼、整理和加工创造，并经过长期艺术实践的检验流传下来的，被认为是具有一定典范意义和古典风格特点的舞蹈。世界上许多国家和民族都有各具风格的古典舞蹈。欧洲的古典舞蹈，一般泛指芭蕾舞。

民间舞蹈

由于各国家、各民族、各地区人民的生活劳动方式、历史文化心态、风俗习惯以及自然环境的差异，因而形成了具有不同民族风格和地方特色的民间舞蹈。像中国就有维吾尔族的赛乃姆，蒙古族的筷子舞，朝鲜族的长鼓舞，土家族的摆手舞，苗族的芦笙舞，彝族的阿细跳月等等。另外各国的舞蹈像奥地利的华尔兹、阿根廷的探戈舞、波兰的玛祖卡舞、墨西哥的踢踏舞、巴西的桑巴舞等等。

现代舞

由美国舞蹈家邓肯创造，于19世纪末和20世纪初在欧美兴起的一种舞蹈流派。其主要美学观点是反对当时古典芭蕾的因循守旧、脱离现实生活和单纯追求技巧的形式主义倾向；主张摆脱古典芭蕾过于僵化的动作程序的束缚，以合乎自然运动法则的舞蹈动作，自由地抒发人的真实情感，充满了现代人的风格和理念。

当代舞蹈（新创作舞蹈）

即不同于上述三种风格的新风格的舞蹈，它常根据表现内容和塑造人物的需要，不拘一格地借鉴和吸收各舞蹈流派的风格、表现手段和表现方法，兼收并蓄，从而创作出具有独特自我风格的舞蹈。

芭蕾舞

一种经过宫廷的职业舞蹈家提炼加工、高度程序化的剧场舞蹈。"芭蕾"这个词本是法语"ballet"的音译，意为"跳舞"，其最初的意思只是以腿、脚为运动部位的动作总称。法国宫廷的舞蹈大师们为了重建融诗歌、音乐和舞蹈于一体的戏剧理想，创造出了"芭蕾"这样一种融舞蹈动作、哑剧手势、面部表情、戏剧服装、音乐伴奏、文学台本、舞台灯光和布景等多种成分于一体的综合性舞剧形式。芭蕾舞在西方剧场舞蹈艺术中占统治地位达 300 余年，至今已有 4 个多世纪的历史，代表剧目有《天鹅湖》、《天鹅之死》、《卡门》等。

三、中国舞蹈

（一）中国的古代舞蹈

《灵星舞》

又名《象教田》，是汉代祭祀后稷的乐舞。由童男 16 人表演，舞蹈表现了开垦、耕种、锄草、驱雀、收割、舂谷和扬糠等劳动生活场面，以此来纪念和歌颂后稷教民种田的功劳。

《盘鼓舞》

又名《七盘舞》，是汉代具有较高技艺性的舞蹈，舞者在七个盘鼓上以不同的节奏，时而仰面折腰双脚踏鼓，时而腾空跃起，然后又跪倒在地，以足趾巧妙踏击盘鼓，身体作跌倒姿态摩击鼓面。

《东海黄公》

西汉角抵戏中的一个节目，取材于民间传说，主要以动作来表现人和虎搏斗的故事。

《剑器舞》

唐宋舞蹈，因执剑器而舞，故名。《剑器舞》原为独舞，晚唐时已是群舞，至宋发展为宫廷队舞。在唐代，公孙氏的剑器舞很出色，为此唐代大诗人杜甫还写了一首诗来记述他观看公孙大娘剑器舞后的感受，"昔有佳人公孙氏，一舞剑器动四方。观者如山色沮丧，天地为之久低昂……"。

《胡旋舞》

唐代时从西域传来的民间舞,舞蹈动作以旋转为主,故名胡旋舞。白居易所作《胡旋女》诗,生动地描写了这个舞蹈的特色"……弦鼓一声双袖举,回雪飘摇转蓬舞。左旋右旋不知疲,千匝万周无已时。人间物类无可比,奔车轮缓旋风迟"。

《踏摇娘》

唐代盛行的民间歌舞戏,是根据北齐时的真人真事编演的一部具有讽刺性质的歌舞小戏。据传,这出歌舞戏在宫廷宴会和街头都有表演,是一出很受欢迎的雅俗共赏的歌舞小戏。

(二)中国主要的民间舞蹈

秧歌舞

又称扭秧歌,历史悠久,是我国最具代表性的民间舞蹈形式之一,也是一种民间广场中独具一格的集体歌舞艺术。秧歌舞具有自己的风格特色,一般由舞队十多人至百人组成,扮成历史故事、神话传说和现实生活中的人物边舞边走,随着鼓声节奏,变换各种队形,再加上舞姿丰富多彩,深受广大观众的欢迎。

花鼓灯

不是湖南的花鼓戏,花鼓灯是传播于淮河流域的一种以舞蹈为主要内容的综合性艺术形式,是北方汉民族一个非常完整的演出形式。作为一种比较系统完整的民间艺术形式,它有歌有舞有剧情,经常在节日、婚嫁、寿诞这样的场面演出,现在主要集中在安徽。

龙灯

又称"舞龙"、"龙灯舞",是中国汉族民间传统舞蹈,因舞蹈者持传说中的龙形道具而得名。它是流行于中国各地如广东、浙江、四川、重庆、湖北、湖南及山西等省的一种民间舞蹈形式。演出的时间,一般都在农历正月初一拜年、十五闹元宵的时候,也有一些地方在农历二月初二的"龙抬头"时表演。这是一种极为普遍的民间艺术,这种传统的艺术节目,大都与中国的传统节日紧密地联系在一起。

跑旱船

跑旱船,是一种模拟水中行船的民间舞蹈。每逢年节,山西境内各地都流行这种民间舞蹈。旱船的乘船者一般是一个人,有时也有双人、四人甚至七人共同乘用一只船的。乘船者扮演的多是姑娘、媳妇,也有扮演其他人物的。在表演中,一般是一个艄翁引多只船前进。在前进中,要跑出各种平时训练好的套路,起伏波动、生动活泼,来吸引观众。跑旱船时,一般使用的伴奏乐器是锣、鼓、钹等打击乐器,也有的地方加上一至两支唢呐伴奏,气氛热烈活跃,具有浓郁的地方风情和民族色彩。

筷子舞

筷子舞因用筷子伴舞而得名,多在喜庆宴会上由男子单人表演。

作为内蒙古伊克昭盟(即今鄂尔多斯旧称)具有代表性的传统民间舞蹈形式之一,筷子舞凝结着蒙古族人民热爱生活的情意和美化生活的智慧,是蒙古族人民精神生活的组成部分。

采茶

中国民间歌舞体裁的一种,又称"茶歌"、"采茶歌"等,流传于中国南方产茶区,如广东、广西、江西、安徽等省的汉族地区。采茶歌表演内容为种茶的全部过程,有的地区在表演过程中,也会穿插演唱与茶无关的小调。

刀郎舞

新疆维吾尔族的民族舞蹈,伴奏音乐称为"刀郎赛乃姆"、"刀郎木卡姆"。这种舞蹈带有维吾尔族草原游牧生活的浓厚气息,保持着狩猎和战争的痕迹。舞蹈动作粗犷,演唱曲调热情淳朴,舞会常常通宵达旦,尽兴而散。该舞蹈起源于民间祭祀,主要目的在于庆祝丰收等等,节奏比较欢快开朗。

顶碗舞

跳舞者头上顶着盛着水的碗跳舞。顶碗而舞,是中国许多少数民族极为喜爱并极其流行的舞蹈形式,特别是在新疆、内蒙等地区。这类舞蹈对舞蹈演员的要求极高,往往需要长时间的训练。

击石舞

"击石"是维吾尔族的一种民间打击乐器。击石舞主要由男性舞蹈,表演者双手各持两片天然石头(现在大部分已改为钢或铝片制作),随着手指的弯直和手腕的抖动,发出清脆响亮的声音,这类双手碰击石面而舞的民间舞蹈,人们称之为"击石舞"。表演时,击石多是起打击伴奏的作用,随着音乐的情绪、节拍变化而变化打法,其节奏复杂多变,富有特色。

果卓

又称"锅庄",是西藏地区富有特色的民族舞蹈,流行地域广阔,不同地区的称谓不同,萨迦地区称之为"索",藏北牧区称为"卓"或"锅庄"。舞时男女分站,拉手或搭肩,舞者轮流伴唱共舞,不时加入呼号,这是其融入羌族原始舞蹈形式的鲜明特点。动作以身前摆手、转胯、蹲步和转身等为主,活泼而热烈。

四、外国舞蹈

浪漫芭蕾

浪漫芭蕾发端于18世纪末和19世纪初的巴黎,现实生活中的战乱和苦难不但未泯灭人们对美好生活的向往,反而促使这个流派的艺术家创作出大量的不朽之作,其主要特征是通过表现神秘莫测的超自然境界,传达人们在世俗空间中难以如愿的理想。其总体特征与整个法国文化一样,高贵典雅、轻盈飘逸、富有浪漫情怀,具有典型的浪漫主义艺术特征。

法国流派对芭蕾作出的最大贡献,是率先推出了轻盈飘逸的脚尖舞技术,而身为瑞典—意大利后裔的法国芭蕾巨星玛丽·塔里奥妮,则因在巴黎歌剧院金碧辉煌的大舞台上主演了父亲菲利波·塔里奥尼专门为她度身创作的"浪漫芭蕾处女作"——《仙女》而名垂青史,更开创了一个"白裙芭蕾"的新时代。

《仙女》

法国浪漫芭蕾舞剧的处女作和早期代表作,芭蕾史上开脚尖舞之先河的里程碑之作。1832年3月12日由巴黎歌剧院芭蕾舞团首演,编剧努里,作曲施奈泽弗,编导菲利波·塔里奥尼,仙女由玛丽·塔里奥妮扮演。

《仙女》的主要历史意义在于,塔里奥妮第一次将脚尖舞的技术提高到了一个令人瞠目结舌的高度,并与过膝的白色纱裙一道,为浪漫芭蕾时期开创了"白裙芭蕾"这种轻盈飘逸的舞风,其影响一直持续至今。

《吉赛尔》

法国浪漫芭蕾舞剧的悲剧代表作,巅峰之作和中期代表作,1841年由巴黎歌剧院芭蕾舞团首演,村姑吉赛尔由格里希扮演。作为"浪漫芭蕾的悲剧代表作",《吉赛尔》将浪漫芭蕾那种"仙凡之恋"的题材和轻盈飘逸的动感发挥到了极致。

《帕基塔》

法国浪漫芭蕾舞剧的中期代表作,1846年由巴黎歌剧院芭蕾舞团首演,吉普赛女郎帕基塔由格里希扮演,法国军官卢西昂由卢西恩·佩蒂帕扮演。在芭蕾史上,格里希素以融塔里奥尼与爱尔斯勒这两位浪漫芭蕾巨星的优长于一身而著称。前者被史学家当作是第一位穿脚尖鞋翩翩起舞者,技术强悍且飘飘欲仙,而后者则热情奔放并具浓郁的人间烟火气,尤其擅长表演西班牙风格的吉普赛民间舞。因此,后世的人们不难想象格里希的表演中所具有的双重性:卓越的动作技术与感人的戏剧表演,而这种合二为一的优势则突出地表现在了由她主演的《吉赛尔》和《帕基塔》这两部浪漫芭蕾舞剧的中期代表作中。

现代芭蕾

现在人们有一种约定俗成的认识,基本是以20世纪初发生的现代艺术思潮对芭蕾的影响为分界线。在此之前遵循芭蕾原有程序规范和风格特征的作品,无论是舞剧还是小型作品,都可以说是古典芭蕾。而近代产生的许多芭蕾作品,或在题材选择上有别于以往的选材范畴,或在形式上进行了发展创新,如从生活中提炼了动作语言,或从其他姐妹舞种吸收借鉴了舞蹈语汇和表现手法,从而形成了区别于古典芭蕾风格样式的芭蕾,这便是所谓的"当代芭蕾"、"现代芭蕾"。

《泪泉》

是一部四幕芭蕾舞剧,属于前苏联现代芭蕾舞剧的早期代表作。1934年由列宁格勒的基洛夫剧院芭蕾舞团首演,波兰公主玛丽娅由乌兰诺娃扮演,玛丽娅的未婚夫瓦茨拉夫由谢尔盖耶夫扮演。舞剧的直译名为《巴赫奇萨拉伊的水泉》,1961年在中国复排上演时,则开门见山地汉译为《泪泉》。剧本根据俄国诗人普希金的同名长诗和另一首短诗改编而成,其体裁从一开始便确定为"一部浪漫主义的舞蹈长诗",这部舞剧的剧本曾在前苏联被誉为"现实主义芭蕾舞剧剧本的典范"。

《天鹅之死》

作为一段女子独舞,它当属俄国现代芭蕾的早期代表作,也是整部芭蕾史上最具生命力的经典之作。它的创作灵感来自法国作曲家圣·桑的名曲《天鹅》。该剧1907年首演于圣彼得堡贵族音乐厅的慈善义演上,表演者巴甫洛娃。在钢琴的伴奏下,大提琴缓缓奏出起伏的旋律,仿佛激荡起湖水的阵阵涟漪,随后才引出了洁白而高贵的"天鹅"。这个女子独舞尽管只有短短的4分零6秒,却充分展示了巴甫洛娃细腻抒情的表演风范,凝聚了芭蕾特有的转瞬即逝之美。

《火鸟》

独幕两场芭蕾舞剧,属于俄国现代芭蕾的早期代表作。该剧1910年由佳吉列夫俄国芭蕾舞团首演,火鸟由卡尔萨文娜扮演,王子查列维奇由福金扮演,美人查列维芙娜由福金娜扮演,恶魔卡斯切伊由切凯蒂扮演。这部独幕现代芭蕾舞剧取材于俄国民间传说《伊凡王子》和《火鸟与大灰狼》。

从编导上看,作品从独幕的结构到"舞—剧"交融的方式,均标志着芭蕾舞剧从此超越了古典时期,并进入了现代时期。其中的双人舞一反古典芭蕾双人舞千篇一律的爱情主题和ABA模式,抓住剧情发展的线索和人物刻画的需要,精心设计了对抗主题和ABC模式,由此编导出了"追击"、"对峙"和"获释"这三个一气呵成的舞段,确保了"舞—剧"的交相辉映和扣人心弦。

《罗密欧与朱丽叶》

这部大型芭蕾舞剧包括了序幕加 3 幕 13 场和尾声,属于前苏联现代芭蕾舞剧的中期代表作,是莎士比亚题材芭蕾舞剧中最负盛名的作品。该剧 1940 年由列宁格勒的基洛夫剧院芭蕾舞团首演,朱丽叶由乌兰诺娃扮演,罗密欧由谢尔盖耶夫扮演。

舞剧严格按照社会主义现实主义的创作道路,尽可能地忠实于莎士比亚悲剧原著的线索和精神,创作出了情景交融、情舞互动、循序渐进、三部曲式的双人舞。

《小夜曲》

一出四乐章的交响芭蕾,属于美国现代芭蕾的中期代表作。该剧 1934 年由美国芭蕾舞学校的学生首演于纽约州的沃尔伯格庄园,1935 年由美国芭蕾舞团首演于纽约的阿德菲剧院。作为一部无情节的交响芭蕾,作品的标题取自柴科夫斯基的《C 大调管弦乐小夜曲》,并按照《小奏鸣曲》、《圆舞曲》、《俄罗斯主题》和《悲歌》这四个乐章的顺序编导和演出,尽管结尾的那个乐章带上了某种浪漫而感伤的情调,尤其是那位两次被少年抛弃的少女最终倒地死去,然后又被三位少年高举过头,挺起腰杆,张开双臂,迎着朝阳前进的处理,令人禁不住联想到《吉赛尔》或《天鹅湖》及其生与死的永恒主题。

伦巴

又称爱情之舞,因其起源于古巴的拉丁舞,故又叫古巴伦巴。这种舞蹈完全是自娱性的,有时可以一男一女相互追逐,也可以成为多人的集体舞。舞步以扭胯、捻步为主,加以抖肩。伴奏以打击乐为主,舞者亦伴以呼喊歌唱,灵活多变。民间伦巴气氛十分热烈欢腾。它的特点是舞姿迷人,性感热情,讲究身体姿态,舞态柔媚,步法婀娜,是表达男女爱慕情感的一种舞蹈。

探戈

探戈是一种双人舞蹈,源于非洲,但流行于阿根廷。伴奏音乐为 2/4 拍,但以顿挫感非常强烈的断奏式演奏,因此在实际演奏时,将每个四分音符化为两个八分音符。

探戈音乐节奏明快,独特的切分音是它鲜明的特征。舞步华丽高雅、热烈狂放且变化无穷,交叉步、踢腿、跳跃、旋转令人眼花缭乱。演唱者时而激越奔放,时而如泣如诉,或嫉世愤俗,或感时伤怀。歌词大量采用街乡俚语。跳舞时,男士打领结,穿深色晚礼服,女士则着一侧高开叉的长裙。

桑巴

桑巴舞被称为巴西的"国舞"。在这个拉美最大的国度,桑巴舞非常普及。桑巴舞是一种集体性的交谊舞蹈,参加者少则几十人,多则上万人,一般以鼓、锣等打击乐伴奏。

桑巴的舞步简单,可在舞台上演出,而更多的时候则是在露天的广场和大街上集体表演。舞者围成圆圈或排成双行,边唱边舞,舞者动作幅度很大,狂放不羁,节奏强烈,给人以激情似火的感觉。

踢踏舞

踢踏舞是具有现代舞蹈风格的一种,形成于20世纪20年代的美国。这种舞蹈的形式比较开放自由,没有很多的形式化限制。舞者不注重身体的舞姿,而是着重趾尖与脚跟的打击节奏的复杂技巧。表演者穿着特制的踢踏舞鞋,用脚的各个部位,在地板上摩擦敲打,发出各种踢踏声,加上舞者的各种优美舞姿,形成踢踏舞特有的幽默、诙谐。

自测题(七)与答案

一、填空

1. 音乐的基本要素有(　　)、(　　)、(　　)、(　　)等。
2. 音乐的主要功能有(　　)、(　　)、(　　)、(　　)等。
3. 汉族民歌的主要体裁有(　　)、(　　)、(　　)。
4. 说唱音乐的体裁可分为(　　)、(　　)、(　　)、(　　)等。
5. (　　)是根据唐代诗人王维的七言绝句《送元二使安西》谱写的一首琴歌。
6. (　　)是一首历史题材的大型琵琶曲,又名《淮阳平楚》,它是中国十大古曲之一。
7. (　　)作于1935年,是影片《风云儿女》的插曲。
8. (　　)是冼星海最重要的和影响最大的一部代表作。这部作品以黄河为背景,热情歌颂中华民族源远流长的光荣历史和中国人民坚强不屈的斗争精神。
9. (　　)是陈钢与何占豪就读上海音乐学院时的作品,作于1958年冬。取材于家喻户晓的民间故事,以越剧中的曲调为素材,以"草桥结拜""英台抗婚"、"坟前化蝶"为主要内容。
10. 聂耳的代表作有(　　)、(　　)等。
11. 歌剧于16世纪产生于(　　)的佛罗伦萨,其中重要的声乐样式有朗诵调、咏叹调、小咏叹调、宣叙调、重唱、合唱等。
12. 德国组曲上的代表人物是(　　)。
13. (　　)一生的创作大多是钢琴曲,被誉为"钢琴诗人"。
14. 法国芭蕾巨星玛丽·塔里奥妮的"浪漫芭蕾处女作"——(　　),开启了一个"白裙芭蕾"的新时代。

15. 奥地利作曲家( ),被誉为"歌曲之王"。
16. 舞蹈的类别有( )、( )、( )等。
17. 中国古代具有代表性的舞蹈有( )、( )、( )等。
18. ( ),又称"锅庄",是西藏地区富有特色的民族舞蹈。
19. 浪漫芭蕾的代表作有( )、( )、( )等。
20. ( )是巴西的"国舞",舞者动作幅度很大,狂放不羁,节奏强烈。

二、选择

1. 下列民间歌曲体裁不属于汉族民歌的是( )。
   A. 号子　　　　B. 山歌　　　　C. 小调　　　　D. 长调
2. 下列作品不是朝鲜族抒情谣的是( )。
   A.《小白菜》　B.《阿里郎》　C.《释花图》　D.《苦媳妇》
3. 下列不属于说唱音乐体裁的是( )。
   A. 大鼓　　　　B. 评弹　　　　C. 江南丝竹　　D. 琴书
4. 《康定情歌》是我国( )省的传统民歌。
   A. 山西　　　　B. 四川　　　　C. 安徽　　　　D. 江苏
5. ( )被意大利作曲家普契尼用在歌剧《图兰朵》中。
   A.《嘎达梅林》B.《梅花三弄》C.《广陵散》　D.《茉莉花》
6. 下列剧作不属于音乐剧体裁的是( )。
   A.《音乐之声》B.《歌剧魅影》C.《猫》　　　D.《魔王》
7. 下列音乐家中,( )是奥地利的音乐家。
   A. 巴赫　　　　B. 亨德尔　　　C. 贝多芬　　　D. 莫扎特
8. 下列作品不属于"歌曲之王"舒伯特作品的是( )。
   A.《鳟鱼》　　B.《小夜曲》　C.《野玫瑰》　D.《仲夏夜之梦》
9. 下列不属于我国民间舞蹈的有( )。
   A. 龙灯　　　　B. 踢踏舞　　　C. 跑旱船　　　D. 花鼓灯
10. 下列作品不属于现代芭蕾范畴的是( )。
    A.《仙女》　　B.《泪泉》　　C.《天鹅之死》　D.《火鸟》

三、名词解释

1. 音乐的要素
2. 汉族民歌体裁

四、简答题

1. 少数民族民歌的主要体裁。
2. 试析名曲《春江花月夜》。
3. 以《白毛女》为例,试析我国歌剧的创作特点。

4. 举例说明西方浪漫芭蕾的主要特点及其艺术成就。

答案：

一、填空题

1. 节奏、和声、曲调、力度（答：旋律、速度、调式、曲式皆可）
2. 认识功能、教育功能、审美功能、实用功能
3. 号子、山歌、小调
4. 单弦、大鼓、评弹、琴书
5. 《阳关三叠》
6. 《十面埋伏》
7. 《铁蹄下的歌女》
8. 《黄河大合唱》
9. 《梁山伯与祝英台》
10. 《义勇军进行曲》、《毕业歌》
11. 意大利
12. 巴赫
13. 肖邦
14. 《仙女》
15. 舒伯特
16. 古典舞蹈、现代舞蹈、芭蕾舞
17. 《灵星舞》、《剑器》、《踏摇娘》等
18. 果卓
19. 《仙女》、《吉赛尔》、《帕基塔》
20. 桑巴

二、选择题

1. D 2. A 3. C 4. B 5. D 6. D 7. D 8. D 9. B 10. A

三、名词解释

略

四、简答题

略

第八章　美术、摄影、书法、篆刻

第一节　美术

一、美术常识

美术

美术,也称造型艺术、视觉艺术、空间艺术。人们通常把美术分为绘画、雕塑、建筑和实用美术(也称工艺美术或设计美术)四类;从用途看,美术又分为艺术美术和工艺美术两大系统。我国"五四"前后开始普遍运用"美术"这一名词。

艺术美术

也即纯美术,主要指满足精神娱乐和欣赏的需求,主要包括以审美为目的的绘画、书法、雕塑、篆刻等艺术。

工艺美术

造型艺术之一,以美术技巧制成的各种与实际用途相结合并有欣赏价值的工艺品,是一种集装饰、绘画、雕塑为一体的空间性的综合艺术。

绘画

绘画是平面造型的一种,是在二维的平面上以手工方式临摹自然的艺术,它利用色彩、透视、线条、明暗、点、线、面等造型因素,构图形成具有一定形状、质感、静止的和平面的视觉形象。

在中世纪的欧洲,绘画是一种模仿的艺术,绘画模仿得越真实,表示技术越高超。但进入20世纪,随着摄影技术的出现,绘画开始转向体现画家主观自我。因此,绘画是现实生活的高度概括和艺术再现,并在作品中融入了作者的世界观和思想感情,用以感染观众、教育群众,丰富他们的精神生活。

绘画门类划分

绘画按工具材料和技法的不同,分为中国画、油画、版画、水彩画、水粉画等主要画种。中国画又按技法的工细与粗放,分为工笔画和写意画。版画又根据版材的不同,分为木版画、铜版画、纸版画、石版画、丝网版画等。以上画种又依描绘对象的不同,分为人物画、风景画、静物画等。人物画又依据描绘题材内容的不同,分为肖像画、历史画、宗教画、风俗画、军事画和人体画。

黄金分割

黄金分割约等于0.618:1,是指一线段分为两部分之后,较长那部分的线段长跟原来线段长的比。黄金分割在文艺复兴前后,经阿拉伯人传入欧洲,受到欧洲人的欢迎,他们称之为"金法"。因为他在造型艺术中具有美学价值,在工艺美术和日用品的长宽设计中,采用这一比值最易引起人们的美感。

雕塑

雕塑是造型艺术的一种,又称雕刻,是雕、刻、塑三种创制方法的总称。指用各种可塑材料(如石膏、树脂、粘土等)或可雕、可刻的硬质材料(如木材、石头、金属、玉块、玛瑙、铝、玻璃钢、砂岩、铜等),创造出具有一定空间的可视、可触的艺术形象,借以反映社会生活,表达艺术家的审美感受、审美情感、审美理想的艺术。雕塑按使用材料可分为木雕、石雕、牙雕、骨雕、漆雕、贝雕、根雕、冰雕、泥塑、面塑、陶瓷雕塑、石膏像等。雕塑有三种基本形式:圆雕、浮雕和透雕。

圆雕

又称立体雕,指非压缩的,可以多方位、多角度欣赏的三维立体雕塑。是物体在雕件上的整体表现,圆雕的特征是完全立体,观赏者可以从中看到物体的各个方面。

浮雕

浮雕是在原料表面雕刻出向外凸出或向里凹进的花纹或形象,据物象凸起的程度,可分为浅浮雕与高浮雕。

透雕

去掉底板的浮雕称为透雕(也叫镂空雕)。透雕多以插屏的形式表现,又可分为单面透雕和双面透雕。单面透雕只刻正面,双面透雕则将正、背两面的物象都刻出来。

二、中国画常识

中国画

简称"国画",是中国特有的绘画形式(区别于"西洋画")。起源于古象形字,我国素有书画同源之说,有人认为伏羲画卦、仓颉造字是书画之先河,早在 2000 多年前的战国时期我国就出现了画在丝织品上的绘画——帛画,可见中国画之悠久历史。国画的基本工具是笔、墨、纸、砚。

相对于西洋画来说,中国画有着自己明显的特征。首先它不讲焦点透视,不强调自然界对于物体的光色变化,不拘泥于物体外表的相似,而多注重抒发作者的主观情趣,追求一种"妙在似与不似之间"的感觉,强调"意存笔先,画尽意在",达到以形写神,形神兼备的效果。

由于书画同源,两者在达意抒情上都强调骨法用笔,因此绘画同书法、篆刻相互影响,相互促进。

国画的形式

中国字画的形式多姿多彩,有横、直、方、圆和扁形,也有大小长短等分别。除壁画外,常见的国画形式有:中堂、条幅、横批、小品、镜框、卷轴、扇面、册页、长卷、斗方、屏风等。

工笔

国画的技法之一。亦称"细笔",着重线条美,画笔工整细致,敷色层层渲染,用极其细腻的笔触描绘物象,细节精致入微。著名的工笔画家有张萱、王维、赵佶等。

写意

国画的技法之一。俗称"粗笔",与"工笔"相对,用豪放简练的笔墨描绘物象的形神,抒发作者的感情。它追求高度的概括能力,着重描绘物象的意态神韵,有以少胜多的含蓄意境。代表画家有南宋梁楷、法常,明代陈淳、徐渭,清初朱耷等。

兼工带写

这种技法是把工笔和写意两种技法进行综合的运用,一幅画中的形象有笔法工整细致的部分,亦有豪放写意的部分,多见于花鸟画、人物画,如齐白石的花鸟鱼虫画。

国画的分类

国画"画分三科"——人物、花鸟、山水。表面上是以题材分类,其实是用艺术表现概括了宇宙和人生的三方面:人物画表现的是人类社会中人与人的关系;花鸟画表现的是大自然的各种生命与人的和谐相处;山水画则是人与自然的关系,将人与自然融为一体。三者之和构成了宇宙的整体,相得益彰。

人物画

按题材可分为道释、人物、写貌三类。道释画即宗教画;人物画以古贤故事为主,也包括具有现实主义的风俗画;写貌画即肖像画。东晋时的顾恺之专好画人物画,在我国绘画史上第一次明确提出"以形写神"的主张。《洛神赋图》《女史箴图》都是顾恺之传世摹本。另外，唐代的阎立本、吴道子、韩幹等都擅长人物画。

花鸟画

描绘花卉、竹石、鸟虫等为主题的绘画。在我国四五千年前的陶器上就出现了简单的鸟鱼图案，可以作为我国最早的花鸟画；东晋、南朝宋时画在绢帛上的花鸟画已逐步形成了自己独立的画种；到了唐代，花鸟画已趋成熟。

山水画

中国画特有的画种之一，以描写山川自然景色为主体，俗称风景画、风光画或彩墨画。魏晋南北朝时逐渐从人物画中分离出来，但仍附属于人物画，作为背景的居多；隋唐始独立，并逐渐形成了中国山水画的面貌；至五代、北宋山水画大兴，画家纷起，如荆浩、关仝、米芾、米友仁的水墨山水画，王希孟、赵伯驹的青绿山水画，南北竞辉，达到高峰。

三、中国著名画家

(一)中国古代画家

1. 魏晋南北朝时期

顾恺之

东晋时期最重要的画家，他的出现标志着中国绘画艺术完全摆脱了汉代的稚拙水平，进入了成熟阶段。时人誉之为才绝、画绝、痴绝的"三绝"。代表作品有《女史箴图》《洛神赋图》等。顾恺之在绘画理论方面也有卓越贡献，著有《论画》和《画云台山记》等著作。

陆探微和张僧繇

两人均擅长人物画。陆探微活跃于南朝刘宋时期，他画人物"秀骨清像"，反映了当时士族鉴赏人物的审美时尚，作画笔迹劲利，气势连贯，被称为"一笔画"，和顾恺之同被列为笔迹周密的"密体"。张僧繇主要活动在南朝萧梁时期，其人物画使人感到"对之如面"，又善于用简练的线描概括形象，成为有别于顾、陆的"疏体"。

2. 隋唐时期

阎立本

阎立本的绘画代表着初唐美术的新水平。擅长人物画，毕生创作都密切适应着唐王朝巩固政权的需要。作品有《步辇图》《历代帝王图》等。

吴道子

盛唐时期画家,一生所作宗教壁画颇多,名作如《地狱变相》、《钟馗捉鬼》等。在风格技巧上,吴道子发展了张僧繇简括的笔墨技巧,使线描的技巧达到新水平,中年后创造出"莼菜条"法,所画人物的衣带临风飞扬,飘逸洒脱,人们称之为"吴带当风"。因其绘画的突出成就,后人誉之为"百代画圣"。

张萱和周昉

二人均以仕女画闻名古今,他们画的仕女端庄丰厚,反映了唐代的审美情趣。代表作品有张萱的《捣练图》、周昉的《簪花仕女图》。

展子虔和李思训父子

三人对中国山水画的发展作出了重大贡献。展子虔画山水"远近之势尤工,故有咫尺千里之趣",唐代美术史家张彦远称誉他为"唐画之祖",代表作《游春图》。而李思训、李昭道父子则真正将山水画推向了新的高度,代表作分别为《江帆楼阁图》和《明皇幸蜀图》。展子虔和李思训父子的山水画长于细笔勾勒,石青石绿为主的重彩填色,这种早期的山水画被称为"青山绿水"画。

王维

唐朝水墨山水画的开山始祖,他的画喜用雪景、剑阁、栈道、晓行、捕鱼等题材,以笔墨精湛、渲染见长,人称其画"诗中有画,画中有诗"。绘画史一般把他看作是诗画结合的创始者,代表作《雪溪图》等。

薛稷和边鸾

二人以花鸟画著称。薛稷是唐代前期的花鸟画家,又擅长书法,尤以画鹤著称,其所创六鹤屏风的样式一直被人奉为典范。边鸾是中唐时期最有影响的花鸟画家,不仅能画奇禽异卉还擅长画折枝花,在写形、赋色上都达到了生动逼真的地步。

3. 五代两宋时期

周文矩

南唐的宫廷画师,工画道释、人物和仕女,注重刻画人物的仪态神情,惟妙惟肖。代表作《重屏会棋图》具有"画中画"的独特效果。

顾闳中

南唐宫廷画师,擅长人物,设色浓丽。最为著名的画是《韩熙载夜宴图》。

四大山水画家

五代是山水画发展的重要时期,一些画家深入大自然,创立了雄伟的北方峻岭和秀丽的江南山川两大山水画体系。前者以荆浩、关仝为代表,后者则首推董源、巨然,并称为五代四大山水画家。代表作为荆浩的《匡庐图》,关仝《关山行旅图》,董源《龙袖骄民图》,巨然《层峦丛树图》。

黄筌和徐熙

二人均擅长花鸟画。黄筌供职宫禁,作画栩栩如生,几可乱真,以细致富丽的画风图写珍奇花鸟,细笔轻色不见墨迹,被称作"黄家富贵",现存作品《珍禽图》。徐熙作画以"落墨"为主,辅以色彩点染,用笔自然而不作谨细的描摹,并从中流露出高旷的志趣,宋人谓之"徐熙野逸"。

李公麟

宋代文人士大夫画家的卓越代表。绘画的表现范围广阔,且精于临摹古画,作品丰厚,代表作有《五马图》、《临韦偃牧放图》、《圣贤图》等。李公麟在吴道子的白画形式上发展了白描,其线描简洁优美,着重表现文人士大夫优雅的韵致。

苏轼

虽以文学知名于世,但还精于书法,亦能画枯木竹石,他的绘画理论在美术史上有较大影响。在历史上较早提出"士人画"的概念,并与"画工"对立起来。绘画作品仅流传有《木石图》。

文同与米芾

文同,诗人兼书法家,长于画墨竹,他的绘画运用了书法用笔,把五代以来兴起的墨竹画推向新水平,后人追随其墨竹画,并由此形成了"湖州竹派";米芾,与其子米友仁以画水墨云山著称,擅长用水墨淋漓尽致地表现江南烟雨迷蒙的景色,世称"米家山水"。

赵佶

宋徽宗赵佶,有名的亡国皇帝画家。他对绘画有特殊嗜好,将绘画正式列为国家科举项目,还亲手培养画家,建立了中国历史上第一个皇家美术"学院"。他的花鸟画风格多样,代表作有《芙蓉锦鸡图》、《祥龙石图》等。

张择端

反映城乡"市井小民"生活为题材的风俗人物画的杰出代表。他的不朽名作《清明上河图》以其内容的异常丰富性,社会历史的真实性,艺术表现的生动真切性,成为宋代风俗画高度发展的杰出代表,也是我国古代绘画史上具有不朽意义的杰出作品。

南宋四家

李唐、刘松年、马远、夏圭在中国美术史上并称"南宋四家",代表了这一时期绘画的重大成就。李唐代表作《万壑松风图》,刘松年代表作《四景山水图》,马远代表作《踏歌图》、《寒江独钓图》,夏圭代表作有《西湖柳艇图》、《溪山清远图》。

4. 元代

赵孟頫

绘画上取法唐及北宋,工笔、写意、重彩、水墨无所不能,主张"古意"和"书画同法",在开拓文人画风格上有所贡献。代表作有《重江叠嶂图》、《鹊华秋色》等。

元四家

指元代最富盛名的四大山水画家黄公望、王蒙、倪瓒、吴镇。四家均善诗书,诗书画印结合就成为他们共同采取的艺术形式,都强调抒发个性,强调绘画的娱乐性,强调笔墨趣味。黄公望代表作有《富春山居图》。

5. 明代

沈周

明朝著名的山水画画家。他融合了前代大师之长,创作出了多种风格的山水画,代表作品有《庐山高图》、《夜坐图》、《东庄图》等。

文征明

绘画师承沈周,但对其绘画艺术影响最深的是元代画家。工于山水画,画法有工细和粗率两种,代表作有《江南春》、《古木寒泉图》等。同时由于他画花卉以兰竹为主,所作墨兰潇洒飘逸,人们又称之为"文兰"。

唐寅

为人狂放不羁,自称"江南第一才子"。其山水画不仅取法宋代诸家,还融入了元代文人山水画的笔墨意趣,代表作有《落霞孤鹜图》、《西洲话旧图》等;人物画除了表现文人雅士外,仕女题材,尤其是表现歌妓生活的作品占相当比重,其人物画从内容到形式都融入了文人意趣,代表作有《秋风纨扇图》等。

仇英

临摹古画的高手。人物画形象生动优美,把工笔重彩和青绿山水加以雅化,在精美严整中透射出古雅之美。绘画风格被称为"院体",代表作有《浔阳琵琶图》、《剑阁图》等。他又与沈周、文征明、唐寅并称"吴门四家"。

徐渭

明代写意花卉画家中革新精神最强、最为突出的画家。擅长水墨大写意花卉,一改吴门画派花鸟画自然秀润、恬静优雅的格调,而形成了大胆泼辣、乱头粗服的画风。代表作有《杂花图卷》、《墨葡萄图》等。

陈洪绶

以工笔人物著称,所作人物注意神情的刻画,塑造形象带有一定的夸张因素,设色古艳,富有装饰意味。另外他还长于为文学作品作插图,代表作品有《荷花鸳鸯图》、《升庵簪花图》、《水浒叶子》、《西厢记》等木刻插图传世。

6. 清代

八大山人

原姓朱,乳名耷,是受封于江西的明朝宗室宁王朱权的后代,为逃避清朝的迫害而时僧时道时儒,又不甘为朝廷笼络,故佯作疯癫。据说他因持《八大园觉经》,自号八大山人,但在签名时将四字连缀草书,很像"哭之"或"笑之",他的诗画正是这种思想情绪的反映。代表作有《孔雀图》、《鱼乐图》等。

石涛

明朝皇族后裔,因皇室内争而出家为僧,法名原济,字石涛,别号苦瓜和尚,代表作有《山水清音图》等。在山水画理论方面贡献重大,代表作有《苦瓜和尚画语录》。

弘仁

清兵占领江南后出家为僧,法号弘仁。曾多次游黄山,创作黄山图甚多,立意构思新颖不落俗套,所绘松石千姿百态,独具一格,成为新安画派的重要代表人物。

髡残

清兵占领江南后剃度出家,法名髡残,字石溪。其山水画注重景物气氛的描写,山重水复,云烟掩映,笔墨荒率浑厚,含蓄而引人入胜。他与八大山人、石涛、弘仁并称为清初画坛的"四大名僧"。

扬州八怪

清朝中期的扬州画派是著名的山水画家,成员有郑板桥、汪士慎、金农、黄慎等八人,而数郑板桥成就最突出。因为他们活动在扬州地区,敢于突破清初崇尚摹古、追求笔墨形式的"正统派"画风,在生活上也安于清贫,因此人们称之为"扬州八怪"。郑板桥在"八怪"中是专以兰竹见长的画家,所画兰竹不仅孤高超俗,更常借题画诗发泄其抱负与牢骚。代表作有《墨竹图》。

任颐(任伯年)

清末画家,绘画题材广泛,风格多样,擅画花鸟,重视写生,兼工人物,尤擅肖像画。代表作有《钟馗》等。

(二)中国现当代画家

齐白石

湖南湘潭人,别号白石山人,原名齐纯芝。他的画以文人画为根基,开掘民间传统,探讨雅俗结合,为传统花鸟画注入了蓬勃生机,风格刚健活泼、诙谐幽默。代表作有《墨虾》、《蛙声十里出山泉》等。

黄宾虹

浙江金华人,擅长中国山水画、美术史论、书法篆刻、诗歌等。传世作品有《山水卷》、《蜀江归舟图》、《九子山》等

高剑父

广东番禺人,擅画山水、花鸟、走兽,也作人物画,代表作有《东战场的烈焰》,与高奇峰、陈树人合称"岭南三杰"。

徐悲鸿

中国现代美术的奠基人,杰出的画家和美术教育家。擅长油画、中国画,尤精于素描,能融合中西技法而自成面貌。所作花鸟、风景、走兽都简练明快,富有生气,尤以画马驰名中外。代表作有《奔马》、《愚公移山》、《田横五百士》等,还著有《徐悲鸿艺术文集》等。

刘海粟

江苏武进人。1912年在上海创办现代中国第一所美术学校——上海国画美术学校,并任校长。擅山水、花鸟、走兽,其油画作品备受外国艺术家们的推崇,被誉为"东方艺坛之狮"。代表作有国画《黄山一线天奇观》、油画《巴黎圣母院》等。

潘天寿

浙江宁海人。擅长写意花鸟、山水,尤善画鹰、八哥、松、海、竹等题材。代表作有《松鹰》、《秋夜》等。

丰子恺

浙江桐乡人,我国新文化运动的启蒙者之一。擅长漫画、儿童画,绘画风格雍容恬静,给人以新月般的纯净。代表作有《锣鼓响》、《庆千秋》、《饮水思源》等,还出版了

《艺术概论》、《音乐入门》等著作

张大千

生于四川内江,杰出的国画大师,与齐白石并称"齐张"。早年留学日本,1940年赴敦煌石窟临摹壁画。1958年其作品获得了美国纽约"国际艺术学会"颁发的金质奖章。画风工写结合,重彩、水墨融为一体,尤其是泼墨与泼彩,开创了新的艺术风格。代表作有《丹山春晓》、《碧嶂白云图》等。

林风眠

原名凤鸣,广东梅县人。中国现代画坛的艺术大师,中国美术学院的创始人,有"中国现代绘画之父"之称。擅长描写仕女人物、京剧人物、渔村风情和女性人体以及各类静物画和有房子的风景画。代表作有《摸索》、《人道》等。

傅抱石

江西新余人,杰出的国画家、篆刻家、美术理论家和美术教育家。他崇尚创新,创造出用笔有直有根、有折有圆、粗细、轻重、虚实变化万千的山石画法,还把山水画的技法融合到自己的人物画之中,一改清代以来的人物画画风,显示出独特的个性。代表作有《江山如此多娇》(与关山月合作)、《琵琶行》、《丽人行》等。

潘玉良

中国著名女画家。作品融合中西画之长,又赋予自己的个性色彩。其素描有中国书法的笔致,擅长用生动的线条表现出柔和美。其油画则饱含有中国水墨画技法,善用清雅的色调点染画面。代表作有《裸女》、《读者》、《椅子上的少女》等。

张乐平

浙江海盐人,毕生从事漫画创作,他所创作的三毛形象,妇孺皆知,名播海外,被誉为"三毛之父"。代表作品《三毛从军记》、《三毛流浪记》。

关山月

20世纪后半叶中国画坛上的主流画家之一,岭南画派的代表人物。以山水画、花鸟画表现社会意义和精神内涵,追求画面的时代感和生活气息。尤善画梅,诗书画结合,情景交融,素有"当今画梅第一人"之称。名画有《江山如此多娇》(与傅抱石合作)、《春到南粤》等。

四、外国著名画家和流派

(一)各国著名画家

1. 意大利

乔托

美术界但丁式的人物乔托,既是中世纪最后一位画家,也是新时代第一位画家,被誉为"欧洲绘画之父"。他的绘画主题虽仍是宗教内容,但却潜藏着与宗教文化相对立的世俗精神。代表作有《金门相会》、《犹大之吻》、《哀悼耶稣》、《逃亡埃及》等。

列奥纳多·达·芬奇

文艺复兴中期的著名美术家、科学家和工程师,与米开朗基罗、拉斐尔并称文艺复兴三杰。达·芬奇才智出众,绘画天赋极高,为了获得真实感人的艺术形象,广泛地研究与绘画有关的光学、数学、地质学等多种学科,取得了伟大成就。以《最后的晚餐》、《蒙娜丽莎》等油画驰名中外。

米开朗基罗

意大利文艺复兴盛期的雕塑家、画家、建筑师和诗人,代表了文艺复兴时期雕塑艺术的最高峰。他以现实主义的手法和浪漫主义的幻想,表现当时市民阶层的爱国主义和为自由而斗争的精神。他的人物雕像雄伟健壮,气魄宏大,充满了无穷的力量和悲剧性的激情,成为西方美术史上一座难以逾越的高峰。代表作有巨型天顶拱画《创世纪》,雕塑《大卫》、《摩西》、《哀悼基督》等。

拉斐尔

文艺复兴艺坛三杰中最年轻的一位,意大利著名画家。画风独具古典精神的秀美、圆润和柔和,构图和谐,尤以圣母形象的塑造最为成功。他的圣母画像以母性的温情和青春健美体现了人文主义的思想,被誉为美和善的化身。代表作有《西斯廷圣母》、《雅典学派》、《美丽的女园丁》等。

提香

意大利文艺复兴盛期"威尼斯画派"的泰斗。其画法和绘画风格对后期欧洲油画的发展有较大影响,尤其在色彩和油画材料的使用上成就显著,是最早采用大型帆布作画的画家之一。代表作有《圣母升天》、《基督下葬》等。

2. 西班牙

委拉斯开兹

17世纪西班牙最重要的现实主义画家。主张真实地描写现实,反对追求外表的虚饰,善于表现人物的性格特征,笔触自然、色彩明亮。代表作有《教皇英诺森十世肖像》、《镜前的维纳斯》、《纺织女》等。

戈雅

18世纪末至19世纪初西班牙最伟大的艺术家。用隐喻的手法、纪实的风格描绘了一幅幅传世的历史画卷,对欧洲浪漫主义和现实主义艺术的发展有深远影响。代表作有《裸体马哈》、《狂想曲》等。

毕加索

20世纪西班牙著名画家,西方现代派绘画的主要代表,立体主义画派的开拓者。毕加索一生画法和风格几经变化,毕生致力于绘画革新。早期画近似表现派的主题,而产生了像《第一次圣餐仪式》这样以宗教题材为描绘对象的作品;后期画注目于原始艺术,简化形象,1915~1920年画风一度转入写实,1930年又明显倾向于超现实主义。第二次世界大战时创作油画《格尔尼卡》,以抗议德、意法西斯对西班牙小镇格尔尼卡的轰炸,是一幅以立体主义、现实主义和超现实主义相结合的著名抽象画。毕加索擅长在各种变异的风格中保持自己粗犷刚劲的个性,他的作品对现代西方艺术流派产生了很大影响。

达利

西班牙超现实主义画家和版画家,以探索潜意识的意象著称,与毕加索、马蒂斯一起被认为是20世纪最有代表性的三个画家。代表作品有油画《记忆的永恒》,雕塑《时间的轮廓》等。

3. 荷兰

伦勃朗

17世纪现实主义绘画巨匠。早期作品注重写实,以肖像画和宗教神话画为主,后期转向偏于幻想的华丽画风。擅长利用光与影为媒介将人物的内心状态竭力展现在人们面前,有人称他为"光与影的画家"。代表作有《夜巡》、《戴金盔的人》等。

梵·高

19世纪人类最杰出的艺术家之一,后期印象画派代表人物,吸收了印象画派在色彩方面的经验,特别是日本版画的影响,形成了自己独特的艺术风格,创作出许多洋溢着生活激情、富于人道主义精神的作品,表现了他心中的苦闷、哀伤、同情和希望。其画风直接影响了法国的野兽主义、德国的表现主义。代表作品有《向日葵》、《农民》、《邮递员罗兰》、《囚徒放风》等。

4. 德国

丢勒

16世纪德国文艺复兴时期伟大的艺术家。丢勒不仅是画家、版画家及木版画设计家,还是位美术理论家,著有《绘画概论》和《人体解剖学原理》。他的作品中,以版画最具有影响力,被誉为西方最著名的版画大师。代表作有铜版画《农民和他的妻子》、《骑士、死神和魔鬼》,油彩画《启示录》等。

鲁卡斯·克拉纳赫

继丢勒之后德国文艺复兴史上又一杰出艺术家,是萨克森派中的佼佼者,擅长使用各种色调形成典雅的对比。如《圣家族》,在文雅温和的人物姿态中显露着强烈的色彩效果。

柯勒惠支

20世纪初的德国表现主义版画家和雕塑家。以表现主义的豪放抒发无产阶级革命的激情,对中国的新木刻运动产生了重大影响。代表作有《织工的反抗》等。

5. 法国

大卫

18世纪末至19世纪初法国新古典主义美术的杰出代表,也是当时拿破仑政权的首席官方画家。他的肖像画,构图极佳,严谨写实,名作《马拉之死》就以此表达了对遇刺战友的崇敬和纪念。

安格尔

法国新古典主义的最后代表。善于将古典艺术的造型美融入在自然之中,形成一种简练单纯、典雅精美的艺术风格。代表作有《泉》、《大宫女》等。

德拉克洛瓦

19世纪法国最伟大的浪漫主义画家,被称为"浪漫主义的狮子"。作品重视个性、想象、激情和色彩。代表作有《但丁之舟》、《希阿岛的屠杀》、《自由引导人民》等。

米勒

19世纪法国最杰出的以表现农民题材而著称的现实主义画家,代表作有《播种者》、《拾穗者》等。

库尔贝

法国现实主义画派的创始人。早期作品虽带有浪漫主义色彩,但已表现出写实倾向。之后伴随着法国革命的开始进入了他创作的高峰期,画作喜欢采用纪念碑式的构图,描绘平民的日常生活,表现人民苦难。代表作有《奥尔南的葬礼》、《打石工》等。

马奈

法国印象画派的先驱。第一个将印象主义的光和色彩带进了人物画的画家。代表作有《草地上的午餐》、《奥林匹克》等。

莫奈

法国印象画派理念和技法的真正实践者。莫奈一生对绘画的造型和形象漠不关心,长期探索光色与空气的表现效果,常常在不同的时间和光线下,对同一对象作多幅描绘。代表作有《日出印象》、《睡莲》、《鲁昂大教堂》等。

塞尚

法国后期印象画派代表人物,是印象派到立体主义派之间的重要画家,被推崇为"现代艺术之父"。绘画追求形式美感,注重色彩间的对比和协调。作品有《静物苹果篮子》、《圣维克多山》等。

高更

与塞尚、梵高同为美术史上著名的"后期印象派"代表画家。作品色彩单纯,用笔粗犷,独具东方绘画的装饰性风格。对后来法国野兽派有颇大影响。代表作有《雅各布及天使》、《塔希堤的街道》等。

修拉

新印象派(点彩派)的创始人。为了充分发挥色调分割的效果,用不同的色点并列地构成画面,画法机械,单纯追求形式。代表作有《大碗岛上的星期日下午》等。

罗丹

19世纪晚期法国著名雕塑家,和他的两个学生马约尔和布德尔被誉为欧洲雕刻"三大支柱"。善于用丰富多样的绘画手法塑造出神态生动、富有力量的的艺术形象,使雕塑的思想内涵远远超过了视觉感受带给人们的震撼。作品极多,如《青铜时代》、《思想者》、《雨果》、《巴尔扎克》等,并著有《艺术论》传世。

马蒂斯

20世纪初法国野兽派创始人和主要代表,以使用鲜明大胆的色彩而著称。代表作有《舞蹈》、《音乐》等。

6. 俄国

列宾

19世纪后期俄国批判现实主义绘画大师。创作了大量的历史画和肖像画。代表作品有《伏尔加河上的纤夫》、《托尔斯泰肖像》等。

康定斯基

20世纪俄国抽象主义绘画先驱。早期绘画中特别强调色彩的表现力,后期曾试图把抒情的抽象和几何的抽象结合起来。代表作有《秋》、《冬》、《青、红、蓝》等。

列维坦

20世纪初俄国杰出的写生画家,现实主义风景画大师。早期作品如《伏尔加河组图》、《白桦丛》等显示了他用抒情笔调再现大自然的才华,后期开始在风景画中表现时代的气息,代表作《墓地上空》、《晚钟》等,用笔洗练、情感充沛,富有沉思、忧郁的特性。

7. 日本

葛饰北斋

日本江户时代的浮世绘画家,葛饰派的创始人,日本美术史上最奇特、最有才气的画家之一。以风景版画闻名,重在抽象式的雄伟与纯净,技巧精简。名作"富岳三十六景",以有限的颜色和简明的构图组成了动人的画面,给人以祥和稳重的美感。

(二)西方美术流派

巴洛克艺术

在欧洲文化中,"巴洛克艺术"惯指17世纪以及18世纪上半叶的艺术风格,特别指绘画、建筑与音乐方面的艺术风格。其特点是:既有宗教特色又有享乐主义的色彩;打破理性的宁静和谐,具有浓郁的浪漫主义气息,强调艺术家的想象力;关注作品的空间感和立体感,善用动势,强调光线。代表人物有比利时的鲁本斯、荷兰的伦勃朗、西班牙的委拉斯开兹等。

古典主义

发端于18世纪末的法国。它的美学原则是用古代的艺术思想与规范来表现现实的道德观念,提倡典雅崇高的题材,庄重单纯的形似,强调理性而轻视情感。作品大多选取古代希腊罗马的历史和神话题材,画风古朴庄严,注重素描技术和明暗色调,追求一种宏大的气魄。代表画家有法国的大卫等。

浪漫主义

浪漫主义画派是在19世纪中叶法国资产阶级革命时期兴起的一个艺术流派。这一画派摆脱了当时学院派和古典主义的羁绊，偏重于发挥艺术家自己的想象和创造，画面色彩热烈，笔触奔放，富有运动感，以瑰丽的想象、夸张的手法塑造形象。代表作品有法国德拉克洛瓦的《自由引导人民》等。

巴比松画派

活跃于19世纪三、四十年代的法国，是当时著名的风景画派。主张描绘具有民族特色的法国农村风景，不仅用写实手法来表现自然的外貌，而且致力于探索自然界的内在生命，力求在作品中表达出画家对自然的真实感受。画派领袖人物是卢梭。

印象画派

该画派以实践为经验，追求在光色变化中描画对象的整体感和色彩感，反对当时学院派的保守思想和表现手法，使欧洲绘画出现了发挥光色原理，加强表现力的新方法。代表画家有莫奈、西斯莱等。

表现主义

19世纪末20世纪初流行于德国的绘画流派。德国一些哲学家和美学家的理论对表现主义起了推动作用。他们主张放弃印象派的写实手法，利用线条及色彩的夸张与扭曲来达到更大的激情表现，有一种情绪上的歇斯底里倾向，以海克尔、基尔希纳、罗特勒夫为代表。

立体主义

西方现代艺术史上的一个运动和流派，1908年始于法国。立体主义的艺术家完全摒弃物体的自然物象，追求碎裂、解析、重新组合的形式，以许多重新组合的碎片形态作为他们所要展现的目标。背景与画面的主题相互穿插，使立体主义的画面创造出一个二度空间的绘画特色。该派以毕加索为代表。

五、世界著名雕塑

(一)世界十大著名雕塑

大卫人体雕塑

米开朗基罗创作于公元1510～1504年，现收藏在佛罗伦萨美术学院，是文艺复兴时期人文主义思想的具体体现。它对人体的赞美，表面上看是对古希腊艺术的"复兴",实质上展现的却是人们从黑暗的中世纪桎梏中解脱出来后,对人在改造世界中巨大力量的认识。所以它不仅仅是一尊雕像,更是思想解放运动在艺术上的象征。

掷铁饼者铜雕

米隆作于约公元前450年。原作已佚,现为复制品。雕像选取了运动员投掷铁饼过程中的瞬间动作。虽然形体造型是紧张的,然而在整体结构处理上,以及头部的表情上,却给人以沉着平稳的印象,这正是古典主义所追求的风格。

维纳斯石雕像

《米洛斯的阿芙洛蒂特》俗称《断臂维纳斯》。亚力山德罗斯创作于公元前150年左右,现收藏于法国巴黎卢浮宫。从雕像被发现的第一天起,就被公认为是迄今为止希腊女性雕像中最美的一尊。这尊雕像还是卢浮宫的三大镇馆之宝之一。

斯芬克斯狮身人面像

狮子是战神的化身,也是力量的象征,法老把自己的形象与狮子的形象混合起来,是为了夸耀神秘的威力,使自己成为万民崇拜的偶像。这座雕像位于哈弗拉金字塔的南面,距胡夫金字塔约350米,雕像的头部被刻成古埃及法老的形象,身子是呈坐姿的狮子形象。现收藏于英国大不列颠博物馆。

雅典娜神雕像

雅典娜为雅典城的守护神,也是代表智慧的女神。原作为巴特农神庙大殿的主像,全身高达13米,用银白色大理石雕成,局部镶嵌着象牙与黄金,可惜已在拜占庭帝国时代被毁坏。

门考拉夫妇立像

创作于约公元前2600年,现收藏于美国波士顿博物馆。这是埃及古王国第四王朝时期的一尊双人立像,也是当时帝王立像中最典型的代表。雕像刻画的是埃及古王国第四王朝第五个法老门考拉和他的王妃。

复活节岛雕像

复活节岛是南太平洋上一个孤立的小岛,因考古学家是在1722年的复活节发现它的,故而得名。这些雕像都是用整块石头雕刻而成,一般高4~5米,重约20吨,最高的达9.8米,重达90吨。

母狼形象雕像

约创作于公元前500年,是埃特鲁斯坎人的艺术杰作,现收藏于意大利罗马市政博物馆。这尊雕像所刻画的是曾经哺育了罗马创始人的母狼的形象。对罗马人来说，它具有纪念碑的意义，人们把它作为民族发源的始祖而给以顶礼膜拜。现在，雕像《母狼》已成为了罗马市的象征。

汉谟拉比法典

石雕，创作于约公元前1792～1750年，现收藏于巴黎卢浮宫。"汉谟拉比法典"是世界上所发现的最早的成文的法律条文，是人们研究古代巴比伦经济制度与社会法治制度的极其重要的文物。同时，它还是古代巴比伦艺术的代表，石碑的雕刻比较精细，表面高度磨光。

思想者铜像

原为《地狱之门》组塑的一部分，后翻铸成铜像。《地狱之门》取材于但丁的《神曲》，思想者是罗丹用来象征但丁的形象。一个强有力的巨人弯腰屈膝的坐着，右手托腮，嘴咬着自己的手，他默默凝视着下面被洪水吞噬的苦难深重的人们。他爱人类，难以对那些罪人作出最后判决，他深怀同情，陷入极大痛苦和永恒的沉思之中。

（二）中国著名雕塑

兵马俑

秦始皇兵马俑是秦始皇的陪葬俑。俑分将军俑、铠甲俑、跪射俑、骑兵俑、武士俑、车兵俑、弓弩俑、马俑等。兵马俑整体风格浑厚、健美、凝练。仔细观察兵马俑可见其脸型、发型、体态、神韵上均有差异，可以看出当时秦兵来自不同地区、不同民族。1987年，秦始皇兵马俑坑被联合国教科文组织批准列入《世界遗产名录》，被誉为"世界第八大奇迹"，令全世界惊叹。

铜车马

创作于秦朝，出土于陕西临潼秦始皇陵西侧通往地宫的甬道中。共有两件，都为单辕，四马，单御者编制，尺寸约为车马实际大小的二分之一。它们是目前发现年代最早、形体最大、保存最完整的铜铸车马，对研究中国古代车马制度、雕刻艺术和冶炼技术等，都具有极其重要的历史价值。

马踏匈奴

西汉雕刻，霍去病墓石刻之一。马踏匈奴是这组石雕群的主像，作品表现一匹昂首屹立的战马，四足下踏着一名手持弓箭的匈奴首领，以战马象征西汉政权的声威和霍去病的战功。整个作品风格庄重雄劲，既是古代战场的缩影，也是霍去病赫赫战功的象征。

马踏飞燕

又名《马超龙雀》,为东汉青铜器,现藏甘肃省博物馆。奔马身高34.5厘米,身长45厘米,宽13厘米。形象矫健俊美,别具风姿。马昂首嘶鸣,躯干壮实而四肢修长,腿蹄轻捷,三足腾空,飞驰向前,一足踏飞燕着地。其大胆的构思,浪漫的手法,给人以惊心动魄之感。

中国佛像石窟

中国石窟艺术源于印度,起自十六国时期,延续至明清,长达一千余年之久,尤以北朝、隋、唐、宋、元各代盛行。最为著名的是三大石窟,甘肃敦煌的莫高窟,山西大同的云冈石窟,河南洛阳的龙门石窟。

第二节 摄影

摄影

即通常所说的照相,指利用摄影器材将物体的影像记录在感光材料或其他介质上的过程。优秀的摄影师能把日常生活中稍纵即逝的平凡事物转化为不朽的视觉图像。

艺术摄影

是在近代摄影技术基础上形成的一门艺术,通过反映社会生活和自然现象,表达摄影家观点和情感的造型艺术,是反映现实生活的一种特殊形式。艺术摄影的艺术性较高,它是摄影家们在摄影中不断增加艺术元素的结果。

全息摄影

全息摄影是指一种记录被摄物体反射波的振幅和位相等全部信息的新型摄影技术。普通摄影是记录物体面上的光强分布,而不能记录物体反射光的位相信息,因此失去了立体感。

焦距

又称"当量焦距"或"等值焦距",是指透镜中心到焦点的距离,简单的说是焦点到面镜的顶点之间的距离。镜头的焦距,是一个固定值。如果你在相机的英文规格书上看过"f=",那么后面接的数字通常就是它的焦长,即焦距长度。

调焦

我们照相时,被照的物体与相机(镜头)的距离是随时改变的,比如给人照相,全身照离得就稍微远点,半身照离得相对就近些。也就是说,像距不是固定的,要想取得清晰的照相效果,就必须随着物距的不同而改变胶片到镜头光心的距离,这个调节的过程就是所谓的"调焦"。

镜头

镜头由优质光学玻璃或是其他特殊材料构成,使光线改变方向,从而达到形成影像的目的。构成镜头材料的形状、厚度、密度决定了光线如何改变方向。镜头的功能是让光线进入相机并使得光线聚焦,从而在胶片上形成清晰的影像。镜头根据焦距能否调节又可以分为定焦镜头和变焦镜头;根据焦距的长短又可以分为标准镜头、长焦距镜头、短焦距镜头(即广角镜头)和鱼眼镜头等。此外,摄像机、摄影机每取一个景像,拍摄成的一段连续画面也叫做一个"镜头"。

标准镜头

标准镜头的焦距近似或是等于感光底片画面对角线的长度,其拍摄出来的照片接近人的视觉效果,所以它是摄影应用最广泛的一种镜头。

长焦距镜头

又称"望远镜头",其焦距大于标准镜头。长焦镜头的焦距长,视角小,尽管拍摄的距离远,但所摄景深仍然较小,这样便能够有力地突出主体。

广角镜头

又称"短焦距镜头",指的是焦距小于标准镜头的镜头。广角镜头具有焦距短、视角大的特点,能够统摄距离、范围较大的景物,适合大场面拍摄。

景深

在聚焦完成后,在焦点前后的范围内都能形成清晰的像,这一前一后的距离范围,便叫做景深。景深随镜头的焦距、光圈值、拍摄距离而改变。焦距和拍摄距离相同的情况下,使用的光圈越大,景深越小。此外,拍摄距离近,景深会变浅,拍摄距离远,则反之;焦距长,景深则浅,焦距短,景深则长。

光线

摄影艺术是光与影的艺术。光线方位对摄影造型效果有较大的影响。光的基本方位是由照相机所处的位置决定的,包括正面光、前面光、侧光、逆光、顶光、脚光、散射光。光线主要包括四种特性——光线的强度,光线的性质,光线的方向性,光线的色彩。

光线的方向性,也就是我们常说的顺光、侧光、逆光、顶光照明。顺光照明是一种效果最平的一种光,它不利于拍出被摄体的立体感和空间深度感;侧光照明利用被摄体产生的明暗变化显出立体感和表面质感,在摄影中被广泛地利用;逆光照明能够勾画出对象的形状,在对象的形状边缘形成明亮的亮线,使之与背景分开,以渲染所要表达的气氛,丰富和活跃画面;顶光照明的效果可以在人物的眼眶、鼻子和下巴等凸出的部位下面造成浓重的投影,使得画面呈现出一种特别的效果。

普利策摄影奖

开始于1917年的普利策奖由美国著名报人约瑟夫·普利策创立,主要分为新闻奖和文化艺术奖。首届普利策摄影奖是1942年颁发的。此后,除1946年外,每年颁发一次。从1968年开始,摄影类增设了专题新闻摄影奖,获奖作品通常由一组照片组成。普利策新闻奖是美国新闻界的最高荣誉。

世界新闻摄影比赛

世界新闻摄影比赛(WPP)又称荷赛,是1956年由三位荷兰摄影家发起创立的基金会支持的。四十年来,世界新闻摄影比赛的规模在不断扩大,至今它已成为世界上参与范围最广、最具代表性和权威性的新闻摄影大赛。

哈苏国际摄影奖

哈苏基金会是于1979年用厄纳和维克多·哈苏捐赠的遗产建立的,宗旨是促进自然科学和摄影领域的科学教育和研究。该基金会每年都拨款资助众多项目,其中之一就是每年一度的哈苏国际摄影奖。哈苏国际摄影奖创办于1980年,目前已经逐步成为一项国际摄影界重要的摄影赛事,主要宗旨是奖励"一位公认的摄影师的主要成就"。

第三节 书法与篆刻

一、中国书法通论

书法

又称"中国书法",是中国独有的一种传统艺术,指用毛笔书写篆、隶、行、草等各体汉字的艺术,与中国传统的绘画、篆刻艺术密切相关。中国书法之所以能成为一种艺术,有两个主要原因:一、汉字属表意文字,起始时是象形字,具有造型性;二、毛笔柔软富有弹性,书写时能产生一种刚柔相济的"笔意",给人以美感。

传统技法

汉字的书写方法。是人们在长期的书法实践中总结、创造出来的书法艺术的实践形态。由笔法、结字法、章法三部分组成。笔法包括执笔、用笔和墨法；结字法指单字中点画的安排，汉字书体有篆、隶、楷、行、草，每种书体都各自有其结字法；章法指将字与字、行与行按照一定的规律组合成篇的方法，大致有横竖有序式、横竖无序式和竖有序横无序三种。

文房四宝

指书法工具和材料，由笔、墨、纸、砚构成。

笔

毛笔按毫的硬软分硬毫、软毫、兼毫三种。硬毫用兽毛制作，弹性较强，有狼毫、兔毫、貂毫等；软毫主要用羊毛制作，弹性弱；兼毫以硬毫和软毫按比例合制而成，弹性介于两者之间。按笔大小分有大、中和小楷，最大的笔是楂笔，最小的笔是圭笔。按制笔的捆扎方法又分为"湖笔"和"湘笔"两大流派，"湖笔"以纯净羊毫著称，"湘笔"以兼毫笔最负盛名。好的毛笔一般有尖、齐、圆、健四个特点。

墨

是书写、绘画的黑色颜料，后亦包括朱墨和多种彩色墨。墨的主要原料是烟料、胶及中药。通过砚用水研磨可以产生用于毛笔书写的墨水。以安徽省徽州出产的"徽墨"最为精良。

纸

书画用纸主要是宣纸、皮纸、毛边纸、元书纸几种，而以宣纸最为常用。宣纸又有生宣、熟宣和半熟宣之分。生宣是没有经过矾水加工的，能保持墨的光泽，富于墨韵；熟宣是加明矾的，质地较硬，吸水性差，适宜写小字；半熟宣是由生宣加工而成，性能半熟半生，能吸墨，但不如生宣渗化。

砚

磨墨用的。要求细腻滋润，容易发墨，有石砚、陶砚、玉砚等之分，最富盛名的砚石有广东肇庆的端砚，安徽歙县的歙砚，甘肃临潭县的洮砚、山西绛县的澄泥砚、山东潍坊的鲁砚等。

篆书

有大篆和小篆。大篆是商朝甲骨文后，小篆出现之前的文字统称，包括金文（金文是刻在青铜器上的铭文，也称钟鼎文，最著名的是《毛公鼎》）、石鼓文（石鼓文是秦国刻于石鼓上的文字）以及商周及春秋战国的所有汉字，因此风格多样。小篆是指秦始皇实行"书同文"、"车同轨"文化强权政策下，在秦国文字基础上由李斯等人创制的简约规范化的文字。

隶书

隶书基本是由篆书演化来的,主要将篆书圆转的笔划改为方折,书写速度更快。隶书流行并成熟于两汉时期,尤其是东汉,是隶书发展的昌盛时代。

楷书

始于汉末,盛行于魏晋南北朝,至唐代达到顶峰。相传是三国时期的钟繇所创。书体架构严谨、端正整齐,清秀遒劲,笔画平整,可作楷模。历史上的楷书名家很多,如颜真卿、柳公权、欧阳修、赵孟頫、虞世南等。

草书

草书是书法艺术中情感色彩最浓,内涵最丰富,也是书法技巧最难的一种艺术。一般认为始于汉初,有章草、今草、狂草之分。章草是隶书快写的结果,其特征仍保持隶意,结构扁平、端庄,上下呼应,一气贯通,代表作如三国吴皇象《急就章》的松江本;今草加强了书写的简便与快捷,灵活多变,姿致流畅,代表作如晋王羲之的《初月》;狂草是草书中最纵肆的一种,结构章法自由奔放、随心所欲,充满浪漫主义色彩,以张旭、怀素和尚为代表。

行书

介于楷书、草书之间的一种书体,既具有草书简便、流动的特点,又兼备楷书实用、易识的特色。名家名作有东晋王羲之的《兰亭序》、唐颜真卿的《祭侄稿》、苏轼的《黄州寒食帖》等。

篆刻

中国特有的传统艺术,指用篆书刻成的印章,是一种实用艺术品,又称为"玺印"或"印章"等。篆刻艺术源远流长,早在殷商时期人们就用刀在龟甲上刻"字"(即甲骨文),刀锋挺锐,笔意劲秀,具有较高的"刻字"水平。在春秋战国至秦以前,篆刻印章称为"古玺",秦始皇统一六国后,规定"玺"为天子专用,大臣以下及民间私人用印统称为"印"。

汉代印章极盛,史称汉印,字体由小篆演变成"缪篆",风格匀称方正,浑穆端庄,印文中除姓名、吉语外还出现肖像印和图画印等多种形式。汉以后,篆刻艺术发展缓慢,直到明清时期才出现较大发展,并出现了浙派和皖派两大印坛流派。

篆刻的工具材料

刻刀 一般用平口白钢刻刀,大刀刻大章,小刀刻小章。刀杆不宜过长或过短,过短执刀不便,过长则不灵活,刀刃两面的夹角可在 15 度～40 度之间。

印材 一般为铜质,也有金、银、玉等其他材质,以求美观耐用。近现代印材则以石质为主,石质章料则主要有青田、寿山、昌化等种类。比较名贵的石章如浙江昌化的鸡血石,福建寿山的田黄冻石等。

笔、墨、砚、刷　笔是用来写印稿的,以小号为佳;墨则需磨浓,不致渗开;砚是磨墨用的,要求细腻滋润,容易发墨;小毛刷或小牙刷可以刷除石章底部的粉屑。

二、书法名家及其作品

1. 中国古代书法家

李斯

秦始皇时的丞相,统一全国文字,创立小篆字体,被尊为小篆之祖,作品有《泰山刻石》、《琅琊台刻石》等。

张芝

东汉书法家,擅长草书,被誉为"草圣",作品仅存《八月帖》等刻帖。

蔡邕

东汉末书法家,其篆书、隶书成就突出,尤善隶书,擅长书写八分书,出世独立,无人比肩。又创造了"飞白书",笔画中丝丝露白,似用枯笔写成,成为一种独特的书体。

钟繇

三国时魏人。隶、行、草诸体皆工。把当时具有楷意的隶书加以改造,创造楷书,被尊为"楷书之祖",代表作有《宣示表》、《荐季直表》等。

王羲之

东晋书法大家。擅长楷、行、草三体,并精于章草,其最大贡献是把楷、行、草三体由质朴推向妍雅流美的新境界,成为"今体",完美体现了魏晋文人清新俊逸的审美理想。其行书《兰亭序》被誉为"天下第一行书"其他行书名作如《快雪时晴帖》,与王珣《伯远帖》、王献之《中秋帖》合称"三希(稀)";草书作品如《寒切帖》、《十七帖》等,字字独立,不相连属,但笔短形密,森严有法。王羲之因书法上的巨大成就被后人尊称为"书圣"。

王献之

王羲之第七子,与父并称"二王"。工楷、行、草、隶各体,尤善行草。他的行草改变了父亲含蓄内敛的书风,上下相连,气势不断,笔势奔放有力,号称"一笔书"。楷书以《洛神赋十三行》为代表,行书以《鸭头丸帖》最著名,草书名作《中秋帖》为"三希"之一。

智永

陈隋间僧人,为王羲之七世孙。工草书,曾写《真草千字文》八百本,分赠浙江各寺。

欧阳询

唐初著名书法家。书法各体皆能,尤以楷书为精,代表作有《九成宫醴泉铭》《化度寺碑》等,史称"欧体"。他与虞世南、褚遂良、薛稷并称为"初唐四大书家"。

虞世南

唐代书法家,唐太宗曾向其学习书法。幼年学书于智永,妙得"二王"及智永笔法。代表作有《汝南公王墓志铭》《孔子庙堂碑》等。

褚遂良

唐代书法家,博文涉史,工隶楷。代表作有《孟法师碑》《雁塔圣教序》碑等碑刻。

薛稷

初唐书法家。书法学习虞世南,褚遂良。用笔纤瘦,结体疏通,成为宋徽宗金书的榜样。传世作品最著名的是《信行禅师碑》。

孙过庭

唐代书法家兼书论家。书法工草书,师法"二王"。书论著作《书谱》是不朽名作。全篇达3700字,内容广博,见解精辟独到,是历代传颂的书法名作。

张旭

唐书法家。因其狂放不羁,有"张颠"之谑称,好饮酒,与李白、贺知章等称为"饮中八仙"。精于草书,人称"草圣",创造出潇洒磊落、变化莫测的狂草,追求草书的抒情艺术境界。代表作《古诗四帖》等。

怀素

唐代杰出的书法家。以"狂草"名世,自幼出家,又狂放嗜酒,世称"醉僧"。幼贫而好学,以芭蕉叶练字,传为美谈。书法受颜真卿影响,取法自然,笔走龙蛇,与张旭形成唐代书法双峰并峙的局面。代表作有《自叙帖》《苦笋帖》《小草千字文》等。

颜真卿

唐代杰出书法家。兼收篆隶和北魏笔意创造了著名的"颜体"楷书,与赵孟頫、柳公权、欧阳询并称"楷书四大家",和柳公权并称"颜筋柳骨"。代表作有《麻姑仙坛记》《大唐中兴颂》《多宝塔碑》等。其书法被称为"天下第二行书"。

柳公权

唐朝最后一位大书法家,以行书和楷书最为精妙。遍阅当世书法,自成一家,有"柳体"之称。代表作有《金刚经》《玄秘塔碑》等。

蔡襄

众体兼工,以行草为最佳,风格平和蕴藉,淳厚婉美。书法史上素有"苏、黄、米、蔡"四大书法家的说法,被认为是宋代书法的典型代表。代表作有《扈从贴》《安道帖》等。

苏轼

宋代四大家之一。长于行书、楷书。代表作有《丰乐亭记》《前赤壁赋》《黄州寒食寺》等。

黄庭坚

诸体兼工,行书如《王长者墓志铭》《松风阁诗》等,圆转流畅,神闲意秾;草书如《诸上座贴》等则纵横恣肆,气势飞动,常出人意表。

米芾

宋徽宗时召为书画学博士。个性怪异,爱洁成癖,狂放不羁,人称"米颠"、"米痴"。代表作有《苕溪诗帖》《蜀素帖》等,宋四家中以米芾为最。

赵孟頫

号松雪道人,宋末元初杰出的书画大家,与颜真卿、柳公权、欧阳修并称为楷书"四大家"。传世作品有《千字文》《洛神赋》《归去来兮辞》等。

祝允明

字希哲,号枝山。与唐寅、文征明、徐祯卿并称为"吴中四才子"。诸体兼善,评者谓"风骨烂漫,天真纵逸"。代表作有《杜甫诗轴》《前后赤壁赋》等。

文征明

明代中期书法家。在书法史上以诸体兼善闻名,尤善行书、小楷。代表作有《醉翁亭记》《滕王阁序》《渔父辞》等。

唐寅

字伯虎,性格狂放,自称"江南第一才子"。他的书法受赵孟頫影响,丰劲散逸。代表作《自书诗卷》《落花诗卷》。

吴昌硕

近代金石、书、画大师。他的篆刻从浙派入手,后专攻汉印。晚年风格突出,成为一代宗师。他在杭州创办的"西泠印社"是我国最著名的书法篆刻机构。

2. 中国现当代书法家

沈尹默

原名君默,后改名尹默。现代著名诗人,书法家。擅长楷、行、草诸体,尤长于行书,著有书法理论著作《执笔五字法》等。

舒同

中国书法家协会创始人,早年参加革命,有"党内一枝笔"之称。学习颜真卿、柳公权、何绍基等,但师古不泥古,力求创新,创立了著名的"舒体",备受海内外尊崇,尤其是创立"七分半"字体,即结体上楷、行、草、篆、隶五体各取一分,风格上颜、柳各取一分,何绍基取半分,合成"七分半",是"舒体"的精华所在。

启功

满族,爱新觉罗氏。当代著名学者、书画家。将书法艺术和对碑帖的研究融会贯通,别树一帜。书法理论著作著有《论书绝句百首》、《古代字体论稿》等。其书被称为"现代的馆阁体"。

赵朴初

著名社会活动家、佛教人士、书法家,安徽安庆太湖县人。书法以行、楷见长,学习李北海、苏轼,风格俊逸,结构严谨,笔力劲健,有雍容宽博的气度,隐隐透出一种佛家气象。书迹遍及大江南北的名山大川、佛殿寺庙。

李铎

我国著名书法家。他的书法以魏隶入行,独创出古拙沉雄、苍劲挺丽、雍容大度而又舒展流畅的书法风格。作品中于平淡朴素处见俊美,气度不凡,雅俗共赏。代表作有《孙子兵法》碑。

自测题(八)与答案

一、填空题

1. 人类最古老的绘画形式是(　　)。
2. 国画"画分三科"是指(　　)、(　　)、(　　)。
3. 我国历史上被誉为才绝、画绝、痴绝"三绝"的著名画家是(　　)。

4. 苏轼有言"故画竹，必先得成竹于胸中"，这句话赞誉的是北宋画家（　　）。

5. 《多宝塔》是（　　）的碑帖。

6. 主体主义画派的创始人是（　　）。

7. 莫奈是（　　）画派的代表人物。

8. 母狼形象雕塑是（　　）城市的象征。

9. 我国著名雕塑"马踏飞燕"是（　　）（时代）的青铜器。

10. 根据焦距的长短，我们可以把镜头分为（　　）、（　　）、（　　）三个基本的类别。

11. 我们现在所能见到的最早的汉字是（　　）。

12. 楷书之祖是（　　）。

13. 颜真卿的（　　）被誉为天下"第二行书"。

14. 明清印坛上的两大主要流派是（　　）和（　　）。

15. 《神策军碑》的是（　　）书体。

16. 墨的主要原料是（　　）、（　　）、（　　）三种。

17. 创作草书名作《中秋帖》的书法家是西晋（　　）。

18. "苏门四学士"中，擅长书法的名家是（　　）。

19. 名作《马拉之死》的创作年代正当法国的（　　）时期。

20. 大卫人体雕塑的作者是（　　）。

二、选择题

1. 漫画《三毛流浪记》的作者是（　　）。
    A. 三毛　　　B. 丰子恺　　　C. 张乐平　　　D. 黄永玉

2. 哥特式建筑的代表作是（　　）。
    A. 香廊教堂　　B. 卢浮宫　　　C. 艾菲尔铁塔　　D. 巴黎圣母院

3. 《簪花仕女图》属于（　　）。
    A. 写意画　　B. 工笔画　　　C. 油画　　　　D. 水彩画

4. 《历代帝王图》的作者是（　　）。
    A. 张择端　　B. 周昉　　　　C. 阎立本　　　D. 顾闳中

5. 人称其画"诗中有画，画中有诗"的是（　　）。
    A. 周文矩　　B. 王维　　　　C. 展子虔　　　D. 薛稷

6. 中世纪欧洲的最后一位画家是（　　）。
    A. 但丁　　　B. 乔托　　　　C. 达芬奇　　　D. 提香

7. 下列不属于印象派的画家是（　　）。
    A. 莫奈　　　B. 塞尚　　　　C. 库尔贝　　　D. 西斯莱

8. 中国雕塑中被联合国列入"世界第八大奇迹"的是（　　）。
    A. 兵马俑　　　B. 中国佛教石窟　　C. 马踏飞燕　　　D. 马踏匈奴
9. 宋代四大书法家不包括（　　）。
    A. 苏轼　　　　B. 赵孟頫　　　　C. 蔡襄　　　　　D. 米芾
10. 观公孙大娘舞剑而得书法之神的是（　　）。
    A. 怀素　　　　B. 柳公权　　　　C. 智永　　　　　D. 张旭

三、名词解释
1. 古典主义画派
2. 文房四宝

四、简答题
1. 国画的技法有哪几种？简要说明之。
2. 雕刻的形式有哪几种？简要阐述。

答案：

一、填空题
1. 壁画
2. 人物　花鸟　山水
3. 东晋顾恺之
4. 文同
5. 颜真卿
6. 毕加索
7. 印象
8. 意大利罗马
9. 东汉
10. 标准镜头、长焦距镜头、短焦距镜头
11. 甲骨文
12. 三国魏钟繇
13. 祭侄文稿
14. 浙派　皖派
15. 楷书
16. 烟料　胶　中药
17. 王献之
18. 黄庭坚
19. 拿破仑政权
20. 米开朗基罗

二、选择题
1. C　2. D　3. B　4. C　5. B　6. B　7. C　8. A　9. B　10. D

三、名词解释
略

四、简答题
略

附录一 国内知名艺术院校近年考试真题

2009年中国传媒大学广播电视编导专业试题

看影片《被山隔住的地方》,回答以下问题:

1. 结合自身经历与片中人物对比,谈谈感受。
2. 写出两个以上你认为最感动你的画面,为什么?这样处理有什么好处?结合本片,谈谈对社会的思考。

2008年北京电影学院导演系真题

第一门:电影导演创作与理论

一、填空题(30分,每题各2分)

根据以下提供的特征或概念判断电影,请写出电影名和导演

1. 携款出逃、禽鸟标本、床上的人形凹陷、恋母情结
2. 小岛,失踪的女友,一群人寻找,男人在结尾哭泣
3. 剃头的女人、肢体、沙子和汗、重复两句旁白、意识流
4. 男主角在桌下爬,在脚踝拴上绳索将人当风筝放
5. 老鹰,喝完最后一口水将塑料桶扔掉,家庭录像,一排干净的鞋子
6. 天上掉下一个灯,除了男主角之外所有人都在演戏,蓝天上开出一道小门
7. 找人给自己收尸,坐出租车和司机聊天,长镜头
8. 老式打字机,潮湿的壁纸,走廊着火,女人背身坐在沙滩上
9. 借面,第五代,万里长城今犹在,不见当年秦始皇
10. 自由潜水,伙伴即对手,去南美坐火车,星光下海面嬉戏
11. 对着树洞说话,船票,台阶上擦身而过
12. 无果的侦破,女人衣服摊在地上,澡堂里寻找嫌疑犯
13. 大宰政,被开除的女教师,垃圾婆,一直等待姐姐的有病的妹妹
14. 寻访过去的女朋友,粉红色,侦探爱好者邻居,男主人公去过东京

15. 脱下单衣当绳索,折断的汤匙,深夜骑自行车的德国士兵,从头贯穿旁白

二、选择题(30分,每题各2分)

找出最不正确的答案:

1. 新现实主义

   A. 巴赞的《电影是什么》中提出"非职业演员、实景拍摄、长镜头"的理论启发了它

   B. 维斯康蒂、罗西里尼、德·西卡、柴伐蒂尼都是新现实主义艺术家

   C. 《大地在波动》、《罗马十一时》、《温别尔托·D》、《偷自行车的人》都是代表作

   D. 费里尼和安东尼奥尼侧重内心现实而不属于新现实主义流派

2. 电视电影

   A. 成本低廉、制作周期短

   B. 1980年代之前我国没有电视电影

   C. 在电视上播出,不在影院放映

   D. 用标清或者高清拍摄,不用胶片

3. 高感光

   A. 适用于低照度

   B. 用来拍摄高调场景

   C. 颗粒较粗

   D. 随着高感光技术的逐渐发展,拍摄越来越方便

4. 旁白

   A. 不一定都是画外音

   B. 纪录片解说词也是旁白

   C. DOGMA法则中禁用旁白

   D. 《小城之春》、《乡村牧师日记》、《野草莓》、《柏林苍穹下》都用了旁白

5. 第四代导演

   A. 是以文革前北影电影学院毕业生为主体

   B. 谢飞、郑洞天、张暖昕是代表人物

   C. "纪实美学"是其追求之一

   D. 香港也有第四代导演称谓,许鞍华就属其一

6. 配光

   A. 胶片电影工艺流程之一环

   B. 往往需要多次配光才能达到效果

   C. 由摄影师和灯光师共同对光进行校正

D. 要达到白天拍黑夜效果离不开后期配光

7. 场景表

   A. 没有固定格式

   B. 美术组的重要工作依据之一，是美术师和置景师共同商讨的结果

   C. 包括场景、服化道、主要演员与次要演员

   D. 剪辑师不需要场景表

8. 黑色电影

   A. 多表现黑夜

   B. 多用德国表现主义用光

   C. 主人公多有双重人格

   D. 与文学上的黑色幽默一脉相承

9. CULT 电影

   A. 拍摄独特、题材诡异、风格特别，成本低

   B. 不符合主流文化，但在年轻族群中拥有大量爱好者

   C. 类型多元化，没有固定类型

   D. 与朋克、嬉皮渊源相同，是青年导演为了表达对现实生活和主流文化的不满而创作的

10. 白色电话机电影

    A. 政治高压下的某类电影的统称

    B. 多描写富人的奢华生活，他们都有白色电话机而得名

    C. 白色恐怖时期为了迎合政府政策的战争片

    D. 与新现实主义的发起有关

11. 无源音乐

    A. 更多导演主观色彩

    B. 贾樟柯最近电影用了

    C. 不涉及版权问题而为独立电影大量使用

    D. 可以表现人物幻想中的音乐

12. 副导演

    A. 一个剧组可以有多个副导演

    B. 可以代替导演拍摄某些非重头戏

    C. 演员副导演是负责指导演员表演，现场副导演负责现场中除演员之外的一切事情

    D. 好多著名导演都是从副导演做起的，但李安除外，他多次拒绝了当副导演

13. 特写
    A. 是一个相对的概念,一个选景范围小的镜头比一个选景范围大的镜头更特写
    B. 因为表现的空间窄小,画面承载的信息单一,所以一般为长镜头美学者慎用
    C. 一部电影可以不用一个特写
    D. 画面上充满了一只手,那一定是一个特写

14. 实景
    A. 实景拍摄时机位的摆放往往是一个很棘手的问题
    B. 选择实景拍摄也许是资金有限的权宜之计,也可能是导演追求风格所致
    C. 实景拍摄一般不需要人工灯光
    D. 实景拍摄往往会给录音带来一定麻烦

15. 蒙太奇
    A. 与长镜头是两种完全不同的美学原则,也可以是两种同时并存的电影技法
    B. 来源于法语中的剪辑,意指镜头与镜头之间的组接,单个镜头之内不存在蒙太奇
    C. 声音与画面可以形成蒙太奇
    D. 早期蒙太奇学派的电影中,决定镜头组接的原因往往取决于意义指向而非时空逻辑

三、名词解释(30分,每题4分)

从以下电影中任选5部,写出导演名,以及用50字以内的字数写出简介。

一一、去年在马里昂巴德、有话好好说、苏州河、无穷动、赛末点、杀出个黎明、迷失东京、橡皮头、发条橙子、密阳、那年夏天宁静的海、陆上行舟、隐秘、玫瑰之名

四、简答题(30分,每题15分)

从以下题目中任选其二,用300以内的文字回答。

1. 选择一个中国以外的亚洲导演简述其导演风格。
2. 在第53届戛纳电影节上,姜文的《鬼子来了》惜败于金棕榈奖作品拉斯冯提尔的《黑暗中的舞者》而只获得评审团大奖,就这两部电影和这个结果发表你的看法。
3. 举出对你影响很大的一部电影或一位导演,简述为什么。

五、论述题(40分)

从最近国内的新闻热点和社会事件中选出一件作为题材构思一部电影,并回答以下问题:

1. 简要描述新闻或事件,为什么要选择它作为题材?(10分)

2. 对这个题材怎样来进行电影上的创作处理？（15分）
3. 将构思的电影的开篇精炼地写出来。（15分）

第二门：电影剧本命题创作

根据以下命题和要求完成一部30分钟短片的剧本
命题：《张三过年》
要求：
1. 写一个张三的人物小传，300字以内(30分)。
2. 按照以下四个发展阶段和相关要求完成一个故事梗概，1500字以内(100分)。
第一阶段(故事开始阶段)：一件突发的事件打乱了张三的常态生活，使其限于困境和危险之中。
第二阶段(故事发展阶段)：上面的状况延续，在张三的努力下，事情看起来出现了转机。
第三阶段：但在张三的努力下，非但问题没有解决，反而危险和困境更加严重了。
第四阶段(故事高潮阶段)：困境或危险达到了极端状态，但突然出现的一件事使问题得到了意外的解决。
第五阶段(结尾)：编写一个能使故事得到提升，以视听构思为基点的一个结尾。
3. 用50个字以内的语言来概括这个故事的内容(10分)。
4. 用50个字以内的语言来提炼这个故事的意义(10分)。

北京电影学院公共事业管理（影视管理）专业招生考试题目

初试（笔试）

1. 名词解释：蒙太奇、素描、白描、交响乐、长镜头
2. 简答题
(1)我国第五代导演有哪些？
(2)谈谈意大利新现实主义电影。
(3)现实主义创作的基本原则。

复试（面试）现场抽题

1. 请把下列词语串联成一句话：人才、市场、创业、机遇、挑战
2. 世界上最坚固的锁怕什么？

3. 新的传媒方式对电影有什么影响?
4. 日本动漫产业对我国有何借鉴意义?
5. 我国的电影运作和好莱坞的电影运作有什么不同?

中央戏剧学院影视导演专业招生考试题目

初试(面试)

朗诵:自选散文、诗歌、寓言、小说片段一篇,时间限制在2分钟内。

复试(笔试)

命题散文:1. 恩情　2. 失去的玩具

要求:二者任选一题,1500—2000字,时间为2.5小时。

三试(面试)

1. 命题编讲故事:《背道而驰》、《最熟悉的陌生人》、《没有地址的来信》。
2. 集体小品表演:《乐极生悲》、《喜出望外》等。
3. 视听段落解读:《辛德勒名单》中"大屠杀"一段。

中国传媒大学广播电视编导(文艺编导)专业招生考试题目

初试

1. 自我介绍
2. 特长展示
2. 回答问题:
(1)你看过哪些文学作品?举出你喜欢的一部,谈谈你的个人观点。
(2)举出五个你喜欢的作家及作品,挑选其中的两位,分析他们的作品。
(3)你是否看过金庸小说?你是怎样看待武侠小说的?
(4)举出三部以上你比较喜欢的国产片,谈谈你的看法。
(5)现在国内播出了不少韩国电视剧,你是否看过?举出其中一部,谈谈你的看法。
(6)谈谈你对《快乐大本营》及其他综艺节目的看法。
(7)假如让你创办一个中学生的电视栏目,你会怎样设计?
(8)假如要拍摄一部中学生题材的电视剧,你觉得应该怎么拍?
(9)谈谈你对中国新闻节目的看法。
(10)你觉得应该怎样面对失败。

复试(笔试)

影片分析:观看电视散文《边城印象》回答以下几个问题:

1. 你对片子印象最深的地方是什么?为什么?(500字)
2. 片子中出现了一个寻访者的形象,你认为他有什么作用?(400字)

中国传媒大学南广学院戏剧影视文学专业招生考试题目

初试

自我介绍;即兴评述;回答考官问题;分析照片及图片。

复试

通过看短片《游子暮归解乡愁》,回答问题:

1. 本片通过哪些细节表现作者的思乡之情。
2. 本片有何艺术特色?
3. 简要回答本片的思想意义以及现实意义。

四川音乐学院广播电视编导(文艺编导)专业招生考试题目

面试

编讲故事:十人一组"故事接龙"。

笔试

1. 影片分析:《任长霞》(仅有文字介绍,800字左右)。
2. 编导创意:《微笑》(自主创意,200字左右,可用镜头语言)。

山东师范大学2008年文艺常识试卷

一、名词解释

1. 《狂人日记》
2. 升格拍摄
3. 隐喻蒙太奇
4. 第一代电影导演
5. 南洪北孔

二、文学评论

散文《茶与人生》

南京艺术学院 2005 年文艺常识试卷

一、名词解释
1. 浪漫主义
2. 古典主义
3. 新闻工作者的素质
4. 电影导演
5. 素描
6. 线性剪辑
7. 金鸡奖

二、简答题
1. 中国四大名著是什么,你喜欢哪一部,为什么?
2. 中央电视台有哪些频道,怎样分类?

三、评述题
你是否看过《超级女生》?喜欢吗?为什么?如果没看过,写一个你喜欢的栏目。

北京电影学院 2004 年文艺常识试卷

一、填空题
1.《长恨歌》的作者是(　　),《牡丹亭》的作者是(　　),《水浒传》的作者是(　　),《西游记》的作者是(　　),《离骚》的作者是(　　)。

2. 悲剧作品《哈姆雷特》是英国著名戏剧家(　　)的作品,古希腊早期戏剧的代表作家阿里斯托芬素有"(　　)"之称,巴尔扎克是 19 世纪(　　)批判现实主义的作家,海明威是 20 世纪(　　)著名作家,《巴黎圣母院》的作者(　　)是 19 世纪法国著名作家。

3. 艺术的七大门类之分为(　　)、(　　)、(　　)、(　　)、(　　)、(　　)、(　　)。

4. 美术作品《拾穗者》是法国 19 世纪著名画家(　　)的作品,《清明上河图》是我国古代北宋画家(　　)的作品,我国西安附近出土的(　　)被称为"世界第八大奇迹",话剧《茶馆》的作者是著名戏剧家(　　),雕塑作品《地狱之门》的作者是(　　)。

5. 电影诞生于(　　)年的法国(　　),发明人是(　　)兄弟,有声电影的出现是(　　)年,彩色电影的诞生是(　　)年。

6. 我国国歌又名(　　),由田汉作词,由(　　)作曲。

7. 艺术的三大作用是（　　）、（　　）、（　　）。

8. 中国电影《红色娘子军》的导演是（　　），电影《英雄》的导演是（　　），日本电影《罗生门》的导演是（　　）。

二、选择题

1. 新中国的第一部电影是（　　）。
   A.《中华儿女》　　B.《钢铁战士》　　C.《桥》　　D.《八女投江》

2. 中国古代作品《道德经》的作者是（　　）
   A. 老子　　B. 庄子　　C. 孔子　　D. 墨子

3. 《诗学》的作者是（　　）。
   A. 亚里士多德　　B. 柴可夫斯基　　C. 莱辛　　D. 莎士比亚

4. 《义勇军进行曲》出自我国三十年代的影片（　　）。
   A.《大路》　　B.《渔光曲》　　C.《风云儿女》　　D.《桃李劫》

5. 中华人民共和国最高国家权力机关是（　　）。
   A. 中国共产党中央委员会　　B 全国人民代表大会
   C. 中华人民共和国国务院　　D. 全国人民代表大会常务委员会

6. 第二次世界大战的转折点是（　　）。
   A. 诺曼底战役　　B. 敦刻尔克战役
   C. 珍珠港事件　　D. 斯大林格勒战役

7. 世界电影史中，50年代末的电影"新浪潮"运动缘起在（　　）。
   A. 意大利　　B. 法国　　C. 美国　　D. 德国

8. 《史记》的作者是（　　）。
   A. 司马迁　　B. 司马光　　C. 老子　　D. 孔子

9. 《生活与美学》的作者是（　　）。
   A. 马赞　　B. 塞尚　　C. 车尔尼雪夫斯基　　D. 爱因斯坦

10. 影片《林家铺子》的导演是著名电影导演（　　）。
    A. 水华　　B. 汤晓丹　　C. 崔嵬　　D. 郑君里

三、名词解释

1. 艺术技巧

2. 电影时空的特殊性

3. 细节

4. 漫画

5. 古典音乐

四、简答题

1. 简述艺术与生活的关系。

2. 中国主旋律电影的创作,你认为目前存在什么样的主要问题,如何解决?
3. 电影剧作中的人物和情节的关系是什么?
4. 现实主义的文艺作品有哪三个特点?
5. 你对中国电视剧的现状有什么样的看法和想法?

附录二　中国古代诗词文名句集萃

1. 关关雎鸠,在河之洲。窈窕淑女,君子好逑。(《诗经·周南·关雎》)
2. 巧笑倩兮,美目盼兮,素以为绚兮。(《诗经·卫风·硕人》)
3. 祸兮福之所倚,福兮祸之所伏。(《老子》)
4. 学而时习之,不亦悦乎?有朋自远方来,不亦乐乎?人不知而不愠,不亦君子乎?(《论语·学而》)
5. 学而不思则罔,思而不学则殆。(《论语·为政》)
6. 三人行,必有我师焉。择其善者而从之,其不善者而改之。(《论语·述而》)
7. 路漫漫其修远兮,吾将上下而求索。(屈原《离骚》)
8. 长太息以掩涕兮,哀民生之多艰。(屈原《离骚》)
9. 民为贵,社稷次之,君为轻。(《孟子·尽心上》)
10. 穷则独善其身,达则兼济天下。(《孟子·尽心上》)
11. 富贵不能淫,贫贱不能移,威武不能屈。(《孟子·滕文公》)
12. 少壮不努力,老大徒伤悲。(汉乐府《长歌行》)
13. 对酒当歌,人生几何?譬如朝露,去日苦多。(魏·曹操《短歌行》)
14. 捐躯赴国难,视死忽如归。(魏·曹植《白马篇》)
15. 蝉噪林逾静,鸟鸣山更幽。(南朝梁·王籍《入若耶溪》)
16. 暗牖悬蛛网,空梁落燕泥。(隋·薛道衡《昔昔盐》)
17. 海日生残夜,江春入旧年。(唐·王湾《次北固山下》)
18. 春江潮水连海平,海上明月共潮生。(唐·张若虚《春江花月夜》)
19. 近乡情更怯,不敢问来人。(唐·宋之问《渡汉江》)
20. 欲穷千里目,更上一层楼。(唐·王之涣《登鹳雀楼》)
21. 羌笛何须怨杨柳,春风不度玉门关。(唐·王之涣《凉州词》)
22. 野旷天低树,江清月近人。(唐·孟浩然《宿建德江》)
23. 竹喧归浣女,莲动下渔舟。(唐·王维《山居秋暝》)
24. 行到水穷处,坐看云起时。(唐·王维《终南别业》)
25. 大漠孤烟直,长河落日圆。(唐·王维《使至塞上》)
26. 草枯鹰眼疾,雪尽马蹄轻。(唐·王维《观猎》)
27. 独在异乡为异客,每逢佳节倍思亲。(唐·王维《九月九日忆山东兄弟》)
28. 劝君更尽一杯酒,西出阳关无故人。(唐·王维《渭城曲》)

29. 不知细叶谁裁出,二月春风似剪刀。(唐·贺知章《咏柳》)
30. 黄沙百战穿金甲,不破楼兰终不还。(唐·王昌龄《从军行》)
31. 但使龙城飞将在,不教胡马度阴山。(唐.王昌龄《出塞》)
32. 洛阳亲友如相问,一片冰心在玉壶。(唐·王昌龄《芙蓉楼送辛渐》)
33. 天生我材必有用,千金散尽还复来。(唐·李白《将进酒》)
34. 两岸猿声啼不住,轻舟已过万重山。(唐·李白《早发白帝城》)
35. 飞流直下三千尺,疑是银河落九天。(唐·李白《望庐山瀑布》)
36. 仰天大笑出门去,我辈岂是蓬蒿人。(唐·李白《南陵别儿童入京》)
37. 安能摧眉折腰事权贵,使我不得开心颜。(唐·李白《梦游天姥吟留别》)
38. 清水出芙蓉,天然去雕饰。(唐·李白《论诗》)
39. 两岸青山相对出,孤帆一片日边来。(唐·李白《望天门山》)
40. 长风破浪会有时,直挂云帆济沧海。(唐·李白《行路难》)
41. 孤帆远影碧空尽,惟见长江天际流。(唐·李白《黄鹤楼送孟浩然之广陵》)
42. 桃花潭水深千尺,不及汪伦送我情。(唐·李白《赠汪伦》)
43. 抽刀断水水更流,举杯消愁愁更愁。(唐·李白《宣州谢眺楼饯别校书叔云》)
44. 读书破万卷,下笔如有神。(唐·杜甫《奉赠韦左丞丈二十二韵》)
45. 朱门酒肉臭,路有冻死骨。(唐·杜甫《自京赴奉先咏怀五百字》)
46. 安得广厦千万间,大庇天下寒士俱欢颜,风雨不动安如山。(唐·杜甫《茅屋为秋风所破歌》)
47. 会当凌绝顶,一览众山小。(唐·杜甫《望岳》)
48. 无边落木萧萧下,不尽长江滚滚来。(唐·杜甫《登高》)
49. 好雨知时节,当春乃发生。随风潜入夜,润物细无声。(唐·杜甫《春夜喜雨》)
50. 细雨鱼儿出,微风燕子斜。(唐·杜甫《水槛遣心》)
51. 穿花蛱蝶深深见,点水蜻蜓款款飞。(唐·杜甫《曲江》)
52. 莫愁前路无知己,天下谁人不识君。(唐·高适《别董大》)
53. 忽如一夜春风来,千树万树梨花开。(唐·岑参《白雪歌送武判官归京》)
54. 柴门闻犬吠,风雪夜归人。(唐·刘长卿《逢雪宿芙蓉山主人》)
55. 野火烧不尽,春风吹又生。(唐·白居易《赋得古原草送别》)
56. 乱花渐欲迷人眼,浅草才能没马蹄。(唐·白居易《钱塘湖春行》)
57. 曾经沧海难为水,除却巫山不是云。(唐·元稹《离思》)
58. 晴空一鹤排云上,便引诗情到碧霄。(唐·刘禹锡《秋词》)
59. 东边日出西边雨,道是无晴却有晴?(唐·刘禹锡《竹枝词》)
60. 天街小雨润如酥,草色遥看近却无。(唐·韩愈《早春》)

61. 谁言寸草心,报得三春晖。(唐·孟郊《游子吟》)

62. 秋风吹渭水,落叶满长安。(唐·贾岛《忆江上吴处士》)

63. 停车坐爱枫林晚,霜叶红于二月花。(唐·杜牧《山行》)

64. 南朝四百八十寺,多少楼台烟雨中。(唐·杜牧《江南春绝句》)

65. 清明时节雨纷纷,路上行人欲断魂。(唐·杜牧《清明》)

66. 天阶夜色凉如水,卧看牵牛织女星。(唐·杜牧《秋夕》)

67. 商女不知亡国恨,隔江犹唱《后庭花》。(唐·杜牧《泊秦淮》)

68. 蜡烛有心还惜别,替人垂泪到天明。(唐·杜牧《赠别》)

69. 夕阳无限好,只是近黄昏。(唐·李商隐《乐原游》)

70. 离恨恰如春草,更行更远还生。(南唐·李煜《清平乐》)

71. 剪不断,理还乱,是离愁,别是一般滋味在心头。(南唐·李煜《相见欢》)

72. 流水落花春去也,天上人间。(南唐·李煜《浪淘沙》)

73. 人生愁恨何能免,销魂独我情何限。(南唐·李煜《子夜歌》)

74. 衣带渐宽终不悔,为伊消得人憔悴。(宋·柳永《蝶恋花》)

75. 春风又绿江南岸,明月何时照我还?(宋·王安石《泊船瓜洲》)

76. 不畏浮云遮望眼,只缘身在最高层。(宋·王安石《登飞来峰》)

77. 千门万户曈曈日,总把新桃换旧符。(宋·王安石《元日》)

78. 竹外桃花三两枝,春江水暖鸭先知。(宋·苏轼《惠崇<春江晚景>》)

79. 人有悲欢离合,月有阴晴圆缺,此事古难全。但愿人长久,千里共婵娟。(宋·苏轼《水调歌头》)

80. 桃李春风一杯酒,江湖夜雨十年灯。(宋·黄庭坚《寄黄几复》)

81. 两情若是长久时,又岂在朝朝暮暮。(宋·秦观《鹊桥仙》)

82. 此情无计可消除,才下眉头,却上心头。(宋·李清照《一剪梅》)

83. 莫道不消魂,帘卷西风,人比黄花瘦。(宋·李清照《醉花阴》)

84. 生当做人杰,死亦为鬼雄。(宋·李清照《夏日绝句》)

85. 莫等闲,白了少年头,空悲切。(宋·岳飞《满江红》)

86. 遗民泪尽胡尘里,南望王师又一年。(宋·陆游《秋夜将晓出篱门迎凉有感》)

87. 塞上长城空自许,镜中衰鬓已先斑!(宋·陆游《书愤》)

88. 山重水复疑无路,柳暗花明又一村。(宋·陆游《游山西村》)

89. 小楼一夜听春雨,深巷明朝卖杏花。(宋·陆游《临安春雨初霁》)

90. 纸上得来终觉浅,绝知此事要躬行。(宋·陆游《冬夜读书示子聿》)

91. 春色满园关不住,一枝红杏出墙来。(宋·叶绍翁《游园不值》)

92. 等闲识得东风面,万紫千红总是春。(宋·朱熹《春日》)

93. 问渠那得清如许,为有源头活水来。(宋·朱熹《观书有感》)

94. 疏影横斜水清浅,暗香浮动月黄昏。(宋·林逋《山园小梅》)
95. 人生自古谁无死,留取丹心照汗青。(宋·文天祥《过零丁洋》)
96. 不要人夸颜色好,只留清气满乾坤。(元·王冕《墨梅》)
97. 恸哭六军俱缟素,冲冠一怒为红颜。(清·吴伟业《圆圆曲》)
98. 落红不是无情物,化作春泥更护花。(清·龚自珍《己亥杂诗》)
99. 我劝天公重抖擞,不拘一格降人才。(清·龚自珍《己亥杂诗》)
100. 江山代有才人出,各领风骚数百年。(清·赵翼《论诗》)

附录三 中外文化常识

中国部分：

1. 中国古代四大神话传说：女娲补天、后羿射日、共工触山、嫦娥奔月。
2. "闭月羞花，沉鱼落雁"的典故分别指我国古代的四大美女：貂蝉、杨玉环、西施、王昭君。
3. 中国古代四大才女是指蔡琰、李清照、卓文君、班昭。
4. "目送归鸿，手挥五弦"说的是魏晋时期竹林七贤中的嵇康。
5. 明代四大声腔分别指浙江的海盐腔、余姚腔、江西的弋阳腔和江苏的昆山腔。
6. 中国戏曲中变脸的主要手法有抹暴眼、吹粉和扯脸。
7. 成语"梅开二度"源于清代惜阴堂主人所编小说《二度梅》，描写唐代年间梅良玉与陈杏元的爱情故事。京剧、越剧也有此戏。
8. 中国四大石窟是指敦煌莫高窟、大同云冈石窟、洛阳龙门石窟、天水麦积山石窟。
9. 我国的三大宫殿建筑是北京故宫、泰山岱庙和曲阜孔庙。
10. 端午节的别称又叫端阳节、重午节、天中节、解粽节、浴兰节、菖蒲节。
11. "只因先主丁宁后，星落秋风五丈原"咏叹的是《三国演义》中的诸葛亮。
12. "螟蛉之子"的意思是指义子，语出《诗经·小雅·小苑》"螟蛉有子，蜾蠃负之"。
13. "不为五斗米折腰"说的是魏晋时期的历史名人陶渊明。
14. 五色墨是指石青、石绿、朱砂、石黄、白色五种颜色墨。
15. 我国的国花是牡丹，北京市的市花为菊花，香港市花为紫荆花，上海市花是玉兰花。
16. 古代男子二十行冠礼，女子十五举行及笄礼，以示成年。
17. "南北二石"指齐白石和傅抱石两位画家。
18. 古代五谷是指黍（黄米）、稷（小米）、麦（大麦、小麦）、菽（豆）、稻五种粮食作物。另一说法指麻、黍、稷、麦、菽。
19. 中国的封建帝王中，唐代皇帝李隆基创作的《霓裳羽衣曲》、《得宝子》等都是唐代名曲。
20. (青龙)东、白虎(西)、朱雀(南)、玄武(北)是中国传统星宿名字，象征着四极，被誉为"四方之神"。

21. 中国十大名茶有西湖龙井、洞庭碧螺春、安溪铁观音、冻顶乌龙茶、祁门红茶、黄山毛峰、云南滇红、武夷大红袍、婺源绿茶、平水珠茶。

22. 古代压岁钱其实是"压祟钱",是驱鬼辟邪的意思。

23. 民间四大传说有牛郎织女、梁山伯与祝英台、白蛇传和孟姜女。

24. 中国瓷都是江西景德镇,花园城是浙江杭州,牡丹城为河南洛阳,汽车城为吉林长春。

25. 五岳指东岳泰山,西岳华山,南岳衡山,北岳恒山,中岳嵩山;中国五大江河指黄河、淮河、黑龙江、长江、珠江。

26. 安徽滁县醉翁亭、北京先农坛陶然亭、湖南长沙爱晚亭、浙江杭州湖心亭被誉为中国"四大名亭"。

27. 五禽戏传说是东汉华佗模仿虎、鹿、熊、猿、鹤五种动物的动作所创建的一种传统健身方法。

28. 晚清四大谴责小说指李伯元的《官场现形记》、刘鹗的《老残游记》、吴趼人的《二十年目睹之怪现状》、曾朴的《孽海花》。

29. 中国七大方言分别指北语、粤语、吴语、闽语、湘语、赣语、客家语。

30. 中国京剧、中国画、中国医学被誉为"中国三大国粹"。

31. 我国历史上的六大古都是指西安、洛阳、开封、杭州、南京、北京。

32. 中国古代四大发明指造纸术、指南针、火药和活字印刷术。

33. 民间诗歌作品《孔雀东南飞》和《木兰诗》合称为我国诗歌史上的"双璧"。

34. 中国四大书院指江西庐山白鹿洞书院、湖南长沙岳麓书院、湖南衡阳石鼓书院、河南商丘应天书院。

35. 中国最大的咸水湖是青海湖,最大的淡水湖为鄱阳湖,最深的湖泊是长白山天池,最大的盐湖为察尔汗盐湖。

36. 东北三宝指人参、貂皮、鹿茸角;北京三宝为景泰蓝、象牙雕、烤鸭;江苏三宝为咸板鸭、镇江醋、苏绣。

37. 楚汉河界具体指的是河南省荥阳市黄河南岸广武山上的鸿沟,历史上有汉高祖刘邦和西楚霸王项羽以此中分天下的典故。

38. "岁寒三友"指青松、翠竹和冬梅这三种植物。"花中四君子"指梅(花)、兰(花)、竹、菊(花)。

39. 荔枝又称"妃子笑",与杜甫的诗句"一骑红尘妃子笑,无人知是荔枝来"有关。

40. 古代科举考试制度,乡试、会试、殿试的第一名分别称为解元、会元、状元,若接连在这几次考试中考中第一名,就誉之为"连中三元"。

外国部分:

1. 世界三大宗教:基督教、伊斯兰教、佛教。

2. 宙斯(罗马神话称为朱庇特),希腊神话中最高的天神,掌管雷电云雨,是人和神的主宰。

3. 阿波罗,希腊神话中宙斯的儿子,主管光明、青春、音乐、诗歌等,常以手持弓箭的少年形象出现。

4. 雅典娜,希腊神话中智慧女神,雅典城邦的保护神。

5. 掷铁饼者雕像被誉为"体育运动之神",它是古希腊雕塑家米隆的代表作。

6. "替罪羊"比喻代人受过的人。羊是古代祭祀中必不可少的主要祭品。在《新约圣经》中,耶稣为救赎世人的罪恶,宁愿被钉死在十字架上,作为替世人赎罪的"祭品"献给上帝。所以在教会里,通常也把耶稣称作赎罪羔羊。

7. The Beatles(披头士乐队,又译甲壳虫乐队)毫无疑问是流行音乐历史上最伟大、最成功的乐队,乐队四人均来自英国利物浦。

8. 《大卫》的作者是米开朗基罗。

9. 在世界史上,"两河文明"中的两河是指幼发拉底河与尼罗河。

10. "人类一思索,上帝就发笑"是谁的名言?捷克作家米兰·昆德拉。

12. 扑克人物:

黑桃 J:查尔斯一世的侍从,丹麦人霍克拉;红桃 J:查尔斯七世的宫廷随从拉海亚;梅花 J:亚瑟王的著名骑士兰斯洛特;方块 J:查尔斯一世的侍从罗兰;黑桃 Q:雅典娜,古希腊神话中智慧与战争女神;红桃 Q:朱尔斯,德国人,查尔斯一世的妻子;梅花 Q:英国的兰开斯特王族的约克王后;方块 Q:是《圣经·旧约》中的约瑟夫的妹妹,莱克尔皇后;黑桃 K:戴维,公元前 10 世纪的以色列国王索洛蒙的父亲,擅长弹奏竖琴;红桃 K:查尔斯一世,弗兰克国王沙勒曼;梅花 K:马其顿国的亚历山大大帝,最早统治世界;方块 K:罗马名将和政治家朱亚斯·西泽,罗马统一后成为独裁统治者。

13. 西方八大名酒:

白兰地[法国]、威士忌[英国]、伏特加酒[俄国]、香槟酒[法国]、杜松子酒[荷兰]、苦艾酒[意大利]、朗姆酒[牙买加]、清酒[日本]

14. 乌托邦:

源出希腊文 ou(无)和 topos(处所),意即"乌有之乡"。1516 年,英国空想社会主义者莫尔在其《乌托邦》一书中,描述了一个他所憧憬的美好社会,即乌托邦。

15. 柏拉图式恋爱:

柏拉图是古希腊著名的唯心主义哲学家,苏格拉底的弟子,亚里士多德的老师。他在对话体著作《会饮篇》中,阐述了自己对爱情的看法。后来,人们把男女之间那种与性无涉的、理想化的相互爱慕情谊,称为柏拉图式恋爱,现代语也叫精神恋爱。

16. 苹果之争:

出自希腊神话。密尔弥多涅斯人的国王珀琉斯和女神西蒂斯邀请众神参加婚礼,唯独忘了争吵之神厄里斯。厄里斯寻衅将一个金苹果扔在宴席中,说是要送给最美丽的女神。天后赫拉、智慧女神雅典娜和爱神阿芙罗狄蒂都争相要这个金苹果,最后苹果判给了阿芙罗狄蒂,由此引发了特洛伊战争。比喻祸端,或指挑拨是非。

17. 阿基里斯之踵:

希腊神话英雄阿基里斯唯一能被刺伤的地方。他出生后,母亲海洋女神忒提斯握着他的脚跟在冥河里浸泡,因此他全身除脚踵外,其他地方都刀枪不入。因此阿基里斯之踵比喻易受伤害的地方或致命弱点。

18. A字第一号:

A是英语的第一个字母,因而常用来表示"第一"的意思。最早出现在英国著名的劳埃德海运保险社的船只登记簿上。凡属最好的船只,都用"A1"在登记簿上作登记,而已沉没的船只则登记在一个黑色封皮的簿子上。后来,人们就把最好的或一流水平的称为"A字第一号",而把记载不祥消息或为进行某种迫害而开列的名单叫做"黑名单"。

19. 极乐世界:

原为印度佛教名词。又译"安乐国"、"安养国"、"佛国"、"净国"、"净土"等,俗称"西天"。极乐世界是"无有众苦,但受诸乐"的地界。比喻最快乐的地方或虚无缥缈的地方。

20. 护城神像:

古希腊作为城市保卫者的武装神祇的雕像。当时的人认为,只要护城神像还在,敌人就攻不破。被雕成的神像主要有太阳神阿波罗、爱与美之神阿芙罗狄蒂和智慧女神雅典娜。后比喻有力的保障和支柱。

21. 禁果:

《旧约·创世纪》:亚当和夏娃住在伊甸园中,上帝允许他们食用园中的果子,唯有一棵"知善恶树"上的果子禁止吃。但狡猾的蛇引诱他们吃了禁果,结果他们被上帝逐出伊甸园,蛇也受到惩罚:终生用肉躯爬行。禁果被比喻为因被禁止而更想得到的东西。

22. 涅槃:

意译"入灭"、"圆寂",是佛教全部修习所要达到的最高理想。一般指通过修持断灭"生死"轮回而后获得的一种精神境界。佛教认为,信佛的人,经过长期"修道",即能"寂(熄)灭"一切烦恼和"圆满"一切"清净功德"。这种境界,名为"涅槃"。在佛教史籍中,通常也作为死亡的代称。后来,人们在写文章时就把"涅槃"作为"死亡"的代称来使用。

23. 圆桌会议：

出自英国古代英雄亚瑟王和他的圆桌骑士的传说。圆桌无首席末席之分,象征围桌而坐的骑士处于平等的地位。在圆桌旁举行的会议称为"圆桌会议"。表示参加谈判的各方一律平等。

24. 约伯：

《旧约·约伯记》：约伯是一个敬畏上帝的富人。魔鬼撒旦不相信约伯对上帝的虔诚,便怂恿上帝允许他考验约伯,上帝默许后,他多次降祸给约伯。但约伯面对灾难,始终没有畏惧和怀疑。于是上帝便赐给他加倍的恩惠。后用他的名字喻指最有忍耐力的人。

25. 缪斯：

"缪斯"是希腊神话中的九位文艺和科学女神的通称。她们均为宙斯和记忆女神之女,都在奥林匹斯山出生和居住。她们以音乐和诗歌之神阿波罗为首领,分别掌管着历史、悲剧、喜剧、抒情诗、舞蹈、史诗、爱情诗、颂歌和天文。古希腊的诗人、歌手常向缪斯呼告,祈求灵感。因此后来人们在写文章时就常用"缪斯"来比喻文学、写作和灵感等。

26. 苦行僧：

原是印度一些宗教中以"苦行"为修行手段的僧人。"苦行"一词,梵文原义为"热",因为印度气候炎热,宗教徒便把受热作为苦行的主要手段。

27. 酸小姐：

出自俄国作家波米亚洛夫斯基的小说《小市民的幸福》。女主人公莲诺奇卡是一个目光短浅,精神空虚的"千金小姐",由于失恋而成为忧心忡忡,痛苦悲伤的"酸小姐"。后比喻矫揉造作、装腔作势的女子,也泛指目光短浅、思想庸俗或感情脆弱、喜怒无常的人。

28. 山姆大叔：

山姆大叔是美国的绰号,产生于1812年美英战争时期。纽约州一位诚实能干的肉类包装商被人们亲切地称为山姆大叔。他担任纽约州和新泽西州的军需检验员,负责在供应军队的牛肉桶和酒桶上打戳。人们发现该厂的牛肉桶上都盖有 E. A.—U. S. 的标记。本来,E. A. 是一个军火承包商的名字,U. S. 是美国的缩写。碰巧山姆大叔(Uncle Sam)的缩写与美国的缩写(U. S.)相同,人们就管美国叫山姆大叔。美国人把山姆大叔诚实可靠、吃苦耐劳以及爱国主义精神视为自己民族的骄傲和共有的品质。1961年,美国国会正式承认山姆大叔为美国的民族象征。

29. 和平鸽：

《旧约·创世纪》：上帝降洪水于大地,大雨下了40昼夜,遍地汪洋,只留下挪亚方舟里的人和动物。雨停后,挪亚放出一只鸽子去探测外面的消息。直到黄昏,鸽子才飞回来,嘴里衔着一枝翠绿的橄榄叶,挪亚这才知道洪水已退,平安来到了。因此后来人们将鸽子和橄榄枝作为和平的象征。

30. 斯芬克斯之迷:

斯芬克斯是希腊神话中以隐谜害人的怪物。他对俄底浦斯的提问:"有一种生物,早晨用四只脚走路,中午用两只脚走路,傍晚用三只脚走路。这是什么?"俄底浦斯回答出"人"这个正确答案,于是斯芬克斯羞愧地跳下悬崖摔死了。

31. 奥吉亚斯的牛圈:

出自希腊神话。奥吉亚斯是海神的儿子,他养了无数的牛,粪秽堆积如山。因此奥吉亚斯的牛圈比喻累积成堆或肮脏腐败的难以解决的问题。

32. 凤凰:

希腊神话中的一种鸟。据说,凤凰每五百年自焚一次,再从灰烬里恢复青春。故凤凰象征永恒、再生。

33. 黑马:

源于赛马场的俚语,指外表并不起眼,赛马时出人意料地夺魁的马匹,并非指马的毛色。1861年当时既无名气又无资历的阿伯拉罕·林肯当选为美国16任总统,因而曾被人们称为黑马式的总统。所以"黑马"用来比喻实力或价值难以预测的人、物。

34. 鳄鱼的眼泪:

西方传说,鳄鱼非常阴险狡猾,当它诱捕到猎物时,一边贪婪地吞噬,一边假惺惺地流泪。喻指虚假的眼泪,伪装的同情。后引申为一面伤害别人,一面装出悲天悯人的阴险狡诈之徒。

35. 伊甸园

《旧约·创世纪》中记载说,上帝在东方的一片富饶的平原上开辟了一个园子——伊甸园。上帝派亚当看守园子,为排除亚当的孤寂,上帝从他身上取出一根肋骨,造成一个女人——夏娃来陪伴他。他们吃着甜果,漫步林间草地,过着无忧无虑、和谐美满的生活。后世以比喻人类的乐园。

36. 挪亚方舟:

《旧约·创世纪》:上帝对人类所犯下的罪孽十分忧伤,决定消灭人类。因为挪亚是义人,所以上帝吩咐他造舟避灾。后指灾难时代的救星,或危境中的避难所。

37. 达摩克利斯之剑:

出自希腊历史传说。比喻随时可能发生的某种危险。达摩克利斯是公元前4世纪叙拉古王迪奥尼修斯的宠臣。有一次迪奥尼修斯请达摩克利斯到一间富丽堂皇的房间,并在达摩克利斯座位上方用放了一把马鬃悬挂着的宝剑。达摩克利斯看到自己头上的剑随时都可能掉下来,心情很紧张,如坐针毡。

38. 潘多拉的盒子：

出自希腊神话。比喻带来灾难和祸害的东西，或造成灾害的根由。潘多拉是宙斯用来惩罚人类、给人类带来灾难的女人。普罗米修斯将天火盗往人间之后，宙斯命匠神用泥土造了一个女人，取名"潘多拉"，并给了她一个装满灾难、贪婪、疾病、战事、悲愁等的礼盒，然后将她作为赠礼送给普罗米修斯的弟弟。潘多拉在普的弟弟面前打开了盒子，于是灾难、贪婪、疾病、战事、悲愁等便迅速散布到人间。但在盒子底下藏着的唯一美好东西——希望飞出之前，潘多拉及时将盒子关闭了。所以尽管人间苦难重重，但是人们始终没丧失美好的希望。

39. 特洛伊木马：

古希腊传说，特洛伊王子帕里斯访问希腊，诱走了希腊王后海伦，希腊人因此远征特洛伊。围攻 9 年后，到第 10 年，希腊将领奥德修斯献了一计，就是把一批勇士埋伏在一匹巨大的木马腹内，并将木马放在城外，然后佯作退兵。于是特洛伊人真以为敌兵已退，就把木马作为战利品搬入城中。到了夜间，埋伏在木马中的勇士跳出来，打开了城门，希腊将士一拥而入攻下了城池。后来，人们在写文章时就常用"特洛伊木马"这一典故，用来比喻在敌方营垒里埋下伏兵里应外合的活动。

40. 阿拉丁神灯：

出自阿拉伯民间故事《一千零一夜》。比喻能满足人的一切愿望的东西。阿拉丁是苏丹国一个裁缝的儿子，他得到了一盏神灯，只要擦亮神灯，一个自称是神灯奴隶的巨魔就会出现，而且它能满足主人的任何要求。

图书在版编目(CIP)数据

影视专业文艺常识:精编本/刘丛,李冬梅,吕婷婷编著. —北京:中国传媒大学出版社,2010.1(2018.12重印)

(艺术类高考系列丛书)

ISBN 978-7-81127-842-2

Ⅰ.①影… Ⅱ.①刘… ②李… ③吕… Ⅲ.①文艺学—高等学校—入学考试—自学参考资料 Ⅳ.①I0

中国版本图书馆CIP数据核字(2010)第003058号

影视专业文艺常识(精编本)

YINGSHI ZHUANYE WENYI CHANGSHI(JINGBIANBEN)

编　　著	刘　丛　李冬梅　吕婷婷
责任编辑	刘大年　聂新兰
责任印制	阳金洲
封扉设计	阿　东

出版发行	中国传媒大学出版社(原北京广播学院出版社)
	北京市朝阳区定福庄东街1号　邮编:100024
	电话:86—10—65450528　65450532　传真:65779405
	http://www.cucp.com.cn
经　　销	全国新华书店
印　　刷	三河市东方印刷有限公司
开　　本	787mm×1092mm　1/16
印　　张	15.75
字　　数	318千字
版　　次	2010年3月第1版
印　　次	2018年12月第11次印刷
书　　号	ISBN 978-7-81127-842-2/I·842　定　价　32.00元

版权所有　　翻印必究　　印装错误　　负责调换